文艺之灯

艾斐 著

山西出版传媒集团
山西教育出版社

文艺是国民精神所发的火光，同时也是引导国民精神的前途的灯火。

——鲁迅《论睁了眼看》

目　录

中编　创作精品佳构　讲好中国故事

下编　坚守艺术理想　勇攀文化高峰

题　　叙

“天不生仲尼，万古如长夜。”朱熹此言道破了一个人世真谛、天下至理，即只有在文化——文明的烛照与滋养下，人类社会和人自身才能得到长足的进步与发展。而也正是在这个过程中，文艺的地位和作用既至关重要，又无可替代，因为它是人文学科和社会学理中的奇葩。虽说文艺与哲学、历史学、文化学、伦理学、社会学等同样具有升华思想、淬冶精神、增殖智慧、弘励道德之功能，但文艺的特殊性和优熠性却在于它是通过审美方式加以艺术化实现的。这就不仅使人们便于接受，而且乐于接受，并由此而致其最易推广和最有受众，成为一种社会覆盖面和思想烛照力极其深闳、广博的文明元素与精神养料。这同时也就要求文艺自身必须是淳正的、先进的、刚健的、向上的，必须始终追求新、精、粹，永远充盈真、善、美，只有这样，才能使文艺的作用有效实现，即在美愉和欣悦之中为灵魂注入华彩，给社会输送文明，将精神之灯点亮，使智慧之燧发光。

为此，即便是在如火如荼的1942年，当抗日战争正酣之时，毛泽东主席也要腾出手来，召集文艺界的同志们，进行了将近一个月的调研与座谈，并发表了影响巨大而深远的《在延安文艺座谈会上的讲话》。也是为此，在潮涌帆张的2014年至2016年，当改革进入深水区，发展的快车正爬坡过坎之际，习近平总书记也要在日理万机中抽出时间同文艺工作者进行座谈，并先后发表了具有现实针对性和广泛指导意义的《在文艺工作座谈会上的讲话》《在中国文联十大、中国作协九大开幕式上的讲话》。毛泽东主席和习近平总书记关于文艺的讲话虽然时隔七十余年，但却一脉相通、高度契合，有着内在的衔接性与精神的一致性。习近平总书记适时应势、高屋建瓴、承前启后、秉正拓新，为改革时代之中国文艺的大腾飞和新发展把准了脉动，开出了药方，擘画了道路，指明了方向。且看：文苑百花竞绽放，风光旖旎春意长；硕果盈枝凝祥瑞，芳菲翩跹任翱翔。中国文艺的新纪元熠然开启，中国精神的新腾飞高入云天。诚如习近平总书记所指出的那样："今天，我们比历史上任何时期都更接近中华民族伟大复兴的目标，比历史上任何时期都更有信心、有能力实现这个目标。而实现这个目标，必须高度重视和充分发挥文艺和文艺工作者的重要作用。"

显而易见，如何发挥好这种重要作用，才是落实习近平总书记指示精神的关键所在。本书正是从学术层面对学习、实践过程中的切身感受和具体体会的理论评骘与思想表达。我们完全有理由相信：由习近平总书记亲手点亮的文艺之灯，定会激励和引领我们走出一条使中国文艺空前繁荣发展的康庄之路！

上编

弘扬时代精神 担当民族道义

第一章

精神价值对文化先进性的要求

文化自信被写进“中国方案”，且自党的十八大以来，习近平总书记已有六次将之与道路自信、理论自信、制度自信相提并论，同时强调指出：“最根本的还要加一个文化自信。”“增强文化自觉和文化自信，是坚定道路自信、制度自信的题中应有之义。”“文化自信是基础。”“说到底是要坚持文化自信。”“文化自信，是更基础、更广泛、更深厚的自信。”这足以说明文化在治国理政、实现“两个一百年”奋斗目标和中华民族伟大复兴中的重要地位与重要作用。诚如习近平总书记所指出的那样，中华优秀传统文化不仅是中华民族的“根”与“魂”，而且“积淀着中华民族最深沉的精神追求，包含着中华民族最根本的精神基因，代表着中华民族最独特的精神标志”。

事实上，文化的重要价值和重要作用，正在于它能通过孕育和激扬思想粹质与精神力量而赋予人以智慧和德操，促进社会文明和发展，实现时代变革与进步。也正是在这个过程中，我们首先和始终都要求文化自身必须秉有先进、淳正、积极、向上的素质和品格。为什么？就因为打铁还需自身硬，自强才能促他强。

二

时代精神与文化品格既具相熠功能，又有因果关系。前者观照后者，后者体现前者。在时代精神赋予文化产品以高洁品格的同时，文化品格也自会通过艺术辐射和审美愉悦而使时代精神更加萃集与彰显。也正是在这个过程中，时代精神得到了升华，文化品格实现了淬炼。不过，由于任何文化形态都既是时代的产物，又是精神的表现，所以时代精神便始终都占据主导地位，并成为文化品格的源流与酵素。这也就是说，举凡文化创造，都只有在充分融入和表现时代精神的情况下，才能获得崇高而良好的品格，也才有条件、有资格成为精品佳作，并驱动时代的进步与发展，成为彪炳时代变革和社会进步的精神丰碑。正如习近平总书记所说："一个没有精神力量的民族难以自立自强，一项没有文化支撑的事业难以持续长久。"

精神，指意识、情愫、人的思维活动与心理状态。而时代精神，则是一个国家和民族在特定时代的社会生活与社会变革中所形成的集体意识、大众心态、统一认知和共同的理想、愿景与追求。显然，时代精神不仅是一个时代的集体意识，更是这个时代具有最大公约数的愿望汇集、思想凝聚、意志宣示和共同的向往与憧憬。这就天然地决定了它永远都是文化创造的前提和要素，同时也确立了文化创造对它的借重与依赖。因为文化的源流和对象永远都是特定时代的社会生活与社会群体，而时代精神则注定是这生活与人群的主流意识和核心观念，并全方位地切入、渗濡、融会于其中，以致完全无法分开、须臾不可剥离。其实，它们在本质上就是一个整体，犹如人的身躯与灵魂一样。既然这样，以反映和表现时代生活为己任的文化创造，又怎么可能在舍弃时代精神的情况下而获得成功呢？马克思说过："精神有一个随从，名叫物质。"反之，我们也可以说：物质有一个随从，名叫精神。时代精神从来就是特定社会生活的延展物与派生物，二者不仅须臾不可分离，而且时代精神更是社会实践和社会生活经过升华之后的凝聚与集中，只有它，才是社会生活的本质体现。文化创造也只有真正抓住了这种本质并加以艺术化的表现，才有望完成它所负荷的使命，否则，不论其构思多大、篇幅多长、韵律多美、图式多精，也终究只能是一具文化的木乃伊。因为它只有肢体，没有灵魂。

精神的重要性正在于此。时代精神虽然是从时代生活中产生的，但它却淳于生活、醪于生活、高于生活、精于生活，是生活的灵智与芯片，代表着生活的本质和未来，体现着时代的韵律和脉动，引领着人生的道路和方向。作为一首长诗，《离骚》的真正价值并不在于它对楚怀王时期的荆楚大地及其社会政治生活的具象化描绘，也不在于它对屈原的谪迁生涯的精准刻画，而在其从对这些事态和这个过程的典型化描写中所表现出来的鲜明而强烈的人格魅力与爱国情怀。只有当这一切皆以精神的形式而充盈于全诗的字里行间时，《离骚》才获得了超越时空的永恒价值。事实上，每当我们在吟诵这部长诗的时候，最能调动情绪和震撼心灵的，也正是饱含于其中的强大的精神力量。这种从一个特定时代所升腾起来的崇高精神一旦被文化审美定格，便自会成为一种情愫与意识的永恒存在，不仅有着无限的保鲜期，而且更有着无穷的正能量。法国作家都德的《最后一课》虽然只是一个短篇小说，但却能在文学经典的瑰丽长廊中永放光彩，为什么？就因为它所灌注的精神能量的无限炽烈与博大。面对国土行将沦亡的严峻现实，教师是那样神圣而庄严地讲着最后一课，学生是那样专注而深情地听着最后一课。大家都像是在一夜之间便成熟了许多，深沉了许多，庄重了许多，爱国主义的爝火不仅燃烧了所有人的心，而且也渐渐升腾为一种弥漫整个课堂、浸渍所有人的肺腑与灵魂的精神之籁。实际上，也正是这种精神赋予了《最后一课》以无限价值，使它秉有了崇高的文化品格，并进入文学名篇之列。

鲁迅曾说，他评介俄罗斯文学，实际上是“偷运给奴隶的军火”。文学何以能与军火搭界呢？就因为那些产生于战争年代的俄罗斯文学，皆无不蕴含着强烈的革命精神，能够给人以巨大的激励和鼓舞。正如在一次世界翻译家大会上发言时俄罗斯的巴格诺院士所说："我们的文学对于我们而言的重要性无论怎样形容都不过分，它几乎就是我们国家形象构建过程中的唯一正面因素。"巴格诺口出此言的底气，就在于他背后有从列夫·托尔斯泰、陀思妥耶夫斯基、普希金、莱蒙托夫，到高尔基、契诃夫、纳博科夫、布罗茨基、肖洛霍夫、帕斯捷尔纳克和索尔仁尼琴等文学大师的有力支撑。文学、艺术——文化，的确是俄罗斯的国家名片与软实力之"芯"。然而，在其最具代表性的文化创造中，最鲜明的特点和最辉煌的成就，便在于时代精神的异常显豁、浓烈与强大。这不仅使俄罗斯引为自豪，而且事实上也征服了对之不无偏见的西方国家。19 世纪中叶之前，西方一直视俄罗斯为"哥萨克威胁"，但随着《安娜·卡列尼娜》《战争与和平》《静静的顿河》等作品以及列宾、特列恰科夫、列维坦、斯坦尼斯拉夫斯基、乌兰诺娃、柴可夫斯基、爱森斯坦等艺术大师的出现，西方改变了对俄罗斯的看法。因为氤氲在俄罗斯文化中的强大精神征服了世人的心灵，使人们不仅从中窥见了俄罗斯人的思想风貌，而且也感受到了融会在这种强大精神之中的坚毅与自信。所以，车尔尼雪夫斯基说：文学是"生活的教科书"；别林斯基则指出，每一部包含精神内蕴的作品，都无异于是"俄罗斯生活的百科全书"，并由它们筑立了整个国家和民族的精神高地与共同信仰。正是由于这个原因，他们不仅自发地兴起了托尔斯泰崇拜，而且更将普希金誉为"俄罗斯的太阳"。

时代精神既是时代与精神的联合构体，又是国家、社会、民族和人民的共同思想认知与集体精神家园，它尤其是对特定时代的主体精神与主流意识的充分体现。尽管每个时代都有每个时代的时代精神，但后续时代的时代精神又总是在对它之前所有时代的时代精神进行总结、鉴别、聚精、择优的基础上不断地实现着传承、融会、创新和发展的，并在这个过程中为其注入新的生活内容和新的时代元素，使之与新的时代相契合，为新的时代所应用，给新的时代添光彩。所以，习近平总书记说："中华优秀传统文化是中华民族的精神命脉，是涵养社会主义核心价值观的重要源泉，也是我们在世界文化激荡中站稳脚跟的坚实根基。"正因为如此，现时代的时代精神便是时代精神的最大优化组合和最高集群创造，也最能代表中华民族的精神风采，体现改革时代的精神特质，构筑小康社会的精神高地，并由此而决定了我们的一切文化创造都必须在描绘社会变革和反映现实生活的过程中，自觉而有效地融入鲜明的时代精神，唱响高亢的时代精神，弘扬宏伟的时代精神。只有这样，我们的文化产品才能秉具优良的品格，展现绰约的风采，获得人民大众的认同。

这就要求我们的一切文化创造主体，所有的作家、艺术家，都必须深入生活，提升认识，满怀激情地站在改革前沿，满腔热忱地为人民表意抒怀，切实体认时代精神、弘扬时代精神、表现时代精神，并以之而为我们的文化产品筑脊，为我们的文艺作品铸魂，为我们的宏伟事业歌吟，为我们的多彩生活礼赞。

二

时代精神是社会生活与社会变革的观念凝聚和意识升华，更是在现实经济基础上所形成的上层建筑和对大众社会实践的典型化认知表达。所以，它不仅是与时代生活相匹配、相契合的，而且更是对时代生活的萃聚与提升。诚如马克思所说："是生活规定了意识的内容。"既然如此，舍弃和规避了时代精神的文化创造，又怎么能够准确而深刻地反映时代生活、切中时代脉动呢？答案自然是否定的。

显而易见，游离于时代生活主潮之外、疏远并暌隔了时代脉动的文化创造，注定不会成为精品佳作，而只能是灰色地、琐屑地对边缘化和非本质的生活的捞取与意象的摭拾。这已经屡被创作实践所证明。鲁迅之所以成为大文学家，关键就在于他首先是大思想家，是"精神界之战士"。作为一个作家，鲁迅的作品并不算多，一生共创作小说34篇，散文诗23篇，回忆散文10篇，杂文600余篇，学术著作3部。这样的创作量即使在当时的文坛上也绝对算不上多产，更不要说与现在那些动辄几十万、几百万创作量的作家相比了。然而，鲁迅作品的质量、分量、含金量，却是无人可以企及的，原因就在于鲁迅用他那支"金不换"牌毛笔所写出来的不仅是一个一个的汉字，更是中国的“国民性”，是中华民族的民族精神，是大革命、大变革时代的灵魂。他既勘测出了中国社会的“真症候”，又指明了中国发展的大方向，真是字字鞭辟入里，篇篇入木三分，在他书诸纸面的每一个字符的背后几乎都有一个血印子，每一个字符都是一块金刚石，铿铿锵锵，剀切深邃，直达底蕴。这就是佐藤春夫、增田涉所说的“中国文艺界庞然的斯芬克斯”；这就是蔡元培、宋庆龄所说的中国“奠现代文坛之基石”的“一代文宗”；这就是被毛泽东主席称誉的“中国文化革命的主将”“文化新军的最伟大和最英勇的旗手”；这也就是我们大家所共同认定和尊崇的中华民族的“民族魂”。

显然，鲁迅及其作品的最大特点与优势，就在于他看透了生活、时代和人性的本色与本质，他写出了从生活、时代与人性底蕴中所发掘、摄取、升华出来的思想内曜和精神特质。而这，则正是被我们现在一些文化创造者所鄙薄、所忽略和所弃置的所在。不言而喻，这也正是一切有抱负、有担当、有理想、有追求的作家、艺术家最当传承、最该求索和最需践行的文化精髓与艺术诀要。

存在决定意识，实践生发精神。任何时代精神都是相应的和特定的时代生活与社会实践的升华物。因此，我们要使文化创造充盈时代精神，就首先必须深入生活、深耕生活、深谙生活，并辅之以科学的和艺术的认知方式与表达方法。因为生活本身是一种客观存在，只有深入其中，才会有所发现。但为什么面对同样的时代、同样的生活，不同的作者却往往会有不同的发现与表达呢？这便是由各自不同的人生观、价值观和审美观所致。由此可见，要在作品中写出时代精神，对于创作主体来说至少应当具备两个条件：一是深入生活主潮，洞察生活底蕴，全方位感知和认识原汁原味的生活本身，并从中发现和提取最本质的东西加以比较、鉴别、淘漉、提炼，进而采用美学方式对之进行艺术化和典型化的提升与辑构。这个过程，实际上正是从生活原汁中发掘精神酵素，并以艺术的方式而使之渐趋明朗、显豁、强势以至产生感染力与征服力的过程。在这个过程中，除了对作为第一性的客观生活的依赖之外，还有一个决定性的因素，那就是创作主体的意向、立场与观念。因为作者的选择性和倾向性常常至关重要。生活的客观性在被文化加工的过程中往往会“横看成岭侧成峰，远近高低各不同”。这就要求创作者自己首先必须具有正确而先进的精神主体，并对之施以科学裁量，最终以精神形态表现在创作实践之中。为什么面对同样的时代和同样的生活，创造社与“鸳蝴派”的作家们却写出了截然不同的作品呢？就因为前者的主体精神是“为人生”并“改良这人生”，而后者的精神追求则是“嬉谑生活”“游戏人生”。俞万春和施耐庵所写的本属同一题材，但成书后的《荡寇志》与《水浒传》却大相径庭，何以然？唯因创作主体的内在精神追求不同所致。韩愈仅仅在广东潮州任职八个月，却能以其诗词文赋中的豪迈精神与爱国情怀深深地感化并影响潮州的人文社景、世态民情，以至“塑造了世世代代潮州人的精神气质”。至今，韩山、韩江、昌黎路仍历历在目，永远地刻在了潮州人的精神深处。写过《九三年》《巴黎圣母院》等小说的维克多·雨果，生前只想通过文化创造捕捉和表现不屈的民族精神，尤其是表现对真理与正义的不懈追求。但没承想，他死后却被民众发自内心地谥以“法兰西的良心”之崇高称誉。这些作家、艺术家是如何在文化创造中充分融贯和彰显强烈的正义感与时代精神的呢？一个起决定性的主体因素，便在于他们自身就是时代精神的弘扬者。其实，鲁迅之所以能够做到“笔墨所至，精神顿出”，在他写于1903年的《自题小像》中便可初见端倪：“灵台无计逃神矢，风雨如磐暗故园。寄意寒星荃不察，我以我血荐轩辕。”时年22岁的鲁迅，就已誓将自己的一生许给了真诚而强烈的爱国主义，这无疑是他深埋于心中的精神酵素，正是这种主体精神酵素的不断延展与深化，才使鲁迅对现实生活的每一次变革都产生强烈而正义的心灵感应，进而洇濡成饱含明睿见识与爱国激情的时代精神，且无处不在地见诸他的所有作品之中。

显然，时代精神是优秀文化产品的必备要素，只有它才能赋予文化产品以美奂的形质与优良的品格。而时代精神在文化产品中的有效形成与形诸，则是只有在主体与客体完全相契合并发生化合反应之后才能实现的。这就要求作家、艺术家必须深入生活、挚爱人民、感应时代、德艺双馨，努力营造足以形成并炽化、蕴贮并提升时代精神的良好气场、优越环境和主客观条件，尤其是要坚决摒弃远离生活、俯仰市场，背对大众、张扬自我，规避现实、趋附平庸，娱乐至上、票房为王，袭陈蹈旧、曲意逢迎，疏离主流题材、缠绵杯水风波以及所谓的“去思想化”“去价值化”“去历史化”“去中国化”“去主流化”等非正常、非正确的文化认知与艺术理念。

三

在文化创造中，形式与内容、品貌与神采、方法与方向等总是呈现出一种互熠互配、相辅相成的共振关系，这就要求创作主体必须择取最能与之相匹配、相照应、相促进的艺术形式和创作方法。而也正是在这一选择过程中，命中率最高的，便是现实主义。因为永葆活力、张力与魅力的现实主义具有广泛的包容性和强大的适应力，它既可以表现为一种气质和精神，又可以表现为一种方法与形式。对于中国特色社会主义文化创造来说，笃定非它莫属。实践早已反复证明，在人类文化创造与文明建构的历史进程中，现实主义总是始终与之相偕相伴、共为一伍的。从朴素现实主义、自然现实主义、人文现实主义，到批判现实主义、革命现实主义、社会主义现实主义的绎变与链接中，我们完全可以清楚地看出来，举凡具有旺盛生命力和强大烛照力的文化产品，就都是现实主义的瑰绮抟铸与宏伟造化。即使是在两次世界大战之后所产生的现代主义和后现代主义，也显然是从现实主义中蘖生出来的西方式创作方法，尽管它自身带有异化审美取向，但同时却也明显地影印下了现实主义的凿凿痕迹，尤其是在现代主义的开山祖师詹姆斯·乔伊斯的作品中更为明显，一如他最具代表性的《都柏林人》《一个青年艺术家的画像》等。即便是在被视为现代主义典范之作的《尤利西斯》《芬尼根的守夜灵》中，也同样具有现实主义直面生活、秉正抒怀、逼真摹写、钩稽堂奥的强大力量。由此可见，现实主义是任何忠于生活和时代的文化创造都无法回避和拒绝的。所以，不管作者愿意不愿意、自觉不自觉，只要他是忠于生活、时代和人民的，并力求用艺术的方式对之加以提炼和表达，那他就必然要借重现实主义加以表现，尤其是实现现实主义与浪漫主义的高度融会和完美结合，否则，便极易落入艺术乌托邦的陷阱。这已经被无数杰出作家、艺术家的创作实践所证明。仅以中国现当代为例，从鲁、郭、茅、巴、老、曹，到赵树理、柳青、周立波、贺敬之、郭小川、冼星海、徐悲鸿、梅兰芳、谢晋，直至陈忠实、路遥、刘炽、罗中立等，就都是沿着现实主义的创作道路而精心创作、跻臻高峰的。

实际上，我们在面对列宾的大型油画《伏尔加河上的纤夫》、在聆听冼星海谱曲的《黄河大合唱》、在观赏《战争与和平》《约翰·克利斯朵夫》《巴黎圣母院》《子夜》《骆驼祥子》《白鹿原》《平凡的世界》《焦裕禄》等影视作品的时候，之所以能够引发思想的共鸣与心灵的共振，质言之，就是时代精神和现实主义的力量所致。正是它们，才赋予这些文化产品以丰富的内涵与崇高的品格。现实主义既是一种文化理念和美学思维，又是一种艺术形式和创作方法，并因此而对文化创造具有全方位的导向作用与观照能力，是作家、艺术家的永恒定力与永久遵循，也是创作得以定方向、走正路、出精品的必由之路。然而，一个时期以来，在我们的些许文化创造中却多有否抑和消解现实主义的倾向，不仅把现代主义捧为至高，奉为至圣，而且不断地提出各种主义，什么“先锋”“前卫”“新写实”“新在场”等，光是诗歌上的主义和流派就曾多达 88 个，一度被业内讥为“中国诗坛挂起的 88 片尿布”。如野牛派、达达派、撒娇派、非非主义、病房意识、超低空飞行等。虽然主义多多，但却佳作寥寥。与此同时，丑、怪、浅、悖的畸形文化产品却频有所现，从而造成文化产品的虽数量剧增、体量爆棚，但却质量下滑、影响力衰减的现象。习近平总书记所讲的“有‘高原’缺‘高峰’”现象，就是在这种情况下出现的。由此表明，有的文化工作者，有的作家、艺术家，显然是坠入了一个认识误区，即用玩形式、抖花样来弥补和掩盖生活底子不足，思想积淀浅薄，精神资质匮乏，艺术功力荒率；用翻陈炫旧、回避现实来替代和填充由于脱离生活主脉、疏远时代大潮所造成的精神萎缩与创造力枯竭；用热炒西方思潮和摹袭现代主义来置换和冒充具有中国气质和中国特色的传统文化、时代精神与现实主义。只不过这样做的结果却往往都是适得其反、事与愿违，万难收获创作者所预期的效果。

文化自有文化的规律，美学自有美学的法则。在认知和践行中一旦脱轨、违规、悖律，就必然要自食其果。民族性、时代性、不可逆性等文明特质，永远都是文化创造所不可弃置与违逆的铁律。而我们的文化创造的根脉、气质、风格与内蕴，则永远都应当是和必须是中华民族的、改革时代的、人民大众的和社会主义的。只有在这个基础上进行创新型和个性化的文化创造，才会赢得获取成功的最好机遇和最大域值。否则，就只能是事倍功半，事与愿违。因为文化是对特定时代、特定社会和特定人群的情愫与精神的升华和表达，一旦离开这种特定性而妄加拼接，就很可能会是南辕北辙，水土不服。一如中国特色和改革时代的现实生活，乃是决不可混同于所谓的西方民主社会与普世价值的。我们的时代精神和文化品格就只能和只会在这样的社会基础、时代氛围与生活土壤上产生。又如对于我们的文化创造而言，只有在现实主义和社会主义现实主义中，才天然地存贮着能使我们的文化创造获得更大成功的更多精神元素与美学密码。因为任何创作思想和创作方法都是与之所反映、所描绘、所表现的社会内容相适应、相匹配、相促进的，而绝不是相反，也决不能相反。但现代主义和后现代主义对于我们来说，却恰恰正是这样。这两个“主义”之所以会分别出现在第一次世界大战与第二次世界大战之后，就是因为战争的惨重破坏，严重地摧毁了欧洲整个社会秩序和人们的生活信念，使颓丧、失望、幻灭、悲伤意念和情绪成为覆盖西方社会生活和笼罩人们精神世界的主色调与主旋律。而也正是为了适应和反映这一生活现实与精神状态，现代主义才应运而生。至于第二次世界大战之后出现的后现代主义，其在现代主义基调上就更加增添了变形、吊诡、奇谲、莫名其妙、黑色幽默、玩世不恭、不可理喻等特色。这样的创作方法和审美需求，显然是只适应于产生它的特定生活土壤与特定社会人群的。其与有着五千年文明，且在改革开放中蓬勃崛起的中国特色社会主义的新生活与新时代显然是格格不入的，它充其量只能在个别具体表现技巧上对我们能有所启发或可资借鉴罢了。正由于对生活报以悲观、幻灭、无意义和无价值是现代主义的最大精神特质，而这又显然是同我们充满改革激情与发展活力的时代、生活、社会及其精神追求相逆和相悖的，所以，对于我们的文化创造来说，就只能选择现实主义——社会主义现实主义及其与积极浪漫主义的完美结合。

时代精神、文化品格、现实主义，这三位一体对于我们的文化创造来说，永远都是核心要素、基本方法和最重要的实现路径。而在它们之间，又始终都呈现着互熠互照、相衔相契的亲密关系。只要我们对之葆以充分的认知、坚定的秉持、执着的追求和不懈的创新，我们就一定能够在文化创造中屡有突破，频获佳绩，温暖现在，赢得未来，使文化自信愈益具有坚实的时代根基和广泛的社会基础。其实，文化自信从来就是文化自觉的内存与胼体，我们要秉持坚定的文化自信，就首先必须秉有高度的文化自觉。

第二章

“以德服人、以文化人”的实现方略与实践路径

文化自信之所以是“更基础、更广泛、更深厚”的自信，就因为文化的功能唯在于筑基铸魂、酌理布道、懿德养心、固本定向。所以，一个国家、一个民族但凡秉有深邃而丰厚的文化底蕴和强大而活跃的文化创造力，就必然会转换和升华为一种坚定的文化自信心。而一旦拥有了这种文化自信，也就具有了智慧的源泉、文明的基因和进行变革、实现发展的不竭动力。但这需要有一个前提，那就是文化自身必须是丰富的、优秀的、先进的、向上的。正因为如此，也便要求文艺创作一定要做到思想精深、艺术精湛、制作精良，因为文艺是文化的主体内容和基本形式，是文化的典范体现与强力表诸。

一

在不同的时代与社会，面对不同的生活与人群，文艺的内容和形式可以多种多样，可以自由选择，可以任意创造，以至在高度风格化、个性化

的创作道路上独辟蹊径、独秉灵韵、独烁异彩。但是，文艺的功能和目标却必须始终如一，定当始终如一，那就是丰富审美、扩大认知、提升道德、建构文明，并以之而引领和驱动时代变革、社会进步、历史发展、经济繁荣。

这是文艺的永恒定位，这是文艺的崇高使命。正是在这个意义上，习近平总书记指出："文化是民族生存和发展的重要力量。人类社会每一次跃进，人类文明每一次升华，无不伴随着文化的历史性进步。"故而，为了实现中华民族伟大复兴这一崇高目标，我们就"必须高度重视和充分发挥文艺和文艺工作者的重要作用"。而此中的一个基本命题和主要实现途径，便是"以德服人、以文化人"。因为文艺主要是通过审美和认知方式而作用于人的思想、情志、德操和精神，并使之在审美愉悦中以浸润和濡化的方式得到教益与感悟，由此而决定了"以德服人、以文化人"从来就是文艺彰显价值和发挥作用的主要方式与基本途径，并由此而决定了任何内容与形式的文艺作品，都首先必须有品位、上档次，在足以感人、怡人的同时，更能够启人心智、励人情志、懿人道德、勖人精神，切实实现文以德而熠世，并由此而铸定文艺的性质与品位，彰显文艺的作用和价值。确乎，不论在任何时候和任何情况下，任何内容与形式的文艺创作都必须忠实践行这一亘古不变的铁律。只有这样，文艺才能回归到文艺自身，也才能产生良性互动，发挥溢出效应。否则，便难免会徒有其名，功能尽失，因为它无法起到"以德服人、以文化人"的作用。而作为文艺，在丧失应有的引领人生、纯化人性、提升人格、建构文明之积极作用的同时，也就自然会产生相应的副作用。是啊，作为一种精神物化形态的客观存在，要它完全不产生作用几乎是不可能的。这便是鲁迅与张资平的区别、创造社与"鸳鸯蝴蝶派"的区别，这同时也是《水浒传》与《荡寇志》《红楼梦》与《金瓶梅》的区别。

这种区别是本质的。正是在这种区别中，才造成了不同作品的高低之别和不同作家的优劣之异，并使高者彪炳时世，优者熠照青史，从而形成人们认知和审美世界中的道德楷模与人格风范，铸就名家名作的艺术画廊与精神谱系。基于此，泰勒认为："文化是整个生活方式的总和。"而朱熹则指出："天不生仲尼，万古如长夜。"为什么呢？就因为文化的创造者以自己的精神产品形象而艺术地揭示了人性与生活对道德和文明的涵负、冀望与希求。

正是由于这个原因，才历史地、天然地注定了从来的文化创造，都必然和必须以增智、崇德、明理、布道为己任；一切内容和形式的文艺创作，都必然和必须具有思想涵负、道德教化和精神光彩。不如此，便不足以为文化，便难以认定为文艺。故此，习近平总书记指出："没有中华文化繁荣兴盛，就没有中华民族伟大复兴。一个民族的复兴需要强大的物质力量，也需要强大的精神力量。没有先进文化的积极引领，没有人民精神世界的极大丰富，没有民族精神和力量的极大增强，一个国家、一个民族不可能屹立于世界民族之林。"而文艺作为文化创造的主要形式和主体内容，则在任何时候都"是时代前进的号角，最能代表一个时代的风貌，最能引领一个时代的风气"。我们之所以具有最坚实、最强大的文化自信，就因为我们拥有光辉灿烂且从未间断过的五千年文明。而文明则是由文化——文艺铸就并支撑着的。想想看，如果没有《诗经》《离骚》《史记》《红楼梦》《兰亭序》《清明上河图》《木卡姆》《格萨尔王》《田横五百士》《傒我后》《高山流水》，没有李白、杜甫、苏东坡、汤显祖、罗贯中、关汉卿、阎立本、吴道子、齐白石、冼星海、徐悲鸿、张大千、刘海粟，没有鲁、郭、茅、巴、老、曹和"三红一创"、《流民图》《父亲》《梁祝》《黄河大合唱》等文艺作品和文艺家的出现与存在，那构成五千年文明的文化长廊就自会由于文化——文艺的缺失而变得空空荡荡，不复存在，所谓五千年文明自然也就无从谈起了。这说明，时代的变革和发展、社会的文明与进步，从来就是因文化而产生，因文化而存续，因文化而提升。只有文化才是文明的酵体与社会发展的内在动力，而文艺则是其中的主体构成要素和主要支撑力量。

这，既凸显了文艺的作用，同时也强化了文艺的责任，即要求文艺必须具有时代感和先进性，必须能够起到增殖智慧、浸润心灵、升华思想、振奋精神、充分发挥审美和教化作用，鼎力体现引领与驱动功能。为此，文艺作品自身就必须做到真、淳、美、善，并以自身的这一性质和特征而源源不断地为社会文明输光送氧，为心灵净化涤垢除尘。这就要求文艺必须具有真切感和先进性，必须能够感动人和教化人，一定要“书写和记录人民的伟大实践、时代的进步要求，彰显信仰之美、崇高之美，弘扬中国精神、凝聚中国力量，鼓舞全国各族人民朝气蓬勃迈向未来”。

这是文艺的本色，这是文艺的本质，这同时也是文艺的本来与本分。从文艺产生的那一刻起，它就被赋予了这样的性质和使命，并以之作为生命价值的源头与锲而不舍的目标追求。不如此，文艺何为？不如此，文艺何用？显然，文艺创作从来就不是创作者“表现自我”的自娱自乐的工具，而是担负着纯化人心和构建文明、熠照前程与引领未来的崇高责任。对此，韩愈曾用“文以贯道”来表述。而他的门人李汉则进一步阐释道：“文者，贯道之器也。”从历史上看，虽然每个创作主体的说法不同，如有强调“补察时政，泄导人情”的，有强调“尽善尽美，以真为本”的，但只有马克思主义文艺学才将文艺的这种功能完整地概括为真、善、美的有机结合与高度统一。

二

实际上，历来有作为、有担当、有理想、有追求的文艺家们，就正是把发挥和表现真、善、美作为自己在创作实践中的不二法门与永恒矩度的。也只有这样，文艺才能回归自身并发挥其应有的作用，文艺家的劳动才会真正有成果、有功力、有价值、有意义。事实上，由文艺的启悟和策动作用而引发社会变革、时代变迁、历史变绎的事件从来没有消弭过。除却轴心时代、文艺复兴、19 世纪末至 20 世纪初的俄国文学运动、中国的五四新文化运动等这些由文化——文艺引发并主导的具有时代意义的大事件、大事变之外，更有《汤姆叔叔的小屋》《神曲》《母亲》《狂人日记》《大众哲学》等引起的思想风暴与政治变局。恩格斯说过，封建的中世纪的结束和现代资本主义的开始，是以一位伟大的人物为标志的，这便是诗人但丁。他既是中世纪的最后一位诗人，又是新时代的第一位诗人。是啊，尽管这位佛罗伦萨的贵族子弟留给世人的作品只有《神曲》和《新生》两部，但却足以成为时代的标志与精神的丰碑。但丁的《神曲》既与屈原的《离骚》和柏拉图的《理想国》有精神意蕴上的相通之处，同时又是充满了炙热的爱国情怀与正义之忧的个性化创造。尽管在刚一写完《神曲》中的“天堂”时，但丁就病殁于异国他乡，但他在诗中对地狱和炼狱的深邃钩稽与描画，却无情地鞭挞了教皇的残酷统治，形象地描述了人们追求理想、步入天堂的必经之路——炼狱。正是诚挚的爱国主义、强烈的民族精神、不屈的斗争勇气和胆气堂堂的正义感，才赋予了《神曲》无限崇高的情愫并致其永彪青史，成为文艺创作的强劲罡风与崇高碑碣。

这并不是个例，更不是特例，而是对文化精神和文艺规律的典范化体现与实践。作为文艺，其生命活力与存在价值正在于此。区别只在于不同作品的实现方式和达臻路径有所不同而已，抑或所达到的高度参差不齐罢了。但无论如何，在目标的设置和方向的追索上，它们自会且定当一致，必当一致，这就是对真、善、美的不懈追求与充分表达，对智慧、文明、道德的高度凝铸与沛然释放，对变革、进步、发展的深度攖及与大力驱动。

鲁迅和他的小说就是这样，冼星海和他的歌曲就是这样，郭沫若和他的诗剧就是这样，徐悲鸿和他的绘画就是这样。是啊，一切有正义感、先进性、责任心、家国情的作家、艺术家，就都是这样。因为只有这样，才能创作出有筋骨、有道德、有温度、有魅力的优秀作品，才能彰显信仰之美、崇高之美，才能弘扬中国精神、凝聚中国力量，也才能体现文艺的本色和本质，发挥文艺的功能与作用。在战争年代，歌剧《白毛女》激发了千千万万热血青年的满腔义愤，促使他们纷纷拿起枪杆，走上前线，有的战士甚至按捺不住地要朝着台上的黄世仁开枪射击。在革命时期，鲁迅的小说和杂文竟唤起千百万知识青年从全国各地纷纷奔赴延安，走上革命的道路。在如火如荼的抗日战争中，《屈原》一剧上演，轰动山城重庆，郭沫若用历史观照现实，既声讨了蒋介石的不抵抗政策，又极大地鼓舞了八路军和敌后抗日根据地广大军民的抗战热情，乃至周恩来不无激动地对郭沫若说：你通过《屈原》，为中国人民的抗日战争做出了巨大贡献啊！也正是在抗日战争中，田间的一首墙头诗《假使我们不去打仗》极大地唤起千百万民众誓死抗战到底，坚决不当亡国奴的浩然壮志与铮铮誓愿。是啊，在整整一代人乃至几代人的记忆中，人们永志不能忘怀的，是鲁迅的《阿Q正传》、郭沫若的《女神》、艾青的《火把》《黎明的通知》、曹禺的《雷雨》、巴金的《家》、郭小川的《致青年公民》、贺敬之的《回延安》、梁斌的《红旗谱》、李英儒的《野火春风斗古城》、赵树理的《三里湾》、杜鹏程的《保卫延安》、冯德英的《苦菜花》、周立波的《山乡巨变》、孙犁的《荷花淀》、罗广斌与杨益言的《红岩》、柳青的《创业史》、杨沫的《青春之歌》、曲波的《林海雪原》等。这些作品已成为一个时代的文学符号，并深深地钤印到了亿万人民的心旌之中，成为他们不泯的情结和永恒的记忆，并在长久的精神浸渍中已深深融入他们的灵魂，成为他们思想的内曜与意识的底色，结结实实地为他们筑砌了不倒的精神长城，铸冶了坚贞的道德高地，树立了永恒的人生坐标。

这，就是文艺的品位、力量和价值所在。虽说文艺的作用是潜在的和难以量化的，但有一个统计数字却是永恒的佐证和有力的见证，那就是这些深植于大众心中的优秀文艺作品，其印行量和影响力都是极其巨大的。像《红岩》《红旗谱》《保卫延安》《创业史》《家》《苦菜花》《野火春风斗古城》《青春之歌》《林海雪原》等长篇小说的累计印行量，就都在千万册以上，像《白毛女》《雷雨》《江姐》《长征组歌》《黄河大合唱》等剧目和歌曲的演出场次，也都是成千上万、蔚为大观的。至于一些优秀的诗歌作品，就更是挂在人们的嘴上、融入人们的心中、化为人们的魂魄了。特别是一些优秀文艺作品中的英雄人物与典型形象，如林道静、杨子荣、江竹筠、周大勇、朱老忠、娟子、梁生宝、改霞、卢嘉川、大春、孙少平、孙少安等，也都早已成为深深植根于现实社会生活中的“共名”，成为人们谙熟于心的身边人、自家人、老熟人。

这是什么呢？这便是文艺的辐射力、影响力和穿透力。但这力量的形成和产生却唯赖于真、善、美的融会与升华，唯赖于智慧、文明、道德的相生与相洽，唯赖于社会性、时代性、先进性的完美结合与充分体现，唯赖于求实精神、创新精神、探索精神的彼此观照与共同发力。

三

鲁迅说过，要改造国人的精神世界，首推文艺。但这需要有一个条件，那就是文艺自身必须是先进的、积极的、美好的、向上的，而绝不是相反，也决不能相反。然而，要使文艺具有先进、积极、美好、向上的品位和品格，其创作者就首先必须做到。否则，那就有如鲁迅所言，其结果难免会是极其“汲汲乎殆哉”的。因为客体是由主体创造的，自然会打上主体的印记，存在决定意识，主体传导客体啊！这是自然的。在这里，我们虽然不能搞绝对化，要坚持求实和辩证，要用事实说话，但规律毕竟是规律，而主体与所创造的客体的大致相似性，却是规律使然。还是鲁迅说得好：从喷泉里流出的都是水，从血管里流出的都是血。

就现实情况而言，影响创作质量大面积稳步提升的原因，主要集中表现在以下几个方面：一是沽名炫艺，以发行量、收视率和票房价值为王，创作主体过分依赖由作品本身所带来的益处、好处；二是猎获心、嗜利心太强太盛，而忘却了文艺创作的本来价值与意义；三是片面追求迷乱而时髦的所谓“创新”，而把本应秉有的继承和坚守荡然放逐，特别是多有用“表现自我”代替表现人民，在“我”与“我们”之间画了等号的现象；四是将创作的动因和目标锁定在猎取奖项上，而忘却了道义与人民对文艺创作的希冀和需求；五是眼睛向外，兴趣转移，高调炫洋摹洋，罔顾吾土吾民；六是放弃文艺的引领和教化功能，失度迎合鄙陋与低俗之风，率性触碰人伦道德的底线与红线，由此所产生的一个直接的不良后果，就是创作上的浮躁、粗糙、滥造。这直接引发了创作数量的快速膨胀与作品质量的隐性下滑。我们现在每年的纸质长篇小说出版量都在 5000 部以上，如若加上网络长篇小说，那可真算是海量了。但真正质量上乘、影响力巨大、深得读者喜爱、深刻反映生活本质和表现时代精神的史诗性佳构力作又有几何？就连获得茅盾文学奖的那些长篇，也难以令人满意。这显然有悖于时代的赋予和大众的期待。所以，我们必须沉下心来，探寻原因，力求能有大的改变和新的突破，而决不能沉湎于惑然复昧然的满足之中而一味自我陶醉。

文化创造和文艺创作是一种创造性的精神劳动，这决定了它必定和必须以质量取胜，这同时也决定了它在任何情况下都不可能是蘖生的和速成的。历来所有的文学名著和艺术佳构，都是创作者一辈子心血的凝铸，都是其沁心彻骨的生命体验与精神结晶，而绝不可能是为了某种功利目的而刻意快速赶制出来的应景之作、浮泛之作、浅悖之作。这就是为什么举凡世界名著和所有传世之作，都总是艰难地莅世、卓然不群的直接原因。曹雪芹既然有能力写出《红楼梦》，那为什么不多写几部呢？汤显祖既然是戏剧巨匠，却为何其戏剧作品仅仅只有“临川四梦”（《紫钗记》《牡丹亭》《南柯记》《邯郸记》）问世？巴金和曹禺都是二十多岁时便闯入文坛，分别写出了《家》和《雷雨》，不经意之间却成为其一生的代表作。按说此后应该是更有经验、更成熟了，当然作品也应该是更上层楼、更具水准。然而，事实却是此后的创作无一超过《家》和《雷雨》的水平与影响力。何以然？就因为这首部作品是作者对生命中最深切体验、生活中最深刻感悟的艺术表达，而不是在高度自觉中为了创作而创作。同样的情况，也出现在梁斌、柳青、杨沫、曲波、李英儒、冯德英等作家的身上。尽管这些作家各自都有多部长篇小说问世，但质量和影响力却无一超过其首部成名之作或著力扛鼎之作。迄今，《红旗谱》《红岩》《创业史》《青春之歌》《林海雪原》《野火春风斗古城》《苦菜花》仍旧是他们当之无愧的顶峰之作。可不啊，《创业史》是柳青在长安县皇甫村当了十四年农民的结晶，而梁斌为了写《红旗谱》，竟坚辞报社社长和天津市副市长的任职，一头扎下去就是六年，光是《红旗谱》的修改就多达二十余次。如此情形，同样见诸于新时期以来的文学创作之中。“文化大革命”十年，作家既没有创作的条件，也没有创作的冲动，而只是以普通人的身份过普通人的生活。这使他们于不经意之中对生活有了真切而深刻的体验与积累。

所以，新时期一旦来临，有了创作的气候、环境和条件，他们便激情喷涌、佳作频仍。但当这个井喷期过去之后，原先的生活积累和精神存贮都已用罄了，可创作的欲望和需求却空前高涨。这便产生了为创作而创作的强迫感。于是，只好来个加汤添水凑数数。可这样做的结果却是，作品虽然多了，但质量却在逐年下滑。怎能不呢？要用一碗米熬成三碗稀粥，哪有不清汤寡水的道理！这，恰恰印证了文艺创作的一个不二法门，即只能写真实的体验、深刻的认知和触动灵魂的感悟，而决不能玩无米之炊，施膨化伎俩。若如此，那就即便是屈原重生、曹雪芹再世、鲁迅还魂，也断然无能为力。不是他们缺经验、没水平，而是情未至、心未忧、魂未归、感未深。

这是规律，谁也逃不脱；这是法则，谁也难超越。爱伦·坡如今已被奉为美国文学的创始人之一，他不但首开侦探推理小说、现代恐怖小说之先河，而且更是科幻小说、探险小说的首创者，但其一生的全部创作量，也不过就是几十个短篇、两部长篇和五十首诗而已。海明威是享誉世界的大作家，但他一生的作品几乎可以说是寥寥无几，就连最具影响力的代表作《老人与海》也不过只是一个薄薄的小本子。为什么会是这样呢？唯因海明威从来不写自己未曾体验、没有感悟的题材，他决不为了写作而写作。知道吗？就是这个海明威，还曾写过六篇有关中国抗日战争的作品。仅仅为了这，海明威不仅深入到中国抗战前沿，而且在中国几乎丢了性命。可不啊，1941 年 5 月 17 日重庆出版的《新华日报》在头版报道：“美国作家海明威在广东前线随中国部队分乘沙船三艘，乘夜向下游进驶，在广州近郊登陆后，用他丰富的战地经验，在广东韶关利用夜幕的掩护，亲自破坏了日寇的一段铁丝网，并干掉了一个日本士兵，缴获了日寇的一杆枪和几颗手榴弹，且于拂晓前安然离去。”此后，他们冒着大雨翻山越岭，并拔出匕首向日寇的哨兵连连刺去。正是这样的切身体验使海明威感慨良多，不但激发了创作热情，而且但凡下笔之处均无不精魂萦绕、铁骨铮铮。这说明一个道理，即真正的文艺创作绝不仅仅是编故事和耍笔杆子，而是心的投入、情的切入。不如此，当然也可以进行创作，不过，认真说来那不叫创作，而叫码字。不动声色地码字，自然要比掏心掏肺的创作容易多了，也快速多了，只是终究难成正果。而这不就正是我们现在文艺创作“有数量缺质量、有‘高原’缺‘高峰’”的根本原因吗？殊不知，此种作为，恰恰犯了一个大忌。因为文化创造——文艺创作的真正价值和实际作用永远都在精不在多、在心不在体、在情不在字、在意不在形。现存唐诗中，张若虚虽总共只有两首作品，但其中的《春江花月夜》却成了最为典范的唐诗代表作。另一个诗人金昌绪终生只有一首诗名世，但却成了各种唐诗选本的必选之作。且看“打起黄莺儿，莫教枝上啼。啼时惊妾梦，不得到辽西”，仅仅二十个字，就活灵活现地勾勒出了一位少妇对远在辽西前线作战的丈夫的深淳而又别样的思念。同样，蒋兆和有一幅画，画面上只有一个小女孩仰面朝天，双膝跪地，一派悲凉的样子。这幅画的题名为《爸爸永远不回来了》，作于1945年。一看便知小女孩的爸爸是为了抗战而牺牲的。面对这幅笔墨和构图都十分朴素而简约的画，望着画中那小女孩的一脸茫然，我们的心灵在深深的震撼之余自会想得很远，想得很多，想得很深……而这，便是艺术，便是创造，便是美。

文化创造——文艺创作的真正价值与永恒意义，正在于此。因为只有这样，才能将“以德服人、以文化人”的旨要付诸实行，落到实处，产生实效。习近平总书记指出：“国无德不兴，人无德不立。一个民族、一个人能不能把握自己，很大程度上取决于道德价值。”而文化——文艺的主要功能之一，就在于通过“以文化人”而“激励人们崇德向善、见贤思齐”，“鼓励全社会积善成德、明德惟馨，培育知荣辱、讲正气、做奉献、促和谐的良好风气。只要中华民族一代接着一代追求美好的道德境界，我们的民族就永远充满希望”。

对于文化创造和文艺创作来说，这，便是永远的追求和永恒的使命！

第三章

文化的价值导向与精神追求

文化的价值导向与精神追求，唯在于“举精神之旗、立精神支柱、建精神家园”，并以之而“彰显信仰之美、崇高之美，弘扬中国精神、凝聚中国力量，鼓舞全国各族人民朝气蓬勃迈向未来”。正是为了这一目的，习近平总书记便要求我国作家、艺术家必须“成为时代风气的先觉者、先行者、先倡者，并通过更多有筋骨、有道德、有温度的文艺作品，书写和记录人民的伟大实践、时代的进步要求”。

一

流变性和多样性是文化的天性，但正确的、积极的、先进的，具有时代精神、民族特点和社会担当的价值导向与精神追求，则是文化的生命线。只有当文化的天性服膺并融会于文化的生命线之中的时候，文化才会是有价值和有意义的。否则，流变性和多样性就会在内蕴上和效能上成为文化的悖论。

尽管文化的形态和作用是极其广泛的，但最高旨归和最深层次上的文化形态与文化理念，则永远都是一种以思想、精神、道德、情操、信仰和追求为质点的人生观与价值观，并由此而外化为人们美好的社会愿景和高度的行为自觉。这也就是说，只有先进的文化，才能赋予人们以正确的思想、崇高的道德、远大的理想和丰赡的精神；而又只有在正确思想、崇高道德、远大理想和丰赡精神的支配和驭动下，才会使人们形成良好的社会期待和产生高度的文化自觉。这是一个链式的因果递进关系，其得以正常运转与不断前进的芯片和动力，始终都是正确的、积极的，具有时代风采、科学内涵和先进思想意蕴的价值导向与精神追求。

文化的价值导向，主要是指：文化以其科学的价值判断和先进的价值指向，在人和社会实现提升与发展中所具有和所发挥的正确而积极的引导与推动作用。而文化的精神追求，则主要是指文化对先进思想、崇高道德、高尚情操与懿美心愫的汲取和涵寓及其所产生的巨大而良好的社会效能。一切文化创造、文化形态、文化产品和文化服务，不管其表现什么内容、采取什么方式、具有什么特点、追求什么目标，其在终极效能上都应当和必须具有这样的价值和作用。古往今来，凡是被历史钤印、社会肯定、大众认同、民族吸纳的文化产品与文艺作品，其在本质上就都是具有这个特点并能够发挥这种作用的。所以，《礼记·效特牲》上说："礼之所尊，尊其义也。"《韩非子·解老》中亦说："事有礼而有文；礼者，义之文也。"这里所说的"义"，也就是对文章价值导向的强调与凸显。正是基于这种认识，孔子在《论语·卫灵公》中才明确提出："君子义以为质，礼以行之。"否则，只"陈其数"而"失其义"，那就写得再多，也不会有什么价值了。显然，"义"对于文化创造来说，既是价值导向，又是精神追求。这一为文的原则与圭臬，深刻地影响了中国的传统文化，同时也以极为强势的力量构建了中国的人文精神，塑造了中国的文明形象，并使从屈原到鲁迅的几千年中国文化始终都强烈地秉承着以"义"为核心的精神魂魄与价值追求。用今天的话来说，也就是文化创造者们必须具有深刻挖掘和真切表现人与生活之本质，并能给予其以正确引导和有力驱动的使命感与责任心。无独有偶，遥处于地球对面的美国作家威廉·福克纳在1950年接受诺贝尔文学奖的感言中，也说出了与此极为相似的话。他指出："作家的天职在于使人的心灵变得高尚，使他的勇气、荣誉感、希望、自尊心、同情心、怜悯心和自我牺牲精神——这些情操正是人类的光荣——复活起来，帮助他挺立起来。诗人不应该单纯地撰写人的生命的编年史，他的作品应该成为支持人、帮助他巍然挺立并取得胜利的基石和支柱。"

这种对于文化之特点、本质、效能及其与社会和人生之关系的见解，虽然跨越了旷远的时空，但却仍能取得高度的吻合，以至完全超越了社会制度和意识形态的对立与暌隔。这说明了什么呢？说明文化的价值内涵和价值标准既然是人类社会所共同勘定和一致尊崇的，那么，它就理所当然地要成为文化创造者们的共有原则、共同理想和共性追求，成为一切文化创造和文艺创作的准则、任务和使命，社会主义先进文化尤应如此。

这既是文化的前置性动力，又是文化的结论性标志。任何有价值的文化创造的文艺创作，都应当、必然和必须在这个前置与结论之间进行个性化的创造性活动。从前置到结论，这不但是一个极其广阔的社会和文化空间，而且更是一个充满生力与魅力的思想空间和美学空间。所以，它完全可以给大容量和高品位的文化创造与文艺创作提供最为丰富的养料和极其优渥的条件，以其特有的精神内蕴与美学资源促使文化精品的莅世和文艺宏构的产生。其实，任何文化精品和文艺佳构的产生，就都是发生和发展于这一特定的思想空间与美学空间之中的。之所以如此，唯因这个空间从来就是以正确而积极的价值标准与价值追求作为矩范和动力的。一旦有了这个前提条件，任凭作者纵横捭阖、恣肆挥洒、率性驭笔，也都是可以做到"不逾矩"和"皆创新"的，一如马克思和鲁迅那样，不论他写什么和怎样写，都会是佳品迭出、价值倍增，始终流溢着思想的新潮、闪耀着艺术的光彩。中国当代文学的前十七年，尽管被认为是由于社会主义现实主义的一统天下而一定程度地限制了作家的创造性和作品的多样性，但那一时期所出现的《红岩》《创业史》《保卫延安》《山乡巨变》《红旗谱》《三家巷》《苦菜花》《白洋淀》《上海的早晨》《野火春风斗古城》《林海雪原》《青春之歌》等长篇小说，不仅题材广阔、内容多样、形式新颖、风格独特，而且皆以其思想的敦厚和艺术的娴稔而成为文学的楷模与丰碑，以至深刻地影响、改变和提升了几代人的心灵世界与精神架构，迄今仍旧葆有强大的艺术生命力。何以然呢？根本的原因就在于其具有正确、积极而先进的价值导向与精神追求，作家在创作中所关注、凝积的不仅是思想的火花与艺术的匠心，而且更是对时代的感应，对社会的担当，对国家、民族和人民的神圣使命感与崇高责任心，而绝不是对主体利益的钩稽和与商业、欲望、消费、金钱的纠缠。

对于我们今天的文化创造和文艺创作来说，这不啻是一种可贵的提醒与有益的启示。

二

社会是发展的，时代是进步的，人以及人的思想内蕴、精神诉求和生活方式等，也都在不断的流转和变革中寻求着新的突破，实现着新的提升。在此情况下，文化自然也应随之而发生相应的变绎和流转。这不仅是合理的，而且也是必要的和必须的，更何况实现创新从来就是文化的永恒主题与生命弦歌。在任何时候，变革和创新都是文化获得激情与诗意、实现发展与提升的有效方式和必由路径。但这也并不意味着就是凡“变”必升、凡“新”必优，关键还在于变什么，如何变，究竟“创”在哪里、“新”在何处。因为只有在因“变”而达优、因“新”而臻美的情况下，“变”和“新”才会具有创新价值，才会发挥积极作用，也才真正是本质意义上的变革与创新。

绵亘了两千多年的中国文化，基本上是沿着朴素唯物主义、社会人文主义、批判现实主义和革命现实主义的路径走下来的。在这个过程中，虽然“主义”并不算多，但变革和创新却不算少。否则，就不会形成如此灿烂的中华文明，就不会积攒浩如烟海的八万余件文化典籍，出现辉映星汉的千百个文化巨子，当然也就不会使中华民族从“轴心时代”开始便一直处于世界文化的巅峰。相比较而言，新时期文化虽然只有短短三十年，但却“主义”多多，“旗帜”多多，“谱系”多多，“名号”多多，唯独没有出现可以与《红楼梦》相比的作品，或可以同鲁迅并世的作家，即使单以作家族群及其代表性作品所处的文化地位与社会影响而言，也很难与前十七年那一批作家与作品相提并论的。这个不争的事实，乃是足以让我们从浮躁、虚妄和自炫自诩的陶醉中清醒过来、沉静下来，并认真进行一番清理与思考的。只有真正找出原因，特别是找出根本性的原因，才能自觉而有效地抻曲矫枉、砺锋拨翳，把事情的真相和原委看得更明白一些，也才能在清明的人文环境和诚挚的文化心态中自信地创造未来，实现愿景。

显然，对于现在的文化创造和文艺创作来说，并不是主体缺乏才华，缺乏知识，缺乏技能，缺乏对精神创造和艺术创新的激情、向往与追求，更不是客观上不具备酿成足以立世、铭世、传世、熠世之文化巨人与文艺杰作的环境、条件与资源，而在许多时候和许多情况下，所缺乏的恰恰是科学、正确、积极、先进的价值导向与精神追求。当然，这种缺少并不是时代、社会和生活造成的，而主要还是文化主体在创作思想与创作实践中，对正确、先进的价值导向和精神追求的自觉不自觉地排斥、放逐以至消解所造成的。比如，在以私人话语和个体经验为主要依托的创作中，对公共价值的稀释；在通过隐私的裸露和欲望的舒张而凸显自足自恋心理冀求的过程中，对大众情怀的闭锁；在沉溺于琐屑、偶在乃至低俗的日常刺激与小资情调时，对崇高与正义的悖逆；在着意表现“本能化”“生理化”

“感官化”“欲望化”的过程中，对伦常世理的否抑；在所谓纯“娱乐”、大“恶搞”、土“调侃”、洋“戏谑”的颠覆性和淆乱型叙事中，对良知和理性的撕裂；在曲意改变向度、刻意寻觅卖点、纯乎追求享乐、极度崇尚消费的所谓“时尚化”和“私人化”行文中，对文化道义与社会良知的销铄等。

所有这些现象，都程度不同地在某一文化层面上表现了对价值导向和精神追求的放逐。因为一切文化创造和文艺创作，在本质上就都是一种趋新、求真、弘善、臻美的精神创造与思想引导，就都是一种对良知和道德的救赎、升华与强化。所以，在其创造机制和社会功能中，一旦生理化取代了社会性、娱乐化屏蔽了义理性、利欲化腌渍了功德性、恣意化支配了规约性、附庸化替代了先导性、低价化消解了崇高性，那它就必定会在失去本体价值的同时也失去其本应具有的社会意义与审美功能。其结果，就像马克思所断言的那样，精神产品及其创造者们一旦将高筑于民族利益和人民立场之上的崇高、正义、公理、奉献等观念、情感和追求“淹没在利己主义打算的冰水之中”的时候，那它就必然会在形态、性质和功能上变为文化的块垒与精神的疣物，其价值和意义的畸变与消解自当在所难免。

新时期以来，我们的文化创造和文艺创作显然已进入了一个前所未有的快速流转期，这不仅得益于宽松的政治环境，而且也得益于良好的社会条件。文化观念、文化形态、文化理论、文化方法、文化结构、文化范式、文化语境、文化元素，乃至文化的表达套路和实现方略等，都在大范畴和深层次上发生了变革，进行了创新，遂使整个文化面貌焕然一新，这无疑是值得肯定和庆幸的。但也往往正是这种由快速流转和物象纷繁所造成的热闹景象，耗散和淡化了对价值导向的循守与依托、对精神追求的热忱与执着，并由此而造成了一些文化产品的思想虚脱与精神贫乏。这一点，在文学创作中的表现尤为突出。尽管“新锐”“前卫”“新写实”“后现代”之类的口号和旗帜层出不穷，但却鲜有力可扛鼎的作品出现；尽管

“奇幻”“悬疑”“侦探”“盗墓”“穿越”之类的名目和称谓让人目不暇接，但却越来越使受众对文学的热情趋于冷淡；尽管现在每年的长篇小说出版量都在2000部左右，随便一个年份的作品产量都可大大超过前十七年的文学出版总量，但其所葆有的艺术感召力和社会影响力却越来越萎缩，越来越式微，就连获得茅盾文学奖的长篇小说，也难得让人悉数记住和叫出它们的名字。这与前十七年进入读者视野的长篇小说相比，确实大相径庭。原因或许是多方面的，但最根本、最主要的原因恐怕永远还在于作品本身。而就作品本身而言，关键又在于文学的生活底子虚了，目标追求变了；真情实感少了，主体欲望多了；思想内蕴小了，外部形体大了；艺术功力差了，私语雕痕多了；责任意识弱了，自恋心理重了；“大我”“主潮”淡了，俗情琐事浓了；人民大众远了，审美眼光短了；时代精神弱了，“自我表现”强了。凡此种种所造成的直接后果，就是价值导向和精神追求的易质和缺位。而价值导向和精神追求的易质和缺位，则又足以使作品失去思想光彩和艺术魅力，以至于难以发挥它本应发挥的积极作用，正如歌德所说：“一个时代如果伟大，它就必然走前进上升的路，第一流以下的作品就不会起什么作用。”

对于伟大时代变革和社会发展不起什么作用的文化产品与文艺作品，自然是不会有任何价值和意义的了，当然，也就自然不会得到大众的接受和社会的认同。这，绝不是我们所要的结果。

伟大的时代，应当产生伟大的作品，也最有条件和可能产生伟大的作品。关键就在于创作主体写什么和怎样写。而写什么和怎样写所检测和考验的，不仅是作家的智能、技巧和才情，更是作家的眼光、胸怀和见识，当这一切都在时代精神与生活资质的调动下逐渐聚集于价值导向和精神追求这一质点与亮点上的时候，创作也就自然和必然会进入最佳境界，并有望创作出光彩夺目的精品与宏构。这并不是梦想，而是充满热切期望的预言。因为文化创造和文艺创作一旦回到正确、积极、先进、丰赡的价值导向与精神追求的驭动之下，它就自会焕发旺盛的生力，结出丰硕的果实。

如果说文化是一个国家与民族的心灵和大脑，那么，正确、积极、先进、丰赡的价值导向和精神追求，就是最能赋予这心灵和大脑以强大搏动力和旺盛创造力的血脉与经络，并由此而为文化筑起永具活力与魅力的生命线和价值链。

第四章

用先进文化涵养社会主义核心价值观

习近平总书记在2014年10月15日主持召开的文艺工作座谈会上发出号召：必须坚持以人民为中心的创作导向，努力创作更多无愧于时代的优秀作品。他指出，优秀传统文化是中华民族的精神命脉，必须予以传承和发扬。在新的时代条件下，更要体现中华文化精神，高度自觉地运用优秀文化修德铸魂，涵养和传播社会主义核心价值观，反映中国人民的审美追求，实现思想性、艺术性、观赏性的有机统一。

一

习近平总书记所强调指出的“礼法合治，德主刑辅”，恰恰契合和体现了中国古代治国理政的精髓要旨。它既是从长期实践中总结出来的经验之谈，又是对科学社会管理和文明政治建构的高度理论概括。此中，“法”与“刑”的含意不言自明，而对“礼”与“德”的晓喻和知解，则往往就各有管窥、多见歧义了。

实际上，无论是“礼”还是“德”，尽管其分属于制度范畴和精神层面，但在本质上却皆为文化的升华与延伸。而文化的效能和使命，则始终都在于为社会立“制”，给精神澡雪，使思想闪光，让行为高尚。这是文化的品格，更是文化的责任。在任何时候，文化都必须具有这样的禀赋，发挥这样的作用。唯其如此，“礼”“法”合治、“德”“刑”并施，才不失为驭政要略和治国良方。但前提是，这文化必须新颖、美奂、高尚、纯粹，闪耀时代精神，具有先进意识，深耕生活底蕴，激扬优秀品格。只有这样的文化，才是有光彩和有力量的，也才能真正温暖人心，赢得社会，激励创造，鼓舞前进，以至成为崇高的道德范本与不灭的精神爝火。

正是在这个意义上，习近平总书记不仅高度重视文化建设，而且对文化的性质、品格、价值和作用，皆赋予了清晰的定位，进行了精辟的阐释，提出了明确的要求。他认为，“没有文化的继承和发展，没有文化的弘扬和繁荣，就没有中国梦的实现”。他说：“好的文艺作品就应该像蓝天上的阳光、春季里的清风一样，能够启迪思想、温润心灵、陶冶人生，能够扫除颓废萎靡之风。”特别是在对历史的回溯与总结中，他深悟到文化不仅在塑造人，在塑造人的灵魂，而且也在塑造环境和社会，在赋予人以胆识、魄力、气质与灵慧的同时，也使整个社会充满了文明、理智、创造性和进取心。这才是任何财富和武力都不能替代的强大力量。而对于一个文明人和一个文明社会来说，只有这种力量，才是最可依恃与最有活力的。一旦这种力量成为一个民族的精神支撑和一个社会的伦理杠杆，这个民族和这个社会就必然会是文明的和智慧的，同时也充满了自豪与自信，诚如习近平总书记所指出的那样：“历史上，中华民族之所以有地位有影响，不是穷兵黩武，不是对外扩张，而是中华文化具有强大感召力。”

当一种西方势力总在怀着醋意而散布所谓的“中国威胁论”时，习近平面对全球浩然发声、凛然放言：中华民族从来就没有侵略、扩张的文化基因！这不啻是一个具有千钧之力的历史结论，更能将一切不实之词打成齑粉。因为五伦、四维的观念早就融入了中华民族的血脉，“己所不欲，勿施于人”业已成为一种高度的精神自觉。事实是，我们不仅在汉唐盛世没有侵略过任何国家，就是到了明朝郑和七下西洋时，也对所到之处的三十多个国家从未表现出领土要求和利益诉求。郑和航海是在 1405 年至 1430 年间，这比哥伦布发现美洲大陆早了八十七年，比迪亚士发现好望角早了八十三年。郑和率数万人众和数百艘船舰，不仅到达过爪哇、苏门答腊等地，而且还远及红海、麦加与非洲东沿的索马里。所到之处始终坚持礼义相交、平等共事，决不以大欺小、恃强凌弱，这与欧洲殖民者举凡所到之处，无不占地掳财、烧杀抢掠，形成了鲜明对照。面对这样的文化传承，所谓“中国威胁论”当然会不攻自破。

文化的强大渗透力和感召力，是民族和国家的思想芯片与精神火炬，也是每一个人和整个社会的伦理依据与行为准则。在中国历史上，之所以会出现那么多赤忱报国的仁人志士，会形成那么多彪炳千古的灼言峻论，无不是由于文化浸润而绽放的精神花朵、结出的道德果实。文化是无声的，有时甚至是无形的，但它的作用和力量却是刚性的、强大的，既无法回避，又无以替代。毫无疑问，文化是人创造的，但文化同时也创造了人，并使人远离动物群落而成为一个独具道德与灵智的“种”。故此，我们不仅应当尊重和遵循文化，而且更应当创造与创新文化。庄子说：“哀莫大于心死。”而文化则正是能够永远赋予我们一颗童心与雄心的万灵良药。

当全世界都在惊呼和艳羡习近平主席对文化的极度谙熟与高度重视时，我们所要做的则是必须用实际行动来回应他的热切期待，即“艺术可以放飞想象的翅膀，但一定要脚踩坚实的大地”。

二

价值观是一种价值理念和价值追求，而社会主义核心价值观，则自然就是涵融着社会主义思想与精神的价值理念与价值追求了。它属于意识形态，是心性和灵魂的内驱与外化，既来自物质存在，又来自文化浸润。不过，在许多时候和许多情况下，文化浸润的作用和效能都更直接、更持久、更普遍、更重要。因此，习近平总书记说：“培育和弘扬社会主义核心价值观必须立足于优秀传统文化。”

这里所说的优秀传统文化，自然是一个泛概念。不仅纵贯时空，包容古今，而且横跨专业，广纳品类，其核心意蕴是必须优秀，必须纯粹，必须精美，必须好！因为只有精品佳作、宏文灼论，才能有良好的传播信用和溢出效应，才会被广泛接受、高度认同、积极效法、认真吸纳。而这个过程，便是优秀文化对社会主义核心价值观形成和发展的渲濡与浸润。由于文化对价值观的作用既是强烈的，又是潜在的，所以便常常不容易感知，并因之而被忽略和漠视，以至于在实践中往往会陷于用物化取代意化、以有形掩盖无形的误区。诗云：“忽如一夜春风来，千树万树梨花开。”你能感受到春风是怎么来的吗？梨花是如何开的吗？又诗云：“落红不是无情物，化作春泥更护花。”文化在社会主义核心价值观形成过程中所发挥的作用，恰恰就是这样体现并实现的。

正因为这样，习近平总书记在治国理政中，特别是在社会主义核心价值观的构建中，就尤为重视发挥优秀文化的作用。他认为，中国优秀文化是在长期实践中所形成的思想粹质、精神宝典与道德砥石，蕴含着“天人合一”的宇宙观、协和万邦的国际观、和而不同的社会观、从优向善的道德观，尤其是以文明、和谐、爱国、敬业、仁义、廉耻、诚信、谦谨、公正、友善、平等、兼爱、变革、鼎新等为核心内容的人生观与价值观。凡此种种，都是我们宝贵的精神财富。无论时代怎么发展，社会如何变迁，作为一个优秀的民族和一个高尚的人，都应当秉具这样的道德品格，闪耀这样的精神光彩。社会主义核心价值观并不是天外来客、无稽之谈，而是以优秀的文化根脉和精神基因作为源流，以现实的时代变革与社会发展作为导向，以崇高的理想追求和美好的生活愿景作为目标的。所以，它既是历史的，又是现实的；既是可感的，又是可知的；既是形而上的，又是形而下的；既远在我们视界可及的天际线，又近在我们双脚踩立的热土中。而这一切的一切，最终都将以文化的形式加以表现和凸显。因为文化在任何时候，都总是思想、意识、精神、观念、理想、追求、情愫、操守的总体现和总代表，正如习近平总书记用三个“可以”所表达的那样，即：可以为人们认识和改造世界提供有益启迪，可以为治国理政提供有益启示，也可以为道德建设提供有益启发。

社会主义核心价值观的“核心”，唯在于它不仅赋有正确的导向和先进的意识，而且更有对时代的积极趋赴和对理想的执着追求。而优秀文化所涵负和所传播的，恰恰正是这种思想能量与精神内曜。所以，传播、接受、消化、吸收优秀文化的过程，实际上也就是树立和提升社会主义核心价值观的过程。价值观的形制是软性的、潜化的，但它的内质和作用却是硬性的、显豁的，由此而决定了有什么样的价值观，就自会有什么样的人生道路与目标追求，并形成与之相对应的精神状态和生活情致。雷锋、焦裕禄之所以是雷锋、焦裕禄，根本原因就在于他们有正确、积极的价值观，并由此而主导了他们光辉的人生与崇高的追求。而浙江大学的一位新生，在入学仅三个月后便无厘头地自杀身亡了。究其原因，竟是因其把人分解为一个个分子、粒子，由此而得出生命毫无意义的结论。这是典型的文化缺失症。如果他具有相应的人文精神和文化教养，就决不会如此看待人生和评判生命的价值与意义。是呀，仅仅把人看作一个“粒子团块”，对所有的事物都去其人文涵负，单纯还原到分子、粒子的状态，由此而得出的结论自然会是偏执的和消极的。这一事例无疑引发了浙江大学的深刻反思，并促使他们多方采取措施，决心强化人文教育，使学生在文化经典和人文精神的熏陶与感悟中完善人格，积极进取。

文以载道，文以养心，文以励志，文以“化”人。正因为优秀的文化产品和积极的文化传播，能够极为有力、有效地促成社会主义核心价值观的强化与炽化，进而在深化改革、加快发展、早日实现“中国梦”的伟大历史进程中，发挥引擎和内驱作用，习近平总书记才对文化建设寄予厚望，赋以重任，不但极其重视，而且亲力亲为。他指出：中华民族优秀文化是中华民族的精神命脉，是涵养社会主义核心价值观的重要源泉。所以，我们必须高扬社会主义核心价值观的旗帜，把社会主义核心价值观生动活泼、活灵活现地体现在文艺创作之中，用栩栩如生的作品形象告诉人们什么是应该肯定和赞扬的，什么是必须反对和否定的，做到春风化雨，润物无声。

显然，通过优秀文艺作品的传播与浸润，而为社会主义核心价值观塑形铸魂、增光添彩，既是我们的理论认知和工作导向，更是我们的崇高责任与神圣使命。

第五章

用文艺传递向上向善的价值观

以反映现实生活为己任的文艺创作，既是时代的视窗，又是精神的花朵，并由此而铸就其“新”的禀赋与“美”的特质。这就使任何内容与形式的文艺创作，不论写什么和怎样写，都应当并必须以独具的魅力和特殊的方式传递出一种向上向善的价值观，以使人们在审美的过程中既可观瞻生活的胜景，又可实现认知的提升；既能获取艺术的欣悦，又能采撷思想的果实；既会深耕心灵的田野，又会增强进取的信心。

唯其如此，文艺才赋有力量和价值，也才能从美学磁性中释放出绚丽的时代光彩，进而熠照时世、烛照人心，成为精神的火炬和心路的航标。古往今来，举凡真正能够增智懿德、迁年传世的文艺作品，就无一不是这样。中国人的精神基因，中华民族的思想范式与道德传统，就正是在这个过程中逐渐积淀、升华，并最终成为烙印在我们灵魂深处的集体无意识，成为我们的精神根脉与道德标志。中华民族之所以是中华民族，中国人之所以是中国人，在很大程度上就是这样形成的。而在这个过程中，优秀文艺作品的作用常常是根本性和主导性的。因为文艺是一种插了美学翅膀的思想传播与道德教化，具有极大的张力和魅力，它不仅在多层级梯次上和广阔的范畴中便于人们接受，而且更以其新颖的形式和巨大的魅力而使人们乐于接受和欣然接受。所以，文艺的传播力和渗透力是其他任何理论形式都无法比拟、无可替代的。

正因为文艺作品的影响力巨大、辐射面广阔、渗透性强烈，才自然而然地决定了其内容的非同小可。这也就是说，在任何时候任何情况下的任何文艺创作，都应当和必须具有新的形式和好的内容。但由于内容决定形式，所以从根本上说，只有好的内容，才是文艺创作的魅力之源与生命之芯。而好的内容虽然可以不拘一格、诸象纷呈，但其在本质意义和客观效果上则必须真切、积极、纯正、美奂，必须反映生活的本质，表现人性的本真，摄取时代的魂魄，摹写社会的变革，特别是要通过艺术对生活和人性的深度挖掘与全面观照而营造出一种积极的精神环境和刚健的思想氛围，并由此而烘托出强大的气场和正确的导向，使人们在艺术的陶醉与情愫的激扬中，自觉而又自然地向时代所崇尚的价值观聚集和靠拢。而要达到这个目的、实现这种效能，创作主体及其作品本身就必须赋有一种强烈的责任意识和高度的担当精神，切实做到以我之笔勾勒时代之美，以我之心感悟生活之韵，以我之情谱写改革之歌，以我之意叩响鼓鼙之音。正如习近平总书记所说的那样："我们要通过文艺作品传递真善美，传递向上向善的价值观，引导人们增强道德判断力和道德荣誉感，向往和追求讲道德、尊道德、守道德的生活。只要中华民族一代接着一代追求真善美的道德境界，我们的民族就永远健康向上，永远充满希望。"

文艺作品所充盈和辐散出来的向上、向前、向优、向好的力量，其最大的聚焦点就是真、善、美，而真、善、美在意识层次和社会层面，则属于道德范畴。这就是说，凡是好的文艺作品，都必须闪耀道德的光亮和切中道德的脉动，使道德的汁液不仅弥漫于文本和辞章之中，而且更濡渗在形象与故事之内。各种文艺作品的表现形式虽然千差万别，但文本与辞章、形象和故事则永远都是其基本的构成要素，并由此而形成了文艺创作的道德决定论。尽管在理论传导和创作实践中，一些人并未意识和认同这一点，但事实上它却不但一直存在着，而且也一直在发挥作用，并于冥冥之中决定着文艺创作的优劣高下、成败得失，完全称得上是一个不折不扣的硬道理。诚然，文艺作品中的道德传递确实不像社会伦理学那样凸显，那样条理，那样富于思辨力和逻辑性，但这只是存在方式的不同，而丝毫不关涉其内容的轻重与有无。事实上，自从《诗经》《离骚》开启了文艺创作的先河之后，道德含蕴与道德评判就一直是文艺的主体形态和至高绳墨。尽管文艺作品中的道德内容往往是隐含于文本之内，消融在艺术化、形象化的辞章、故事、场景和人物形象之中的，但通过这一切所传播和宣示的，则恰恰正是道德的彰显和对道德的礼赞与评析。优秀的文艺作品之所以能够被广泛接受和认同，并一代代地传承下去，有的甚至被奉为经典，纳入华堂，当作益智、修身、崇德、济学的必读之书，就正是由隐匿于其中的道德内曜所致。在中国传统文化中，许多文艺类的书籍之所以会被划入“经”的范畴，就是因为这些文艺书具有道德的熏育和传导功能。所谓“经”，就是“指导思想”。而举凡具有指导思想的书，其最根本的特点，就在于它有道德涵负。《诗经》为什么要称作“经”？质言之，就是这个原因。孔子作《春秋》，之所以能让“乱臣贼子”闻而生“惧”，便是因为书中融贯了强大的道德力量。鲁迅的小说，看似在讲故事、绘场景、写人物，但力透纸背的却无一不是鲜明而强烈的社会道德评判。抗战时期，郭沫若所创作的《屈原》明明是历史剧，但却引发了国民党权力核心的极度不安与恐慌。为什么呢？就因为在屈原、宋玉、婵娟等人物的身上，无不投射着作者的爱国激情与道德评析。而今，电视连续剧《焦裕禄》之所以会在社会上掀起收视热，会在评奖中获得满堂彩，除了艺术因素之外，最根本的还在于剧中所蕴存的深厚精神釉质与巨大道德力量。

这并不是个例，而是一道铁律。任何文艺创作都必当恪守和遵从。否则，只靠玩形式、玩技巧，而忽视作品的精神品位与道德涵蕴，注定是难成正果的。至于那些媚俗化、低俗化和徒然追求时髦、追求刺激，一味戏谑、单纯牟利的所谓创作，当然就更是对文艺的曲解和亵渎了。因为文艺本应是高尚的、纯粹的、神圣的。文艺的天性和天职从来就是发现美和创造美，就是弘扬良知与布达道义，就是宣示真理和传播文明。也正因为这样，才会使文艺生命长存、青春永驻。它几乎是与人类社会的文明和进步并辔而行的。在两千多年的历史进程中，文艺始终以创造文明和弘发道德为己任，并以优美的形式和诗情的表达忠实记录了人类社会的文明足迹，使我们得以从中汲取无穷的智慧和力量，并为此而由衷地将之称为“经典”与“史诗”，永远地定格为思想的圭臬和道德的范式。而对于这一切的典型化表达，那就是真、善、美。

在文艺创作中，“真善美”笃定是道德的最大极和文明的最高值。文艺创作的形式和内容虽然多种多样，但真善美永远都是其不变的和至高的精神峰巅。只要创作主体在创作实践中抓住了这个关节点，并加以艺术化、审美化的实施与表达，就一定会创作出社会认可、受众认同的优秀作品来。但这需要有一个前提条件，那就是忠于人民、挚爱生活、思想先进、艺术娴熟。也就是习近平总书记所说的“要静下心来，精益求精搞创作，把最好的精神食粮奉献给人民”，“要自觉坚守艺术理想，不断提高学养、涵养、修养，加强思想积累、知识储备、文化修养、艺术训练，认真严肃地考虑作品的艺术效果，讲品位，重艺德，为历史存正气，为世人弘美德，努力以高尚的职业操守、良好的社会形象，文质兼美的优秀作品赢得人民喜爱和欢迎”。

不言而喻，做到这一切自是创作优秀作品的必备条件，而要真正做到这一切，却并非是心想就可事成、一蹴便能就位，那是必须经过多方砥砺和艰苦磨炼的。除了艺术认知、艺术水平、艺术功力、艺术技巧上的艰苦磨炼之外，更重要和更根本的，还在于思想、品格、精神、道德上的不断淬冶与提升。首先要树立为人民而创作的观念。在有了这个基础性前提之后，最关键的就在于必须具有创作源于生活的认知。这实际上是要回答为什么人和如何为的问题。只有当方向与道路的问题都解决了，才谈得上深入生活及艺术修炼问题。只有当这三个环环相扣、紧密衔接的问题都得到了圆满解决，才有条件和有能力通过文艺作品来有效传递真善美，传递向上向善的价值观。因为生活中的真善美和向上向前之力，只有在为人民而创作的挚情与愿景中才能寻获，也只有在激荡着时代风雷和沸腾着改革热潮的现实生活中方可撷取。当然了，诚如鲁迅所言，与此同时，我们也“万不要忘记它是艺术”。只有方向正确、感情真挚、生活深刻、艺术精到的文艺作品，才具有传递向上向善价值观的条件与能力。因为这种传递能力的生成，乃是必须建立在作品好、人爱看、读者多、影响大的基础之上的。而这个基础的构筑，则唯赖于方向与精神、生活与艺术、道德与理想、情操与功力的至精至纯和完美结合。

价值观是人生观、世界观的直接外化，更是思想“总开关”的阀门与闸口，而向上向善则是精神的跃升和道德的纯化。文艺作品正是在传递向上向善价值观的过程中，既向人生与社会输注了正能量，又使自身的功能和价值得以充分实现。特别是在思想多元化与认知多样化的时代，这种输注尤显可贵，这一功能殊为重要。事实上，真正的文艺创作，从来就是通过这一方式而取信于民、赢得社会，并成为彪炳史册的精神丰碑和永不褪色的审美对象的。

处于改革时代与发展大潮中的中国作家、艺术家，更应当有这样一种自觉和自信，并以身相许，付诸实践，源源不断地用精品佳作传递向上向善的价值观，有声有色地点亮人生，惠及社会，纯化生活，助推发展。

第六章

用先进思想为文艺筑基铸魂

丹青难写是精神。正因为难，才需要创作者们矢志追求，锲而不舍，志在必得。因为精神乃思想之胼体，是文艺的灵魂。所以，在文艺创作中一旦缺失了精神，便很难跻臻上乘、铸成精品佳作，当然就更无以惠及社会、赢得读者了。这是文艺的大忌。

一

任何内容和形式的文艺作品，其在本质上都是精神产品，而精神产品岂能缺失精神？然而，在创作实践中衰减或泯灭思想与精神的作品却时有所见。特别是在创作的丰收季，作品数量不断膨化，而作品中的思想与精神涵负却日见式微。习近平总书记所说的“有‘高原’缺‘高峰’”现象，就是在这种情况下出现的。文艺创作自有其内在的规律性，过分追求速度和数量，必然会导致内存的耗散与质量的下滑，其最突出的表现就是在作品中呈露出思想容量衰减与内蕴精神失落。而文艺作品一旦出现精神缺失，那可就无异于丢了灵魂。这样的作品，无论其情节铺得多开，故事编得多圆，形象扮得多酷，语言谄得多甜，也终究难成正果。因为精神是思想性和价值观的载体，一旦失却，作品的意义便不复存在，读者从中所看到的便只能是生活的“渣”，而绝非思想的“醇”。如果作家、艺术家丢失了生活的内蕴魂魄，而只是仅仅拷贝了生活的外在状貌，那又有什么意义呢？它既不能给受众输送美感，又不能使读者提升认知，其结果就只会像契诃夫所指出的那样，无非是充当了一个杂耍艺人的角色而已。米兰·昆德拉曾将小说分为三类，即叙事的、描绘的、思索的。请注意，这个逻辑顺序很重要，它清楚地表明，叙事和描绘并不仅仅止于叙事和描绘本身，而是要为思索做铺垫、做敷设，并引发和引深思索的广度与深度。这也就是说，只有作家从叙事和描绘中积淀了思想、升华了精神之后，才能找到思索的旨要和进入思索的过程，也才能进而作出是非辨析与价值评判。人，正是在这个过程中不断地获得精神资源，并逐渐成为明睿的思想者与崇高的理想者的。

事实上，举凡有成就、有建树的文艺家和堪入经典之列的文艺作品，就从来都是以提炼思想和升华精神为鹄的的，其所讲述的故事，所描绘的场景，所铺陈的情节，所塑造的人物等，都只是作为思想之源与精神之酵而出现，绝非仅仅是只把原汁原液的生活晾出来便一了百了、万事大吉，而是从中提炼和升华出涵负着真、善、美元素的先进思想与崇高精神，以求在审美的愉悦中给人以启迪和教益，使社会恃此而不断地走向文明与和谐。不错，列夫·托尔斯泰确曾说过“活着就是为了讲故事”的话，但读者却为什么从《安娜·卡列尼娜》《复活》《战争与和平》等作品中读出了生活的哲理，领略了人性的崇高，认识了社会的法度，体悟了道义的力量呢？就因为作者在其娓娓道来的叙说中不露声色地为作品注入了思想的圣水，点燃了精神的爝火，提供了价值的绳墨，并进行了人性化的裁量与道德性的评判。而也只有这，才是他和他的作品的真正价值所在。卡夫卡在《变形记》中，完全出人意料地让其主人公格里高尔在一个早晨突然变成了一只大甲虫。你以为作者是在玩吊诡、写童话吗？不！他是要通过这个奇异的举动来凸显一种思想，来宣示一种精神，即当人在巨大而扭曲的社会压力下不堪重负时所不能不做出的应激反应，其所涵寓的社会意义和精神内蕴不仅极其显豁，而且十分奇崛。尽管伦勃朗一生画了六百余幅油画和素描，但仍始终坚持在每一幅画中都要融入丰饶的思想与伟岸的精神，并无不鲜明地体现着一种执着的审美取向与纯真的价值追求。而凡高、马蒂斯、毕加索的几乎每一幅画的构图都无不怪样而荒诞，何也？唯因表意心切，思在笔先。其作品的价值也恰恰正在于这种思想的深度嵌入。我们现在每年都要拍摄大量的电视剧，但真正能够在荧屏上播出的仅占一半左右，然而，《平凡的世界》却为何能一炮打响、走红荧屏、引发如潮的热议与褒扬呢？重要原因之一就在于这部电视剧从平实、清淳、质朴、刚朗的叙事中表现出最具时代精神和生活质感的思想锋芒与道德圭臬。诚如路遥所言："为了使当代社会发展中某些重要的动向在作品里得到充分的艺术表述"，我力求"通过塑造人物（典型）把我们时代最重要的社会的、道德的和心理的矛盾交织成一个艺术的统一体，把具体性和规律性同持久的人性和特定的历史条件、个性和普遍的社会性都结合起来——也就是说，锐意向深度和广度追求"。这不就是在追求思想深度与精神高度吗？孙少平和孙少安兄弟之所以会成为具有精神风采和思想内蕴的典型形象，《平凡的世界》之所以会呈现出不平凡的时代韵律和人格魅力，其原因就在于此。思想内蕴与精神资质常常能够赋予作品以神奇的人格力量和巨大的艺术弹性，并能无限放大和延伸其审美效能。这也就是为什么每当我们身临《黄河大合唱》与《红梅赞》的演唱现场时，总能热血沸腾、激情澎湃，无法平抑跌宕的心潮与飘拂的心旌的根本原因。毫无疑问，这是思想燧石的灼燃与精神韶光的熠照所致。

确乎，文艺从来就不是对生活现象和人性表层的拓模与临摹，作家、艺术家的使命也从来就不是对生活范式和人性外延的依傍与拷贝，它和他们的任务，永远都应当是和必须是执着于对生活和人性的深度开掘与高度淬炼，并在这个过程中以典型化的方式蒸馏和升华出生活之醇与人性之美，使之比生活本身更集中、更鲜明、更强烈、更纯粹，并将之以思想和精神的方式加以艺术化的表达。

二

显然，生活只是文艺的璞玉，它的原始状态的质朴虽然极为可贵，但却并不等于就是文艺作品本身。它必须经过一个淬炼与提纯的过程，才能充分显示其所潜在的价值与意义，也才能以其固有的美质与魅力来感化人和提升人。这是什么呢？这便是文艺作品的思想蕴存与精神禀赋。任何文艺作品，不论写什么和怎样写，其终极价值与意义的体现和彰显都在于此。否则，它就只能是任性的涂鸦与字符的堆积，是失去灵魂与活力的艺术木乃伊。

正因为这样，我们才要求文艺创作必须像习近平总书记所说的那样："思想精深、艺术精湛、制作精良"，必须"有筋骨、有道德、有温度"，必须以美的形态和艺术的方式在表现思想深度与精神高度的同时，更要在穿越时空和彪炳时代的过程中深深地钤刻出新中国蓬勃崛起并屹立于世界民族之林的文化印证。这就决定了我们的任务绝非是一般化地用文艺记录时代的变革与社会的发展，而是要以史诗和佳构凸显改革时代的旖旎风光、彰显进军途中的壮伟行色。这就要求我们必须在作品中显露出深邃的思想，砥砺出精神的粹质，焕发出价值的光彩。一如《诗经》《离骚》《史记》那样，在反映生活、表现时代的同时，为中华民族构建了思想的宝库，树立了精神的丰碑，擎起了进取的旗帜；又如鲁迅那样，不仅以自己的作品抟铸了民族的魂魄，用自己的人格淬冶了时代的精神，拿自己的韧性战斗擂响了前进的鼓鼙，而且将自己的整个生命和人格都化作了时代与民族的灵魂。的确，鲁迅的伟大并不仅仅在于他出版了多少本书、发表了多少篇文章，而在于他的眼光所至和笔锋所及皆无不深深地直达社会的底蕴和人性的本质，几乎出自他手中的每一个笔触和每一个字符，都准确而深切地触摸到了现实社会生活的脉动和每一个中国人的灵魂。这不仅使他的作品在反映生活时每每都能鞭辟入里、入木三分，而且更使他的思想在几乎每一个字里都放射着穿透一切伪饰而直达灵魂深处的犀光。这使他和他的作品远远超越了同时代文化圈中所有的智慧者、激进者、儒雅者、博识者，而成为毛泽东所说的中国现代社会的“第一等圣人”，成为大家公认的“民族英雄”“民族魂”。

鲁迅和他的作品靠什么跻臻高峰、止于至善呢？唯在于思想的明睿、深刻和精神的高洁、卓越。他的眼光、他的笔触、他的认知与他的见识，在观察和描写生活与人的时候每每都总能穿透表象，直达最深层的隐秘之处，这使他不仅能发现别人发现不了的东西，而且更使他能够对之加以道德裁判与艺术评骘。于是，鲁迅便无可替代地成为中国新文学历史进程中的“这一个”。

人们常常用鲁、郭、茅、巴、老、曹来指称中国现代文学的大师队伍，而举凡大师者，最为显著的特点之一，就在于其作品生动、深刻、美奂，具有精神高度和思想深度，能够以艺术的方式引领人们进入一个充盈着魅力与定力的审美世界。其实，在鲁、郭、茅、巴、老、曹之后，更有相当一批作家、艺术家秉持传统，继往开来，以自己个性化的独特的创作实践成功地营造了一个五彩缤纷的艺术世界，创造性地续写了新文艺的光荣与辉煌，一如赵树理、贺敬之、孙犁、柳青、欧阳山、周立波、草明，又如徐悲鸿、梅兰芳、吴祖光、罗工柳、常香玉，再如吴冠中、杜鹏程、郭小川、罗中立、秦怡、马烽、谢晋、陈忠实、路遥等。不论他们每个人所擅长、所践行的是何种文艺方式，其共同的特点则都是沉潜生活底层，心系人民大众，激扬时代精神，秉持百姓情怀，恪守现实主义，营造刚健风格。正是他们的坚守和创新，才为新时期文艺赢得了一个良好的开局，造就了不负时代厚望的新崛起与新辉煌。但是进入新时期中期以后，随着深化改革、扩大开放和市场经济的勃兴，中国文艺在某一方面渐渐疏离了于长期实践中所形成的优良传统，也渐渐淡化了对具有社会主义精神的现实主义的恪守与创新，而是过度地因袭了西方现代主义和后现代主义文艺思潮与文艺方法，由对文艺的精神守望而转换为感官刺激和娱乐至上，由对文艺的道义追求而蜕变为对金钱与物质的盘算和觊取，由此而造成了一些文艺作品的思想淡化与精神矮化。康德说过：“我们的责任不是制作书本，而是制作人格。”无奈现在我们的有些文艺创作不就是仅仅在码字，在画符，在炫姿，在诩技么！其所缺失和匮乏的，恰恰就是思想、精神与灵魂。实际上，文艺的真正价值正在于融会并深蕴于其中的思想与精神，一切字符和韵律都只是外在的硬盘，而绝非就是作品的芯片，它们充其量只是引导受众觅取并达臻精神峰巅的路标与阶梯。《离骚》的真正价值唯在于隐含于字面背后的高尚人格和爱国情怀。莎剧的魅力正在于从情节和形象中所透析出来的人性光彩与人生哲理。《阿 Q 正传》真正要诉诸于世的并不是阿 Q 这个形象本身，而是潜在他灵魂深处的不幸而又不争的“国民性”。《红楼梦》明明是一部情节细腻、场景绮靡、故事委婉、形象生动的长篇小说，可鲁迅却从中发现：“单是命意，就因读者的眼光而有种种：经学家看见《易》，道学家看见淫，才子看见缠绵，革命家看见排满，流言家看见宫闱秘事……”何以会如此呢？就因为曹雪芹在十余年的濡墨奋笔过程中为其铸入了丰富的思想，使之成了一座精神的广庑。汉代扬雄说过，“言，心声也；书，心画也”。清代笪重光则认定：只有“真境逼而神境生”，才是文艺创作的佳境与至境。是啊，当你面对《清明上河图》《韩熙载夜宴图》《富春山居图》，甚至仅仅是面对毫无社会场景的徐悲鸿的“奔马”和齐白石的“虾蟹”时，难道你看到的仅仅是画面上那构图与渲濡本身吗？不是的，打动我们的，乃是深藏于其中的思想与精神。这，才是真正的价值所在。

三

在市场经济、商品社会中，消费需求和物质的主导趋向越来越凸显。然而，也正是在这种情况下，更需要有思想的灌注与精神的导航。这是由人的本性和人的社会属性决定的，这也是人与其他一切器物和生物的最本质区别。正因为人有思想、有精神、有价值观和道义感，并需要以之不断地加以充实与滋养，所以人才会成其为人，人和人类社会也才会不断地出现新创造与新发展。黑格尔说过，“一个民族需要有一群仰望星空的人，他们不只是注意自己的脚下”。所谓“星空”是什么呢？这便是正确而先进的思想与崇高而纯粹的精神。而文艺所要提供给人民大众的，就正是能够助其将仰望星空的意向、能力与愿景加以充分兑取和圆满实现。因为只有这样，才能缔造文明和创造奇迹，正如习近平总书记所指出的那样："一个没有精神力量的民族难以自立自强，一项没有文化支撑的事业难以持续长久。"

但是，在我们的文艺创作中却越来越显现出一种倾向，那就是思想的销铄与精神的散佚。不但模式化生产和快餐式消费的现象极为普遍，蹈故袭常、觅奇搜旧、只求速度而不顾质量、只图篇长而不谋思精，已成为一种普遍的艺术套路与创作趋势，特别是收视率为王和市场逻辑至上已成为一些创作者的至高追求与至上尊崇。在此情况下，媚俗、恶搞、浅悖、平庸作品的频仍出现，就实在是一种必然了。"有数量缺质量，有'高原'缺'高峰'"现象的形成，也便在所难免。这不仅有悖于时代的要求和人民的期望，而且也有违于文艺自身的思想法则与美学规律，必须予以审视和反省，并在这种审视与反省中重拾现实主义和精品意识，重振民族精神与创新机理，重续中国文艺的优秀传统与辉煌历史。实现中华民族的伟大复兴，首先要做的就是实现思想和精神的复兴，而在这个过程中，文艺自当负有无可旁贷的责任与担当。因为文艺的使命就是以艺术的方式通过对"美"与"善"的创造和审视而不断地丰富人的思想和提升人的精神，并通过"人"而营造社会文明，促进经济发展。故此，以文养心和文以载道，便理所当然地成为一个恒久不渝的艺术法则。而要载道，就必须有思想；要养心，就必须有精神。因为精神和思想从来就是观念的酵体与意识的文本，是臧否尺度与价值取向，是裁量标准与理想追求，尤其是对是非观、道德观、审美观、价值观的涵寓和体现。正因为如此，才确立了思想与精神在文艺创作和文艺作品中的至高地位。

当然，在文艺创作和文艺作品中，思想的生成与实现并不是相拼相加的关系，而永远都只能是相洽与相融，并在这个过程中充分实现化合与升华，乃至变为一种观念、意识，形成一种气场、气质。只有这样，才能使受众在充盈着愉悦情绪和自觉意识的审美过程中于不经意间受到真、善、美的感染，得到义、理、智的启迪与熏濡。否则，任何硬贴、硬拼、硬嵌，其效果都会是相反的。因为文艺创作在本质上属于艺术创造，而接受文艺作品的过程则必须和必定是一个充满崇高感和正义感的审美过程。它既与学校教育不同，又与理论培训相异。在它的实施与实现过程中，必须始终突出正能量、采取软方式，以“细雨湿衣看不见，闲花落地听无声”的方式，达到“声韵入心萌真愫，书声盈耳自芳菲”的效果。

这里有一个需要强调指出的问题是，在对思想和精神的召回和萃聚中，创作主体一定要坚持深入社会生活，伫立时代潮头，瞄准改革前沿，秉具大众情怀，源源不断地从生活深处和时代中枢开掘思想，撷取素材，激扬情韵，铸冶精神，以此确保思想之源与精神之基的常新常丰和永贞永固，特别是要警惕和防范“去政治化”“唯西方化”和历史虚无主义思想的裹挟与侵袭，始终坚定不移地站在人民大众的立场上，勇做改革和发展的中坚力量与弄潮先锋，始终坚持以中国特色社会主义的理论自信、道路自信和制度自信作为创作的初衷与宏旨，并以此而使伟大的“中国梦”不断鲜活起来，灵动起来，通过文艺的具象化和艺术化表现而越来越清晰，越来越美奂，越来越丰富，越来越凸显。

习近平总书记指出：“中华优秀传统文化是中华民族的精神命脉，是涵养社会主义核心价值观的重要源泉，也是我们在世界文化激荡中站稳脚跟的坚实根基。”而我们的文艺创作，就正是要在继承传统的基础上不断融合，不断开拓，不断进取，不断探索，并通过全新的思想氤氲和精神构建而真真正正、切切实实地将“社会主义核心价值观日常化、具体化、形象化、生活化”。

这是文艺的职能，这也是文艺的本分。

第七章

凝聚和弘扬中国精神是文艺的时代担当

每个民族都有其民族精神，每个时代都有其时代精神。当这两种精神叠合并融会于特定的国家形态与社会生活之中时，便会自然转换为大众高度认同和尊崇的国家观念与时代标志，并成为这个国家的主体意识形态与核心价值理念，被广为秉持和尊奉。

中国精神就是这样。它源自悠久而优渥的中国传统文化，有着璀璨而丰富的精神内曜与思想内蕴，并在长期的历史变迁与社会变革中不断地与世界上其他优秀文化相碰撞、相融合，在实践中经过充分积淀和高度升华而最终形成自身的个性特质与优秀潜质，成为中华民族的精神底蕴和中国社会的文明底色。这是什么呢？这便是党的十八大报告用十二个词组所概括的“社会主义核心价值观”，即：国家价值观——富强、民主、文明、和谐；社会价值观——自由、平等、公正、法治；个人价值观——爱国、敬业、诚信、友善。

显然，社会主义核心价值观，就是中国精神的旨要与内存，同时也是社会主义文化的枢机与灵魂，具有很强的思想性、战略性、前瞻性、指导性，是我们实现创新驱动发展和全面小康目标的精神引擎与动力之源。这就天然地决定了任何内容和形式的文化创造与文艺创作，都定当要以此作为至高至上的遵循和至善至美的追求。也只有这样，才能创造出文化精品，创作出艺术佳构。

这是一个铁律。

二

中国精神在本质上也就是中国社会和中国人的精神。因为只有人，才会有精神。换言之，也就是人乃为精神之动物。文艺作品之所以要以写人为中心，文化创造之所以要以人为对象，就因为人是精神的本源与载体。这同时也就决定了写人的关键唯在于要写出人的精神气质和精神风貌，写出人的“心”与“思”，写出人的“魂”与“魄”。因为社会因人而建构，人因精神而卓异。正由于这种卓异，才使人获得了超越任何物种的智慧性、道德感和创造力。故此，早在两千多年前，荀子就认定：“人，最为天下贵。”贵就贵在人有思想、有智慧、有道义、有廉耻、有文明意识与价值理念。将这一切概括起来，便是但凡为人者，必定和必然秉具精神内质、精神风采与精神追求，并由此而决定了精神对人和人类社会的极端重要性，诚如习近平总书记所说：“一个没有精神力量的民族难以自立自强，一项没有文化支撑的事业难以持续长久。”文艺创作作为文化创造的一种普遍形态和基本形式，其魅力和使命则永远都在于对人之精神内蕴和思想内曜的发现、发掘、弘扬与升华。只有这样，文艺才会有内涵、有亮色、有作用、有价值。而作为中国特色社会主义文艺，其头等任务和最大担当，自然就是要通过生动的人物形象、多彩的生活故事和精美的艺术形式充分展现与激情书写中国精神、中国道路、中国力量，并以之勾画和塑造出改革开放时代的中国形象。

中国形象有硬件，也有软件。其物形固不可少，但芯片尤当重要。正如习近平总书记所指出的那样：“当高楼大厦在我国大地上遍地林立时，中华民族精神的大厦也应当巍然耸立。”这就要求“通过更多有筋骨、有道德、有温度的文艺作品，书写和记录人民的伟大实践、时代的进步要求，彰显信仰之美、崇高之美，弘扬中国精神，凝聚中国力量，鼓舞全国各族人民朝气蓬勃迈向未来”。

这是文艺的使命，也是文艺的荣耀，更是文艺的价值所在。每一个作家、艺术家都应当意识到，自己的创造性劳动都是对中华民族精神大厦的有效营建，也是对改革开放时代之中国精神的辑构与锻造。对此，我们除了应赋有一种神圣感之外，更应秉有一份责任心，尤其要认识到这种神圣感只有通过责任心的见证与践行，才会具有价值和意义。这也就是说，作为创作主体，作家、艺术家必须悉心为精品佳作创造良好的主体条件。否则，神圣感就极有可能会变为水中月、镜中花，难以产生实践效应和实际效果。因为中国精神不是空穴来风，更不可能唾手可得。它是从改革开放、创新发展的时代大潮中孕育、孳衍、熔铸、升华出来的，它同时也深埋于现实生活的土壤之中。作家、艺术家要发现它、撷获它，并给它插上灵智的翅膀、注入艺术的汁液，使它成为具有美感和魅力的精神产品，那就必须置身时代前沿，深入生活底层，真真正正、结结实实地做改革的弄潮儿和人民的代言人。只有这样，才能创作出高扬中国精神的文学佳构与艺术精品，也才能真正以自己的作品为人民输氧，为时代增辉，为社会效力，为中国加分，从而多姿多彩地驱动“中国梦”的早日实现与中国精神的发扬光大。

文艺既秉有这样的责任，也具有这样的能力。之所以如此，就因为文艺通过自身的濡化作用，既可净人心、励人志，又能怡人意、愉人情，从而使人在精神层次上不断地得以丰赡与提升，在道德品位上持续地实现趋正与趋高，在创新能力上有效地达臻炽化与优化。这样的作用和功能，对于人和人类社会来说，既是独一无二的，又是不可替代的。正是这种特禀的审美与教化作用，不仅使文艺成为人的精神乳汁，而且也成为社会的驱动力量与文明酵素。所以，习近平总书记说：“文化是民族生存和发展的重要力量。人类社会每一次跃进，人类文明每一次升华，无不伴随着文化的历史性进步。”而今，当我们朝着实现中华民族伟大复兴的崇高目标奋发进取时，自然就更应高度重视和充分发挥文艺的重要作用。

二

文艺要发挥作用，其自身就必须具有感染力和正能量。而要文艺发挥作用，就必须要求其形式新，内容好，艺术精良，思想高尚，具有饱满的激情和充沛的魅力，能够精准而艺术地反映和描绘时代的伟大变革与社会的迅猛进步，特别是要不拘一格地表现出在这个过程中所形成、所凸显的中国道路与中国精神，切实以文质兼美的优秀作品吸引读者、感动读者，为人民群众开拓广阔的审美视野，提供丰饶的艺术盛宴，使之从文艺作品中不但能感悟到中国精神的坚定步履与强大力量，而且更能激发和鼓励大众创业、万众创新，引导和促进人人都能信心满满、激情飞扬地为中国精神的崛起而投入自己的智慧与力量。

这一点非常重要。这才是文艺的真正价值与力量所在。康德说过，“我们的作用不是制作书本，而是制作人格；我们要赢得的不是战役与疆土，而是我们行为间的秩序与安宁。真正的大师杰作是一种合宜的生活方式”。恩格斯则指出：“封建的中世纪的终结和现代资本主义纪元的开端，是以一位大人物为标志的。”这位“大人物”就是诗人但丁。为什么一个诗人能够成为时代发生巨大变革的标志性人物呢？就因为他的作品不是一般化地摹写生活和平庸地描绘人，而是通过对现实生活和人的深度刻画，挖掘出了潜藏于其中的社会禀赋与时代精神。

对于时代、社会、生活和人来说，精神虽不是直观的、具象的，但却是强烈的和炽热的，它足以决定一个特定时代、社会、生活和人的本质，并规约着它们的上升渠道与发展方向。故此，从来具有史诗性质的优秀文艺作品，就都必定是鲜明而强烈地融贯着它那个特定时代的时代精神，并因此而成为对一个时代的艺术钤印。《诗经》之所以会成为中国奴隶社会向封建社会实现转化与过渡的客观标志，《汤姆叔叔的小屋》之所以会成为美国南北战争的客观动因，就由于它们在艺术描绘中形象化地反映了那个特定时代的时代精神，而绝非只是浮光掠影的浅述轻陈。1942年，郭沫若以其创作的纯历史剧《屈原》热烈地参与了抗战，有力地声援了正义。何以如此呢？就因为作者在剧中以两千多年前的楚国历史为背景，通过对屈原、宋玉、婵娟等人的内心世界及其社会背景的钩稽与发掘而浓墨重彩地写出一种精神，淘出一种力量，从而不仅契合了抗战的现实，而且指斥了所谓“攘外必先安内”的“党国政治”。剧中有一段“雷电颂”，作者借屈原之口慨然陈词：“风，你咆哮吧！咆哮吧！尽力地咆哮吧！在这暗无天日的时候，一切都睡着了，都沉在梦里，都死了时候，正是应该你咆哮的时候，应该你尽力咆哮的时候！”这段话虽然不是对剧情的描述，但却有力地激起了整个剧情的发展高潮，也深深地感动了广大观众，燧石般地点燃了埋藏于人们心中的抗战热情和对不抵抗政策与行为的无比愤怒。何以会产生这样的艺术效果呢？就因为通过这段深深嵌入剧情之中和同样深深融入人物心中的艺术独白而氤氲出一种鲜明浓烈的时代精神。正如作者所说，当时，半壁江山沦陷，国民党政府却在大敌当前之时，尽管也言抗日，但却不忘反共，悍然发动了皖南事变。正是在这样的背景下，面对“全中国进步人民都感受着愤怒”的现实，作者就在创作中“把这时代的愤怒复活到屈原的时代里去了。换句话说，我是借了屈原的时代来象征我们当时的时代”。这段独白不仅为《屈原》一剧壮了胆，而且更为整个剧作铸了魂，极大地增强了《屈原》的政治意义与心灵震撼力。

同样的情况，我们在2015年度诺奖得主斯韦特兰娜·阿列克谢耶维奇的作品中也能够得到验证。她的《战争中没有女性》《二手时间》《来自切尔诺贝利的声音》等作品，之所以能够强烈地撼动人心，就在于作品的据实描写与社会背景的巧妙拼接，和作者对时代精神的精准表达，并以此而发明了一种全新的文学体裁，使新闻和艺术实现了完美结合。所以，瑞典文学院对之的评价是“她的复调作品，是我们时代的苦难和勇气的纪念碑”，以至于“如果你把她的作品从书架上拿走，那么就会空出一大块精神的领地”。其艺术独创性和作品中的精神特质由此可见一斑。任何优秀作品都是思想性和艺术性的自然融会与完美结合，而实现这种结合的美学质点和思想亮点，则永远都在于对其所涵蕴的时代精神的表达与激扬。唯其如此，文艺才会具有社会功能和思想价值，也才会成为艺术范式与审美对象。否则，不论情节多么离奇、形象多么怪异、语言多么华丽，到头来也只能是一束纸花、一把秕谷，除了博人一哂之外，决不会产生引领思想、淳化风气、鼓舞斗志、提升道德的积极作用。原因就在于其被从根本上抽去了文艺的灵魂，使文艺的特有功能和特殊价值销铄殆尽。因为文艺绝不是逗乐的工具、消遣的工具、赚钱的工具。文艺的价值和作用，永远都在于它能够通过怡情审美而以思想的旗旌、文明的犁铧和精神的火炬为人们指引航向、提升认知、点亮心灵。不这样，作家、艺术家就会像契诃夫所说的那样，仅仅是一名杂耍艺人而已。

现在的问题是，在一些时候，有一些作者，往往会自觉不自觉地充当这种“杂耍艺人”的角色。功利欲膨胀，浮躁风盛行，搞投机取巧，玩花拳绣腿，致使其作品数量大而质量低，内容俗而情节俚，形象差而意境浑，思想弱而形式怪。有的甚至是远离生活，远离人民，以“洋”为尊，唯“洋”是从，热衷于“去思想化”“去价值化”“去历史化”“去中国化”“去主流化”那一套。要知道任何文艺创作都是精神产品，都是对艺术和美的表达，而精神和美的根源则永远都在生活和人民之中。文艺家一旦远离时代大潮和生活热流，对人民大众的理想追求和创造性劳动隔岸观火、漠然视之，那就注定不会进入创作的胜境，而是只能玩“空手道”，搞感官刺激，以胡编乱写、粗制滥造的“劣币”冒充“作品”，猎取名利。这样做的结果，只能像习近平总书记所指出的那样，无非是“制造了一些文化‘垃圾’”，贻害于社会的文明风尚和广大人民群众的精神生活。这就从根本上违逆了文艺的本来旨归与本质价值，在客观上形成了文艺的无效应与负效应。对此，我们必须高度警惕，努力改变，坚决克服，务使社会主义文艺在人民大众的基点上扎下深根，在生活大潮的洗礼中开出鲜花。

三

习近平总书记指出，培养和弘扬社会主义核心价值观必须立足中华优秀传统文化，深入挖掘和阐发中华优秀传统文化讲仁爱、重民本、守诚信、崇正义、尚和合、求大同的时代价值。他还说，“没有先进文化的积极引领，没有人民精神世界的极大丰富，没有民族精神力量的不断增强，一个国家、一个民族不可能屹立于世界民族之林”。而文艺，则正是“时代前进的号角，最能代表一个时代的风貌，最能引领一个时代的风气”。显然，这里有一个由关键词语所构成的内在逻辑关系，即：社会主义核心价值观是中国精神的典范体现，而具有民族性和时代性的先进文化则是社会主义核心价值观的内蕴载体与外部形态。也正是在这个过程中，文艺有着无可替代的独特地位和不可或缺的特殊作用。它既是文化的主体构成要素，又是文化的基本表现形态。由此所得出的结论便是：文艺乃为凝聚和弘扬中国精神的基本方式与主要途径。

文艺既具有这样的功能，当然就更赋有这样的担当。正是为了充分发挥文艺的这一功能和有效承接文艺的这种担当，文艺家才必须在创作实践中源源不断地汲取诗意、美感、激情和力量，以使自己的创作永葆活力、魅力与定力。这就要求创作主体必须无条件地扎根生活，切入现实，观照时代，鼎力改革，坚持以人民为中心的创作导向，坚决走民族化、大众化、精品化的创作道路，在创作实践中务求做到身在生活，心系人民，眼观潮头，笔写风云，真实而艺术地记录下改革开放时代的中国故事与中国精神。

这里有一个必须处理好的节点问题，就是既要善于把人物、事件、情节、场景写真，写实，写灵，写活，更要善于从这些具象化的描写中抟铸、提炼、升华出改革时代的中国精神。这就要求创作主体在创作实践中既不能疏于对事件和人物的描写，又不能止于对事件和人物的描写，而是一定要把事件写真，把人物写活，进而从真而活的事件与人物中氤氲、升华出寓于其中的思想风采与精神气质，并使之同改革时代的时代精神实现融会与对接，从而汇聚成鲜亮而磅礴的中国精神。

精神虽是看不见、摸不着的，但却是一个无比强大的现实存在，并真切地反映着时代的本质，深刻地影响着人们的生活。所以，举凡优秀的作品，就都无不以其强大的精神力量而感动人心和驱动社会；举凡杰出的作家艺术家，也都无不以着力表现恢宏的时代精神为己任，并对这个目标予以不懈追求。普希金之所以被誉为“俄罗斯的太阳”，雨果之所以被称作“法兰西的良心”，鲁迅之所以被公认为是中华民族的“民族魂”，并不是以他们作品的数量为依据，而是因为他们在其作品中真真切切地写出了他的国家和他的民族的精神与灵魂。

这，既是我们的榜样，更是我们的追求。今天的中国，改革发展，一往无前，比任何时候都拥有精神酵素，都闪耀思想光彩，这就为作家、艺术家们架构精品、创作史诗创造了极为优越的条件，提供了无比丰富的资源。只要我们方向正、作风实，苦淬炼、勤耕耘，就一定能够在创作上写出大作品，获得大丰收，取得大成绩，就像习近平总书记所期待的那样，“生产更多传播当代中国价值观念、体现中华文化精神、反映中国人审美追求，思想性、艺术性、观赏性有机统一的优秀作品，形成‘龙文百斛鼎，笔力可独扛’之势”。

果能此道，文艺便会极大地助力创新发展、协调发展、绿色发展、开放发展和共享发展，使人民大众所热烈期冀的“中国梦”早日成为现实。

第八章

在守护与开发中增强和提升文化的价值质点

习近平总书记说："没有中华文化繁荣兴盛，就没有中华民族伟大复兴。"之所以如此，盖因"每到重大历史关头，文化都能感国运之变化、应时代之潮头、发时代之先声，为亿万人民、为伟大祖国鼓与呼"。

这是什么呢？这便是文化的价值质点。

一

文化价值的质点，即文化的原生价值、本质价值、第一价值、主价值。在任何情况下，这种价值都是一切内容和形式的文化创造、文化产品、文化服务的生命之水与活力之源。因为质点对于价值来说，不仅是文化主体劳动绩效的凸显，更是文化对人和社会产生并发挥积极作用的体现。文化，因其有价值而生发绩效和意义，价值则又赖于质点的驭动与支撑。特别是在价值量、价值形式、价值效能和价值取向均呈多元化格局的当今社会，情况尤为如此。

价值形式与价值取向的多元化，是时代发展的必然，也是文化的一种价值辐射与效能提升。在这种情况下，高度自觉地强化文化价值的质点，就显得尤为迫切与重要，否则，文化的本体价值和终极效能便必然会越来越多地受到消抑与耗散，致使文化发生易质，变成空壳，沦为物欲化的赢利疣体和浮靡化的精神尘埃。

这并不是杞人忧天，而只是对某些“在场”文化现象的实景写真。文化价值质点的走形与变异，常常会使文化在本质上和效能上变得不再是文化了，其精神价值与教化功能全然会被市场价值和娱乐作用所取代。

在对多元文化价值的设定与追求中，往往容易出现一种倾向掩盖另一种倾向的现象，并在这种掩盖与被掩盖中出现强势文化价值对弱势文化价值的倾轧和吞噬。比如在以往岁月中，文化的思想价值、精神价值、教化价值、心灵渲濡价值和社会公益价值处于强势地位，它就自然地构成了对文化的经济价值的藐视与排斥。而在当今这急遽变革、快速发展的市场经济条件下，文化的经济价值、娱乐价值和社会利欲价值渐呈强势，也便越来越多地使文化的精神价值和教化功能陷于冷寂与逼仄。

这两种价值倾向，其实都是不正确和非正常的，特别是后一种价值倾向一旦处于强势地位，便为害尤烈。因为它对文化的基因进行了篡改，对文化的本质施行了阉割，与文化的效能发生了悖反，从而使文化价值的质点在变异和耗损中归于消弭与扭曲。对于文化来说，这无疑是致命的。而前一种倾向则只不过是以文化的本质价值一定程度地弱化或掩饰了文化的非本质价值。况且，这种情况也大多是在特定时代条件和社会环境中出现的，其对于文化主体价值的有效实现，不仅毫无妨碍，而且在许多时候还具有一定的现实观照性与历史合理性。因为只有积极的精神价值和教化功能，才是文化价值的本质体现，也才是价值的质点所在。至于精神价值之外的其他价值，对于文化来说，那就都是在社会发展过程中逐步衍生出来的副价值了，它们既不体现文化的本质形态和主体功能，也构不成文化价值的熠点与质点，而顶多只是文化主体价值和本质价值的衍生物与附加值。如果不是这样，中国的五千年文明就笃定会是一张白纸、一片沙漠、一孔涸泉了。因为历来真正的文化创造者、文艺创作者、心灵宣慰者、精神提升者、智能开拓者和文明传播者，就从来不是以赚钱、牟利和娱乐为目的的。他们的一切劳作和一切创造，只有一个终极目的，那就是开智、养心、励志、修德，那就是张扬正义、布达真理、激励人生、繁荣社会。如果老子、孔子、屈原、司马迁、曹雪芹们所追求的不是文化的本质价值，不是文化的精神救赎，不是文化的社会效能，而只是金钱、物益和娱乐，那就不会有我们今天所看到的《道德经》《论语》《诗经》《离骚》《史记》《红楼梦》了。道理很简单：精神是崇高的、恒久的、无价的，而经济则只是对“钱”与“物”的一时追求与实用消费，且必须和必然要以产出大于投入为前提。如果仅仅是为了个人攫物和牟利，那这些为中华民族铸冶灵魂的先贤宿圣们，就决然不会以生命为代价而追求真理、书写人生了；如果仅仅是算经济账，那这些为中国历史宣纲立命的鸿儒巨擘们，就断不会焚膏继晷，不计名位的贬损与生存的艰辛了。而事实却恰恰相反：几乎所有的宏大文化创举，无不是在毫无经济回报情况下的殒命之作。文王拘而演《周易》，仲尼厄而作《春秋》，司马迁忍辱负重完成《史记》，司马光损体眇目编修《资治通鉴》。至于曹雪芹对《红楼梦》的撰著，那就更是历十年之辛苦而倾满腔之血泪了。在文学名著中，不仅有许多作品连作者的名字都没有留下来，而且即使是一些留下名字的作者，其生平身世也大都语焉不详，更何谈有什么物质上的回报了。凡此种种，古来有之。

这是中华民族的大幸。正是由于这些在文化上为国家和民族做出显赫成绩和重大贡献的圣哲们，从来就不是为个人牟利，从来就不算经济账，更鲜有什么“娱乐”的心思和“玩玩”的追求，我们才会拥有灿烂的文明和精神的家园。否则，我们的国家和民族就会因为失去文化的滋养而变得形容枯槁、心灵干瘪、智能匮乏、精神萎靡。这并不危言耸听！想想看，如果没有四书五经，没有《左传》《史记》《资治通鉴》，没有《三国演义》《永乐大典》《四库全书》，没有孔子、屈原、李白、杜甫、关汉卿、曹雪芹、鲁迅，中华民族还是中华民族吗？中国人还是中国人吗？我们又该到哪里去寻找自己的灵魂？实现中华民族伟大复兴的历史坐标又在何处？

这便是文化价值的质点，也即文化价值的核心与本质所在。随着社会的进步和时代的发展，文化价值的衍生物固然越来越多、越来越杂，但文化价值的质点却永远不可改变，也永远不能改变。如果改变了，文化也就不是文化了。顶多只是一个空壳，徒有文化之名而已。这种不是文化的文化，历史上有，现实中也有。在当前喧嚣骚动、浮靡猎艳之文场中，所谓的“娱乐至死，利益至上”，所谓的“风月笔墨”“媚俗为尚”，所谓的“收视率为王”“宏大叙事无用”“勇敢地表达对金钱的宠爱”“唯有赚得真金白银才是硬道理”之类的雷人之语、黑厚玄论、犬儒主义，就更是对文化价值质点的蚕食了，其结果无非是除了使文化价值质点转轨，就是使文化价值质点易质。所产生的消极效应不仅是大幅面的，而且是深层次的，因为它所灼痛的，是国脉、世风与民魂；它所壅蔽和阻断的，是智慧之源、心灵之翼与精神之忱；它所浸渍和污染的，是人性的圣洁、理想的绮丽与道德的崇高。

很显然，文化价值的质点一旦被转轨和易质，其后果自当是不堪设想的。而造成文化价值转轨和易质的最重要和最直接的原因，便是把文化当成了纯粹的赚钱工具，把赚钱当成了文化的唯一目的。这里的要害就在于“纯粹”和“唯一”。因为一旦在趋利捞钱上“纯粹”了、“唯一”了，也就必定要放弃文化对人和社会的引导与提升功能，必然要使文化陷入低谷、畸靡、褊悖、庸邪的渊薮。于是，“戏说”“大话”“水煮”“逗谑”出来了，“时尚化”“碎片化”“肤浅化”“欲望化”膨胀了，反权威、反崇高、反传统、反道义高涨了，情场猎艳、职场斗法、黑厚之学、权谋之术风行了。只要有市场、有卖点、能赚钱，就不惜以描摹乱象和暴露丑恶来诱发人性的窳劣，满足猎奇的心理。如此这般，又何谈文化价值的质点考量与文化效能的社会兑取呢？

二

任何事物，都只有在具有了价值之后才会有意义，有作用。但各种事物的价值形成、价值规律和价值质点却是不尽相同的，甚至是完全不同的。例如经济价值和文化价值就大相径庭。

在经济学中，价值主要体现在商品所蕴涵的社会必要劳动量和对物质资源的附有上。这种价值，不但可以量化，而且可以转换，尤其可以用货币来标示和置取。但文化却不行，文化价值的核心内容、终极效能和主要实现方式，始终都在于它所天然赋有并理应履施的社会性、公益性、思想导向、智能寄寓和精神内涵。文化不但要以真、善、美的方式来揭示和表现生活与人性中的真、善、美，而且要在不可逆和个性化的艺术创造中给生活增添亮色，使社会焕发光彩，让精神得以提升，促人性更臻完美。凡此种种，既是文化的社会担当，又是文化的效能旨归。任何内容和形式的文化创造、文化产品和文化服务，都只在有了这样的性质和达臻这样的效能之后，才可望实现质点的实现与效能的兑取。然而，这一切却又是不可量化和不能用金钱进行兑换的。

正因为如此，文化价值的质点也便具独特的重要性和特殊意义。所谓“质点”，在物理学上是指物体处于运动状态时，不考虑物体的大小和形状，认为它只是具有质量的点，这个物体便叫作“质点”。显然，文化价值的质点，即是指在文化创造和文化服务过程中，不论其内容和形式如何，都应当和必须赋有和服膺于真、善、美的品格、性质、目标与效能，发挥思想引导和精神提升的积极作用，产生淳化社会风气、铸冶民族灵魂的巨大效能，并在这个过程中充分体现其主体价值与本质价值。

文化的这一价值质点，不仅是文化的审美场，而且也是文化的生命线。不论在任何时候、任何情况下，任何文化形态都决然不可吊诡。因为文化一旦离散了这个价值质点，其主体价值和终极效能便会随之而消失殆尽。文化的商品意义，永远都只能是和只配是文化主体价值和终极效能的延伸物与衍生品，就像在提炼石油时得到了沥青，但我们却永远也不能只为得到沥青而去提炼石油。当然，文化价值的意义与商品价值的意义绝不像石油和沥青的关系这样直观而简单，它是一种极为复杂的价值链接和极为深刻的社会命题，其核心元素因子始终都活跃在社会生活的底蕴之中和人们的精神层面之上，自有其内在的法则与规律。

文化的价值规律和价值形式，乃是与经济的价值规律和价值方式迥然不同的。在经济活动中，商品生产和流通的基本规律是由社会必要劳动量及其涵附的物质资料所构成的价值量的等值交换。在这个过程中，货币不仅可以是价值量的标示，而且也可以充当实现交流的中介。对于文化创造、文化产品和文化服务来说，其价值的产生过程和实现方式可就都不是这样的了。第一，所有内容和一切形式的优秀文化，都是精神升华的产物，都是情感爆发的产物，也都是心灵省悟和道德提升的产物，而绝非像物质生产那样仅仅凭靠一定的社会必要劳动量和相应的物质资料便可获得。第二，所有优秀文化，都必然和必定是先进思想、高尚道德、伟大人格和远大理想的艺术载体，都是对时代精神的积极弘扬、对人生愿景的审美表达，而绝非像物质产品那样只是为了满足人们一时的物质需求。第三，文化的对象始终都是人，是通过作用于人的思想、心灵、意识和精神而艺术地、潜默地使其发生变化并实现提升，而决不像物质产品那样从来就没有特定的对象性。第四，举凡优秀的文化，其价值因子不会由于时间的推移而褪色和衰减，而且其社会效能也不会因为长期施用和反复兑取而出现损毁与缺乏，决不像物质产品那样越时即损、逾期即废。

所有这些极具个性的特点，不仅形成和铸就了文化价值的固有质点，而且也使文化具有了只属于它自己的价值规律和价值形式。这就要求我们决不能把文化价值等同于经济价值或物质价值，更不能把文化创造当作单纯食利的行为，把文化产品当作单纯赚钱的工具，把文化服务当作单纯敛财的形式，更不能趁产业化大潮而一味假文化之名捞黑钱。当然，这并不是说文化就完全没有物性价值，就完全不能以货币作为实现交流、传播和消费的中介，而只是说在任何情况下都必须自觉地守护文化价值的质点，把文化的审美价值、教化价值、启智价值、懿德价值、认知价值和励志价值放在首位，予以坚决的维护和充分的实现。只有在这个前提下，才有资格、有条件发掘文化的物性价值，使文化创造、文化产品和文化服务科学而有致地进入产业链和交易场，实现对文化衍生价值、延伸价值和副价值的合理开发与适当利用。

其实，文化的主体价值和精神效能，与文化的衍生价值和经济效能并不矛盾，更不对立，而是完全统一的，因为没有前者，就不会有后者，而且在通常情况下都是前者的价值越大，后者的价值也才会随之而越大，它们是一种水涨船高的关系。只有文化产品和文化服务的内容佳尚，形式优美，精神效能突出，社会影响巨大，它才会在受众中有人气，在市场上增效益。这样的例证比比皆是。不过，文化毕竟是文化，既然它的主体价值和终极效能是体现社会效益和精神层面的，而社会效益和精神内蕴又是具有审美差异和意识差别的，这就会使文化的主体价值和衍生价值在有的时候发生龃龉，产生逆差，出现二律背反。但这种情况往往都是发生在特定环境和特定时期的，最终还是会实现统一的。如在 20 世纪 30 年代的上海滩，鲁迅的作品就不如一些纨绔文人的轻俏时文走红，但经过历史的沉淀和淘漉之后，未久便分出了高下。马克思历四十年之辛劳而完成的《资本论》，所赚稿费还不如当时德国一个工资最低的勤杂工多，但这绝不是《资本论》巨大精神价值的真正标志，历史也早已对此做出了极具说服力的评判。其实，许多厚重而丰赡的精神创造，不都有过这样的经历吗？相反，一些市井小说和低俗电视节目，虽然通过解构升职秘籍和晾露媚富心态而绑架了一些受众的窥私兴趣，并因此而赚得个钵满盆满，但这毕竟不过是文坛上骤起的一股龙卷风，待它刮过去之后，人们自会知其在赢得金钱大满贯的同时所产生的精神杀伤力。喧嚣之后，必将落寞。除了赚钱之外，不会在文坛上和心灵中留下任何痕迹。显然，这不应当是我们的文化追求，更不应该成为我们的文化主态。

这是一种吊诡，这是一个悖论。何以然呢？唯因它是对文化价值质点的消解。在文化创造中，价值质点的任一销铄和枉曲，都会造成文化主体价值与次生价值的颠倒与混乱，都会使文化在本质上发生蜕化和变异，也都会让文化在崇高、淳雅、激奋、智慧的精神圣殿中沉沦，沦为金钱的奴婢和玩娱的戏法。如此这般，文化还是文化吗？所以，构建和固守文化价值的质点，就不仅是我们繁荣和发展社会主义文化的必由之路，更是我们定当时刻铭记于心和认真见诸于行的崇高责任。正如习近平总书记所说，“文化是民族生存和发展的重要力量。人类社会每一次跃进，人类文明每一次升华，无不伴随着文化的历史性进步。中华民族有着五千多年的文明史，近代以前中国一直是世界强国之一。在几千年的历史流变中，中华民族从来不是一帆风顺的，遇到了无数艰难困苦，但我们都挺过来、走过来了，其中一个很重要的原因就是世世代代的中华儿女培育和发展了独具特色、博大精深的中华文化，为中华民族克服困难、生生不息提供了强大精神支撑”。而今，我们守护文化的价值质点，就是要进一步筑牢、夯实、提升这种强大的文化引领力与支撑力。

第九章

从创造与创新中激活文化的生命韵律

习近平总书记指出，在我们的文艺创作中，既“存在着抄袭模仿、千篇一律的问题”，又“存在着机械化生产、快餐式消费的问题”。毫无疑问，这是影响文艺创作提升与发展的重要弊端，因为文艺的本质是创造。

一

文化，作为一种精神产品，乃是不能仿造，只能创造的。即使它以物化的形式出现在流水线上，其在本质上也仍旧是对个性化创造的延伸与辐射。只有这样，才能算是真正的文化产品，也才会赋有文化的灵慧与韵味。

然而，我们现在的许多所谓“文化”，却越来越远离创造、沦为制造了，并因此而使文化产品的数量与质量失衡，走熟路、炒冷饭、翻古董、秀时尚的现象极为普遍。甚至在许多时候，一些所谓的文化产业，在事实上也都是只有产业而没有文化了。其结果必然是文化产品的数量激增，而质量却鲜有提升，往往只能在产业链的低端徘徊，很难实现大跨度的发展和根本性的崛起。当然就更遑论什么争锋世界与震撼人心了。我们总说中国是文化大国，中国文化要走出去。可是怎样才算“大”呢？如何才能“走出去”呢？这是要拿实力说话的，尤其要用过硬的作品和产品令人钦佩，使人折服。桃李不言，下自成蹊。只有真正具有原创意蕴的好作品和好产品接踵而至，熠照世寰，才能称其为“大”，也才能真正走向世界，征服人心。因为文化具有不可逆性，文化的本质是创造。在任何时候，任何缺乏个性、缺乏创新、缺乏思想光芒和艺术灵韵的文化制作，都只能是文化的悖论。尽管它们也在以文化的名义而行世，但实质上却是一种“反文化”。

也正是在这个意义上，文化向来贵精不贵多，在质不在量。量和质，永远都是一个相依相偎、彼此转圜的辩证关系。毫无疑问，如若是在品佳质优的前提之下，那当然还是量越大越好、数越多越棒了。当然，没有一定的“量”，是不可能达到一定的“质”的，但“量”若过多地溢出了“质”，甚至淹没了“质”，就会走到相反的方面去。此中，关键是必须营造出一种良性发展的文化生态来。而要做到这一点，文化主体进行文化制作的目的性和方向感至为重要，这也就是“为什么”和“如何为”的问题。

毋庸讳言，文化产品“量”“质”失衡的主要根源，正在于此。我们完全可以断言，如果孔子、屈原、司马迁、曹雪芹乃至鲁迅等人，如果在“为什么”和“如何为”的问题上犯了糊涂，图了不该图的东西，走了不该走的岔路，那也就笃定不会有《论语》《离骚》《史记》《红楼梦》以及《狂人日记》《阿 Q 正传》《故乡》《社戏》等作品的问世了。在新中国成立初的十七年中，我国长篇小说的出版量总共还不到 300 部，而其中却不乏类似《保卫延安》《山乡巨变》《创业史》《红岩》《林海雪原》《青春之歌》《苦菜花》《三家巷》《红旗谱》《三里湾》《荷花淀》《野火春风斗古城》等在社会上和读者中产生了巨大积极影响的优秀作品。现在每年出版的长篇小说都在 2000 部以上，这还不算海量的网络长篇小说创作，每年的诗歌创作量早已超过300万首，且年产电影500多部、电视剧接近600部、歌曲超过20000首、各类剧目几近2000种。这其中自然会有佳作频现。但若以如此之大的产量作为基数来观照其中的优秀作品，那就会显得“量”“质”失衡、不相匹配了。更何况，即便是个中优秀之作，其所拥有的读者群和所产生的社会影响力，也大不如前了。特别是有一种现象值得深思，即那种抛弃中国文化范式而刻意模仿西方现代主义和后现代主义的所谓“新潮”“先锋”之作，却每每既与中国受众隔膜，又被域外受众冷落。还有一种现象，就是一些在创作和制作之初，便已一门心思瞄准金熊、金棕榈、奥斯卡小金人和斯德哥尔摩领奖台的所谓大制作，却往往在国内不被认同，缺乏人气。即便是产量不断“疯长”的长篇小说，当其足以使我们满怀丰收喜悦的时候，却也仍然在“走出去”的路上遇到了尴尬。

确乎，当文化的创造天性在不断地被制造者们张开大网加以裹挟和吞噬的时候，我们当然有必要反躬自问：长此以往，我们的文化就能够真正“大”起来，真正“走出去”吗？非也！比如动漫，作为国家重点扶持的文化产业，全国共有企业4600余家，从业人员近22万，年产值接近900亿元，但也同样陷入了产品数量与质量不相匹配的窘境。像葫芦娃、喜羊羊这样受到欢迎的动漫形象真是少之又少，远不如一些国外动漫作品和动漫形象创意新颖、深入人心，成为孩子们乐于接受的荧屏明星。在2014年8月举行的第六届中国（沈阳）动漫电玩博览会上，竟然是各式各样的国外动漫形象衍生品备受青睐和热捧，而土生土长的国内动漫形象却难觅踪迹。其原因只有一个，那就是“重在代工，轻于原创”。业内专家认为，这样一味靠“拿来主义”混日子，那就恐怕只能长期待在动漫产业链的最下游了。

显然，这不是我们的目标，更不是我们所期待的结果。但要改变这种状况，就首先必须让文化从制造回归创造。本来，对文化来说，制造只是对创造的延伸和物化，在任何时候它都不能代替创造。所以，没有创造，也就不会和不应有制造。比如一本书，印制的前提是它有好的内容。否则，即使是再精美的印制，也会变得毫无意义。而我们现在常常做的，却恰恰就是这种头足颠倒的工作，即用制造代替或冒充创造而炫世，而唬人，而扬名，而牟利。

歌德说过："一个时代如果伟大，它就必须走前进上升的路，第一流以下的作品就不会起什么作用。"毫无疑问，我们现在正处于一个伟大的时代，也正在走着前进上升的路。在这样的时候，我们最需要的，当然是能够起作用的第一流作品。而第一流作品的产生，则又只能是独诣佳境的个性化的原始创造。故此，我们必须让文化从制造回归创造。因为只有创造，才能赋予文化及其产品以灵韵与魅力，也才能使文化真正"靓"起来、"活"起来。而这，又恰恰是文化的特质、价值与效能之所在。在任何时候和任何情况下，文化要"大"起来和"走出去"的秘籍与关键，皆在于此。

这是法则，这是规律，这是定理。

二

若以产量论，我们现在确实是一个文化制造的大国了。但若追寻起质量和效能来，那可就是另一回事了，其间所出现的反差与失衡，令人瞠目。

何以会出现这种情形呢？

原因或许有多种，但最根本和最主要的原因则无疑是一些文化产品的质量不够高，而质量不高的根本原因又主要在于原创性差。许多文学作品都是靠"二手"甚至"三手"生活拼凑起来的急就草、膨胀体，而影视制作则主要是依靠翻拍经典和热炒旧作来诌故事、讨生活。一如对中国四大文学名著的影视并举、反复拍摄；又如继《叶问》之后，《一代宗师》《叶问前传》也先后上马；继《孔子》之后，两部以孔子为题材的电视剧又同时投入拍摄。其他像《还珠格格》《玉观音》《亮剑》《永不瞑目》等，也都一而再、再而三地反复翻拍。至于像杨家将、孙悟空、白蛇传、封神榜、鸿门宴、秦始皇以及杨子荣、李小龙之类传统故事和传奇人物，那就更是被影视制作者们视为无底的聚宝盆和不老的常青藤，大家不约而同地都把“宝”押在这些题材上面，反反复复地争相拍摄。

显然，我们的文化制作已经蹈入了一个违背美学法则和艺术规律的误区，犯了文化创造的大忌——因袭与重复。不可逆规律，是文化创造中的一个基本规律，而因袭与重复恰恰是对不可逆规律的悖逆和反叛。文化产品主要是给人们提供精神消费和心灵滋养的，而这种消费的基本方式则是审美。在审美过程中，新鲜、艳羡和惊叹永远都是最重要和最强大的吸引力与召唤力，而文化的任何新鲜感都只能来自具有肇始性的创造、一次性的构建和原汁性的生活。否则，文化产品一旦出现重沓、反复、陈旧和相似，便会失去其对审美主体的吸引力和召唤力，甚至会造成审美主体的心理厌倦与视听疲劳。在这种情况下，文化产品又怎么能够期望取悦受众、赢得市场呢？

这便是文化创造、文艺创作之类精神产品和意识构建，何以向来都是提倡“创”字当头，以“创”为先、为要、为旨、为诀的根本原因，正如鲁迅所说：“依傍和模仿，决不能产生真艺术。”而在任何时候，“真艺术”的产生，都只能是和只会是文化创新的结晶与精神升华的醇醪。

对于文化创造和文艺创作来说，这早已是一个铁律了。古今中外，凡是能获得高度认同感、具有强大生命力的文化产品，凡是在长期沉淀和反复淘漉中终得跻身精品名著之列的文艺作品，凡是对历史的发展、社会的进步和文明的跃升起过积极引导和有力推动作用的美学构建，无一不是卓尔不群的独到发现与独特创造。从《易经》《诗经》《离骚》《史记》《红楼梦》，到《阿Q正传》《家》《屈原》《雷雨》《黄河大合唱》；从《荷马史诗》《奥赛罗》《人间喜剧》《战争与和平》《上尉的女儿》，到《大卫》《蒙娜丽莎》《思想者》《战舰波将金号》《蓝色多瑙河》等，都是文化艺术创造中的“这一个”。

“这一个”不啻是对不可逆规律的科学化释义与形象化诠解。黑格尔运用这一概念所揭示的，绝不仅仅是艺术形象的个别性特征，而实在是道出了一个文化创造的普遍真理与内在规律。“这一个”，就是个别性和独特性，就是唯一的创造和独立的存在，就是文化产品和文艺创作的蹊径。在文化创造中，任何创造者主体都应当和必须具有这样的夙愿和追求，而这种夙愿和追求的实现之日，也就是其创作获得成功之时。因为只要按照“这一个”的创作路径走下去，在其创作之树的枝条上所结出来的，就必然会是丰盈而独特的文化硕果。中国古代哲学中有一种被称为“象思维”的理论，讲的就是既不受任何已有条件影响和限制，又不借任何客观因素的完全独立的创造性思维。在文化创造中，就最应崇尚、最该施行这种“象思维”，以免创作主体总是会习惯性地在已有产品的影子下因袭模拓、照猫画虎。想想看，屈原是依照什么写《离骚》的？司马迁是沿袭什么著《史记》的？曹雪芹又是参考了什么来创作《红楼梦》的呢？都没有。他们的创作完全是从第一生活、第一意识和第一艺术出发而独立进行的前无古人、后无来者的新构建。也正因为如此，才铸就了其作品的无可比拟的巨大成就和独特魅力。

当然，借鉴已有定评和颇具人气的文化精品来进行新的文化创造，也并非不可。但是，这种借鉴只能是止于从中受感悟、受启发、受熏陶和受泽惠，而决不能是硬植、截取和摹袭，也不能是反复地以不同形式和不同方法进行改编和再改编，更不能是假改编之名而对文化精品和文艺名作恣意恶搞、妄情戏说，乃至随心所欲地胡编滥造。而这，又恰恰是一个时期以来我们文化创造和文艺创作中的突出弊病之一，以致在许多文学作品中都可以看到名作、旧作和他作的眉脸与影子；在许多歌曲和绘画中都能够给人造成似曾相识的印象与感觉。至于在影视剧作摄制中的题材重复、主题雷同、情节重复、人物相似、趣味低俗、技法老套现象，那就更是相当的流行和普泛了。特别是在以反复重拍而乱炒文化经典和名品旧作中所出现的肆意篡改的现象，就更加让人难以容忍和不可接受了。耗费巨资所进行的经典重拍，究竟意义何在！价值何在？在同一题材扎堆拍、新片刚出又重拍的乱象中，也并非就是各有千秋，而往往都只不过是为了“各派竞搏、各有所图”罢了。这样做的结果，不仅会浪费资源、败坏经典，而且更会使文化丧失市场信誉，稀释受众的文化信心。

显而易见，在翻炒经典和摹袭旧作的背后，乃是原创力的贫乏，而造成原创力贫乏的原因，则主要在于缺乏对时代精神的准确把握，对生活本质的科学认知，对思想内曜的深刻发掘，对艺术功力的充分历练。

第十章

让中国文化成为构建人类命运共同体的思想之炬与精神之砥

让中国文化走出去，使之在全球绽放光彩，为世界输送能量，这既是我们的愿景和目标，又是我们的行动与志向。而“一带一路”全球战略的开启和“命运共同体”国际构想的实施，在发掘中国传统文化巨大潜力的同时，更为具有中国风格和中国气派的社会主义新文化走向世界创造了优越条件，提供了良好机遇。

确乎，对于中国文化而言，这既是机遇，又是挑战。因为它在促使中国文化走出去的同时，也给中国文化的质量和效能设定了更严的标准，提出了更高的要求。

一

四方上下谓之宇，往古来今谓之宙。世界原本就是一个相通互联的囫囵体。随着科技的进步和通信与交通的逐渐发达，人们才在感观上觉得地球变小了，世界变近了，原来人类共同居住的只是一个小小的地球村落。

而也正是在这样的时代背景下，文化的广泛辐射和信息的互联互通，越来越成为必须与必然。人是有思想、有情志、有愿景、有追求、有创造力和进取心的生命，而文化，便是对人的这一特质与特性的表达。如若没有文化，人与动物何异？如若没有文化的交流与互惠，人类社会便难免要沉沦为思想的荒原、精神的孤岛、文明的不毛之地。

这是不可想象的，但由此却可以结结实实地反证出一个真谛，即文化交流交融、文明互益互惠的必要性与必然性，“文变染乎世情，兴废系乎时序”。事实上，早在科技极不发达、交通和通信均十分壅蔽的古代社会，人们就已深深悟得了文化交流与文明互鉴的价值与意义。一如《诗·豳风·七月》所云：“七月在野，八月在宇，九月在户，十月蟋蟀入我床下。”又如《楚辞·屈原·涉江》所言：“霰雪纷其无垠兮，云霏霏而承宇。”再如贾谊《过秦论》和苏轼《水调歌头》所书，“振长策而御宇内”，“又恐琼楼玉宇，高处不胜寒”。

由此可见，文化作为一种心灵的笛音和精神的花朵，其特禀的本性就是以交融互鉴作为萌生之土壤与成长之养料。开放与包容、交流与交融、相合与相益、互鉴与互促，是文化得以蓬勃萌长和永续发展的生命元素与内在动力。因此，习近平总书记说：“文化是民族生存和发展的重要力量。人类社会每一次跃进，人类文明每一次升华，无不伴随着文化的历史性进步。”在这里，总书记既指出了文化的民族特性，又强调了文化对人类社会和人类文明的巨大推动作用。很显然，文化要对人类社会和人类文明的进步和发展发挥作用，其实现途径和兑取方式首先必须也必然是交流互鉴。没有这个先导性前提，所谓文化对人类社会和人类文明的推动与驱进，就只能是纸上谈兵、隔靴搔痒，完全无法实现。也正是在这个意义上，作为欧洲社会变革之“书记员”的巴尔扎克，才在拿破仑的塑像下铭刻了这样一行字：“你用剑未完成的事业，我要用笔来完成。”此中有一个潜台词，即我的作品要走向世界，要征服人心，要把文明和智慧撒遍全球。是呀，不这样，如若仅仅将卷帙浩繁的《人间喜剧》存贮于塞纳河畔的巴氏小屋中，又会有何用呢？而事实是，巴尔扎克的作品不仅走遍了全世界，也如同莎士比亚一样，永远地属于了所有的世纪和整个人类。

正是在这一点上，中国文化不仅捷足先登，而且魅力独存，乃至从“轴心时代”迄今，都一直远播四方、泽惠全球，为人类文明和社会进步做出了无与伦比的、独特而巨大的贡献。这不仅有恃于中国文化的丰富、悠久和绵亘不断，而且更得益于中华民族的良慧之心与体恤之意，亦即“己所不欲，勿施于人”“己欲立而立人，己欲达而达人”！轴心时代是早期人类文化与文明的集中孳衍期与爆发期，而以儒家学派为代表的“子学”系列不仅点亮了先秦文明之火，而且也极大地促进了世界文化与文明的蓬勃发展，并成为欧洲文化与文明的孵化器与传播源，从而使儒学在全球得到广泛渲染和高度认同。孔子的经典论述在全球范围内成为做人、处事、知情、论世的圭臬与范本，许多极富智慧和哲理的箴言粹语，不仅成为人们引以诫勉的修身之道、处世之则，而且还被写入欧洲一些国家的公民法典之中，甚至成为联合国的精神信条与行事规范。诸如歌德、雨果、莎士比亚、塞万提斯、伏尔泰、卢梭等欧洲文化与文明的代表性人物，在其成长过程和创作实践中，也都从中国文化与文明中汲取过智慧，获得过启迪。就连最为不守传统艺术矩范的西班牙画家毕加索，也始终认为齐白石的画永远都是一个天大的“谜”，他怎么只寥寥数笔，就能将虾画“活”、将水画“动”呢？抗战时期梅兰芳赴美演出，深深倾倒了观众，观众直言，光是他在舞台上所展示的水袖功夫，就千金难买。至于中国杂技、中国武术、中国歌舞、中国戏曲、中国五彩缤纷的民俗艺术和动人心魄的影视作品、文学创作、烹饪技艺等，就更使世人深为艳羡、赞叹不已了。正如习近平总书记所说：“中华优秀传统文化是中华民族的突出优势，是我们最深厚的文化软实力。”他还说，为了使我们的文化既面向未来，又走向世界，我们就必须“深入挖掘和阐发中华优秀传统文化讲仁爱、重民本、守诚信、崇正义、尚和合、求大同的时代价值”，以使中华优秀传统文化成为“我们在世界文化激荡中站稳脚跟的根本”。而事实是，只有我们首先在世界文化的交流、交融和剧烈激荡中真正筑牢基础、站稳脚跟，我们的文化才能够既具有实力与定力，又充满活力与魅力地走向全球，并受到世界人民的一致认可与热烈欢迎，成为人类文明和社会进步的丰饶智慧宝库与强大内生动力。而以共商、共建、共享为宗旨的“一带一路”战略擘划，与以政策沟通、设施联通、贸易畅通、资金融通、民心相通为主体内容的“人类命运共同体”建构，便为中华文化走向世界、温暖全球、融通人心、激发活力创造了良好机遇，提供了有利条件，亟待我们全力以赴去追求、去发掘、去创造、去实现。当前，我们要紧扣丝绸之路的宏观设定，将文化的创新性转化与创造性发展做实、做大、做精、做美，并以此为基础，不断提升文化走出去的效能与水平。我们必须认识到，利用丝绸之路，打开文化外传之门，既是一种机遇，又是一种挑战，关键在于对文化资源的深度开发和对文化创新的高度践行，始终立足于用精品熠世，以真情感人，不仅要让世人从中国文化中获得心灵的慰藉和认知的提升，更要使之在艺术陶冶与审美享受中实现思想的飞跃与精神的升华。

丝绸之路这一名称，是19世纪末德国地质学家费迪南·冯·李希霍芬提出来的。这条将古埃及文明、古巴比伦文明、古印度文明和中华文明串联在一起的商路，极大地贯通了世界文化与文明的交流与交融，使人类最早创造的东西方文明实现了全程对接与全面融合。《易经》云：“往来不穷谓之通。”而自文明雏起之时，这条路上就连绵不绝地上演着“往来不穷”的传出与传入，其中有丝绸、茶叶、瓷器，也有哲学、文学、医药。正是在这个过程中，将历五千年之久的中华文化与文明传播到了西亚和欧洲，并孕育了后起的欧洲文明。

显而易见，西方文明在本质上是中国文化在西传过程中的衍生物。它说明，中国文化不仅是世界文明之源，更有着开放、包容、益人、惠众的历史传统。正是由于这条路的“往来不穷”和“推而行之”，才使东西方文明的交流、交融和交锋成为一个长盛不衰的伟大现实。而今，我们正是要在扩大和延续这种现实的探求与创造中，将中国文化输向远方，将中华文明播向全球，并在这个过程中实现中华文化和文明的大崛起与新飞跃。

二

中国传统文化之丰赡、辉煌及其对世界文明所做出的巨大贡献，乃是有目共睹、举世皆知的，而在革命、建设、改革、发展中所形成的中国新文化的创造与传播，虽然扬帆未久，但也已在驶往全球的远航中逐渐显露出了蓬勃的生气与昂扬的志向。特别是自全面实现改革开放以来，中国文化在自身不断趋于丰富、发展的过程中，既迈开双腿走向世界，又张开双臂拥抱世界，而也正是在同世界文化的双向交流与深度交融中，不仅使自身获得外来文化的丰富营养，而且也为世界各地输送了中国文化的清淳与温馨，让世界人民通过文化介体而全方位、艺术化地了解中国，认识中国，热爱中国，并对改革开放、快速发展的中国充满了热切期待与由衷向往。此间，中国戏剧、歌舞、杂技、影视、民俗、武术等，就更使世人感佩之至、钟爱有加，像京剧《锁麟囊》、越剧《红楼梦》、舞剧《丝路花雨》、歌曲《梦想的召唤》《风从海上来》、电视连续剧《西游记》《三国演义》等，就都在世界各地受到激赏和热捧。

至于文学的影响力和辐射面，那就更为深厚和广阔了。除了传统文学对世界的广泛介入和渗濡，新文学阔步走向全球的步频也在不断趋深和加快。像麦加的《解密》《暗算》、格非的《隐身衣》、铁凝的《永远有多远》、曹文轩的《草房子》、刘慈欣的《三体》、李洱的《石榴树上结樱桃》、周大新的《湖光山色》、路遥的《平凡的世界》、贾平凹的《秦腔》、张炜的《你在高原》等，皆以不同方式和别样风格将中国精神和中国故事传给世界，播向远方，全方位、多角度、深层次地展现了中国社会的巨大变革和中国人的精神风貌与绮丽情怀，不仅使世界了解了中国的新变化和新走向，而且也以极其形象的、艺术化的包容精神，让中国更加融入世界和面向未来。此间，特别是自2016年夏秋以来发起的中华文化对外翻译传播研究行动，尤为系统而精致地从651部新中国当代文学作品中评选出最具海外传播价值的31部长篇、61部中篇和100部短篇小说，编成《中国当代文学作品指南》，进行有计划、有步骤、有措施、有目的的译传与推广，并已产生了积极的文化回应与明显的社会效益。应当说，这不但是一个巨大收获，更是一个良好开端。接下去的路必定会越走越长、越走越宽。

中国文化的向外传播不仅是大幅面的，而且是立体化的，即在多种题材、体裁、形式、格局的作品齐头并进的同时，更突出和彰显了古今并重、老少咸宜的风格与特点。像在“一带一路”倡议的驱动下，马来文译本的《西游记》《三国演义》《红楼梦》《白蛇传》《聊斋志异》《家》便相继出版。而网络文学的异军突起，就更给中国文化的向外传播增添了新光彩与新动力。尽管刚刚处于“弱冠”之年的网络文学尚存“野蛮生长”之虞，但其所葆有的活力却连连展现出一派光明的前景，并以其特有的中国风格和中国味道赢得了西方读者的青睐，现已成为中国文学走出去的一支突击队与生力军。截至2016年年底，中国网络文学用户已达3.33亿，而文学网站的日更新总字数，则高达2亿汉字，年产值竟跨过90亿元大关。仅在2015年和2016年，国家新闻出版广电总局就分别向社会推荐了21部和18部网络文学作品，像桐华的《步步惊心》、南派三叔的《盗墓笔记》、天蚕土豆的《斗破苍穹》等，都赢得了极高的点击量，其中有的甚至打破了国内3D动画首播纪录。像《甄嬛传》《芈月传》《三生三世十里桃花》等改编自网络文学的影视作品，就更是成为全球观众的文化消费新宠，以至从南亚次大陆上的乡村小镇，到美国哥伦比亚大学的文化殿堂，皆被中国网络文艺所覆盖和占领。有的美国青年坦言，中国网络小说不仅是他们的最爱，而且他们也确实从中领受了中国文化的震撼力与穿透力。一位名叫凯文·卡扎德的美国小伙，因为失恋整天窝在家中用吸食毒品麻醉自己，但经朋友推荐阅读了中国玄幻小说《盘龙》之后，他便戒掉毒瘾，振奋起来，重寻充满创造与探求的人生之路。当初朋友刚一给他推介这部网络小说时，他极为鄙夷，说：“我长这么大，什么样的小说没读过?”当他打开《盘龙》只读了不长的几个段落后，便被小说中的人物和情节深深吸引，很快就彻底“陷进去了”，通宵达旦，不吃不喝，一连读了五六部（《盘龙》全书共21部），这可相当于中文一百多万字啊！2015年初，当中国网络小说在英语世界刚一掀起翻译热潮时，由于翻译的速度根本赶不上阅读的需要，致使许多美国青年不得不多方寻觅，同时跟读几个翻译网站。那个迷上了中国网络小说的卡扎德就更是同时追着15部中国网络小说。他说：“过去我回家后只想着吸毒，现在我回家后满脑子想的都是中国小说。”在美国，像卡扎德这样“满脑子想着中国小说”的读者不仅越来越多，而且也越来越“迷”。2013年，在全美排名第三的乌拉雷小说网站站主艾菲尔在网站内发布采访征集令，6 个小时之内就已收到上百封邮件。这些读者来自亚、非、欧、美的 18 个国家，而且大部分都是在校就读的大学生。其中，18 岁的哥伦比亚学生卡洛斯·霍华德，就是如此描述他初读中国网文时的心情的：“为什么我才知道世上还有这样的小说！”其实，这正是所有读过中国网络小说的外国读者的共同心声。中国玄幻小说之所以受到英语地区读者的欢迎，当然是自有其内在原因和必然性的，这无疑是他们对日韩作品套路日渐感到厌倦的一种反叛，当然也是整个世界文化消费口味与市场的悄然转向。长期以来，在美国文化场域中，漫威所带来的超级英雄和多元宇宙的文化思潮以及好莱坞电影所带来的动作片、功夫片和科幻片占据了主导。然而，文化和艺术是具有不可逆性的，创新、创造，永远都是其前进的目标和不懈的追求。即使是制作质量上乘的文化产品和文艺作品，如若长时间一个模样、一种韵味，那观众也是会生厌的。中国网络小说在欧美国家的走红，很大程度上就是基于其所秉有的清新之气与纯真之情。唯其如此，才让读者耳目一新、眼界大开。特别是当网络小说的衍生品纷纷辐射到电影、电视、话剧、音乐、图书、游戏等多种大众文化领域时，其商业价值便日益趋高。很显然，作为中国文化传播的新路径和生力军，网络小说的潜在价值与强劲走势不可低估。

习近平总书记指出：“文运同国运相牵，文脉同国脉相连。”而让中国文化走向世界、辐射寰宇，全方位、大幅面、形象化、深层次地传播中华文明、弘扬中国精神、讲述中国故事、展现中国风貌，就不仅是对国运和国脉的相牵与相连，更是以文字、颜色、声音、情感、情节、画面、图像等艺术介体和美学形态，对先进、正确的历史观、民族观、国家观、文化观的全面映现与激情传播。而这，便是文化自强和文化自信的立体展示与具体体现。诚如习近平总书记所指出的那样，中华文化既是历史的，也是当代的；既是民族的，也是世界的。由此文化这条红线理所当然地要成为横亘古今、连接中外的心灵通衢和精神纽带。面对改革开放的时代大潮与全球共融的历史趋向，我们凭靠强大的文化基石和坚定的文化自信，不仅有责任、有条件为人类做出较大贡献，而且有能力、有信心同世界各国共商共筑人类命运共同体，在坚持对话协商、共建共享、合作共赢、交流互鉴、开放包容的前提下，在政策沟通、设施联通、贸易畅通、资金融通、民心相通的基础上，营造一个融通的地球，构建一个和谐的世界，使人类的命运和世界的格局由于中国的作用和中国人的力量而发生根本性的变化。文化是最能促使这种变化的动力源泉与精神芯片，正如习近平总书记所指出的那样，人类社会每一次跃进，人类文明每一次升华，无不伴随着文化的历史性进步。由此，“每到重大历史关头，文化都能感国运之变化、立时代之潮头、发时代之先声，为亿万人民、为伟大祖国鼓与呼”。他还说，“古今中外，文艺无不遵循这样一条规律：因时而兴，乘势而变，随时代而行，与时代同频共振。在人类发展的每一个重大历史关头，文艺都能发时代之先声、开社会之先风、启智慧之先河，成为时代变迁和社会变革的先导”。

三

文化走出去，是我们的目标和愿景，但要达到这个目标、实现这一愿景，唯一的和根本的支撑力与驱动力，则始终都在于文化产品和文艺作品必须量中求质、精益求精，坚持以高标准和高质量的精品力作、史诗佳构熠照世寰、撼动人心，在为受众送去美感与欣悦的同时，使受众在消费文化产品的过程中得以纯化心灵、炽化情愫、强化意志、升华精神，进而通过对中国文化的认同与接受而从深层次上认识中国的历史与现实，认同中国的道路与方向，推动中国的创新与创造，促进中国的改革与发展，并在此基础上实现平等互利、合作共赢，从深层次和大范围的意义上走向互通、互利、互济、互补，做到同建连心桥，共走幸福路。而这，正是文化的独具功能与特殊作用。因为文化在本质上从来就是思想升华的结晶与感情燃烧的产物。为了使文化能够充分有效地发挥其慧心、悦情、崇德、励志的特有作用，我们必须下大力气对文化产品和文艺作品进行精冶和淬炼，切实做到让受众对之喜不自禁、爱不释手，读时激动万分，读后永志难忘，以至成为美好的人生记忆和永恒的精神刻度，入脑入心，终生不泯。

为此，文化创造和文艺创作的主体，即作者本人，就必须做到情淳意正、德劭品高。因为在作者和作品之间从来就没有二元论，作品就是作者自身的隐形写照，亦即有什么样的作者，便必定会有什么样的作品。这是铁律，想隐瞒也隐瞒不住，想回避也回避不了。换言之，也就是只有作者德艺双馨，才会使作品文质兼美。故而，习近平总书记指出：“文艺是铸造灵魂的工程，承担着以文化人、以文育人的职责，应该用独到的思想、润物无声的艺术熏陶启迪人的心灵，传递向善向上的价值观。”这就要求广大文化创造者和文艺创作者，“要做真善美的追求者和传播者，把崇高的价值、美好的情感融入自己的作品，引导人们向高尚的道德靠拢”。创作者一定要读懂社会、读透社会，接住地气、增加底气，努力扩大视野广度，提升精神高度，开掘思想深度，真诚而专注地通过艺术形式反映生活的本质，提炼生活中所蕴含的真善美，并对之加以艺术的表达和美学的提炼与升华。正因为伟大的文艺来自伟大的灵魂，优秀的作品必定是其作者的情感凝结与心灵流露，所以，习近平总书记说：“作者如果想写出雄伟的风格，他也首先就要有雄伟的人格。”而文艺想要塑造人心，其创作者也就首先必须塑造自己。自己站在太阳地里，所照出来的当然只能是也只会是自己的影子。这个道理告诉我们，要写出新作品、大作品、好作品，最大的诀窍就在于作者首先必须具有与之相应的能力、道德、气度、品格。优秀的艺术家，必须和必然同时也是道德家、思想家和政治家。否则，如若只有艺术、只懂技巧，那就顶多只能是一个匠人，而决然成不了文化创造的大法眼和文艺创作的大手笔。只有站在这个高度俯视文化创造和文艺创作时，才会懂得鲁迅之所以伟大的根本原因，才会悟出文化精品和文艺佳构得以形成和产生的内在依据与本质原因。习近平总书记正是从这一维度观察和考察文化创造与文艺创作的内在法则和本质规律之后，才深切指出：“中华民族生生不息绵延发展、饱受挫折不断浴火重生，都离不开中华文化的有力支撑。中华文化独一无二的理念、智慧、气度、神韵，增添了中国人民和中华民族内心深处的自信与自豪。”文化自信不但“是更基础、更广泛、更深厚的自信”，而且“是更基本、更深沉、更持久的力量”。

中编

创作精品佳构　讲好中国故事

第一章

以“传世之心”创作经世之文

文艺在本质上是心学、情学、精神学、道德学。因为任何优秀的文艺作品，都必然和必定是以纯正之心与淳真之情、通过艺术的方式，有效实现对思想的升华、对真理的布达、对精神的建构、对道德的弘发，并因此而铸成“凡作传世之文者，必先有可以传世之心”的艺术铁律。

正因为如此，习近平总书记在关于文艺问题的“10. 15”讲话中便反复提及“心灵”“情操”“精神”“思想”“人民性”“崇高美”“道义感”“价值观”，并紧密结合创作实际，在其同艺术规律和美学法则的衔接与契合之处展开深入论骘和精准评析，对文艺创作给予全面观照和有力指导。一如“温润心灵、启迪心智”“相互理解、沟通心灵”“笃定恒心、倾注心血”“温润心灵、陶冶人生”，“不仅要‘身入’，更要‘心入’”，“与人民同呼吸、共命运、心连心”，要倾听“时代要求和人民心声”，“要虚心向人民学习”，“把人民的冷暖、人民的幸福放在心中”，如此等等。特别是他所提出的“凡作传世之文者，必先有可以传世之心”的论断，就更是揭示了文艺创作的一个真谛、一条铁律，从根本上指明了文艺作品得以熠时传世的根本所在。

一

社会生活的无限丰富性，决定了文艺创作的多姿多彩、蹊广源阔。但不论作者写什么和怎样写，都首先必须具有真体验、真感悟、真情韵、真心境。也只有这样，才能以艺术的方式和美学的韵律还原社会生活的无限丰富性，并使原汁状的粗粝生活转换和升华为思想的粹质与艺术的精灵，成为人们的审美对象和情感依托，乃至世代相传、奉为经典，遂成“传世之文”也！不过，这需要有一个前提条件，那就是以真情实感的投入换来对社会生活的深度洞悉与深刻理解，即刘勰在《文心雕龙》中论及的作者必须有“登山则情满于山，观海则意溢于海”的心境与情愫。这里所说的情、意，也就是人们平常所说的“心”。因为对于任何文艺创作来说，其在本质上便都是创作者在深刻体验和深切领悟社会生活的本质内涵之后所形成的艺术化了的精神产物，也都是情感燃烧时所形成的烛照和精神升华后所结出的果实，而绝非只是对社会生活的表象化描摹与单纯的素材堆砌。中国最早的典籍之一《黄帝内经》原本是一部医学著作，内容主要是从人体器官的构成规则来阐释辨证医道原理的。可就是在这样一部医书中，对“心”的解释却是：心者，情志、意欲也。这种解释，显然超出了生理和物理意义，而是上升到精神层面了。由此可见，历来的文艺创作，虽然见诸字面的往往都只是对种种客观性人事物象的猎获与叙说，但实质上却都是创作者之“心”的晾露和“情”的抒陈，只不过是作者借了人事物象的“壳”，并将“心”和“情”藏匿在壳中加以隐形化表达罢了。这不仅是必要的，而且也是必然的和必须的。因为文艺创作实际上就是一种抒心、表心的艺术，唯因有“心”而使其充满张力与魅力，唯因抒心而致其成为充满活力的情感露台与志义荧屏，进而得以生动、形象地表达人与人类社会的高度理智和无限美奂，并因此而使文艺成为社会文明与社会审美的基本构件和主体对象，乃至历来的优秀文艺作品无不以写“心”而臻淳、抒“心”而趋美、励“心”而至圣。

对于此，只要我们略微回望一下所有文艺精品的创作历程及其作者的驭笔心态，便即可得到确凿的实践质证。故而，习近平总书记在文艺工作座谈会上的讲话中特别指明：“凡作传世之文者，必先有可以传世之心。”如若对于社会生活和人民大众没有心的领会、心的投入、心的融合与濡化，那是万难创作出攖时济世的优秀作品来的。因为无心的摹写只能是对社会生活表象的干巴搜集与机械罗列，压根儿就无法触及时代的本质，切中历史的脉动，抓住大众的心结，从深层次上写出社会生活的范式与人心所向的律动。

事实上，但凡能够熠时传世的文学名著与艺术佳构，就无一不是作者之心与时代之韵的叠印，与历史之脉的交融，与社会之潮的共振，与大众之愿的耦合。没有这个前提条件和基本要素，创作便是万难跻于上乘，作品便是无法扣人心弦的。《离骚》虽说是一首诗，但其真正的价值、意义和感人肺腑、动人心魄之处，却并不在于诗的宏丽辞章和艺术架构，而是深深融会于其中的真挚情感与炽热的爱国之心。这首诗之所以能够成为文学经典，之所以能够不断地跨越历史鸿沟而犹若狂飙烈火一般震撼所有的世纪、摇动所有人的心旌，并赋予其以至高至淳的正义感和社稷情怀，就在于屈原将自己的全部心思和整个情愫都投诸其中、化归其内，统统凝铸和升华为诗的枢旨与精魂了。毕加索是意象派画家的代表人物，一生作画七万多幅。所谓意象，实际上就是在创作中轻外形而重内蕴，正如毕加索所说：“我画的不是事物的表象，而是不能用肉眼看出的本质。”这是什么呢？这便是“心”。《红楼梦》是迄今为止长篇小说创作的不二高峰。何以然？就因为它不是由一般化的文学机杼中所编织出来的情韵说辞和世俗褒贬，而是作者对特定情境下世道人心的广泛辐辏与深刻发掘，并在这整个过程中融入了作者一颗经历切肤之痛后仍至为坚贞且诚恳的心，遂使读者透过纸面即可觑见渗透于其中的绵绵热情与斑斑泪痕，这可不是仅凭编故事和玩技巧就能奏效的，它必须要有作者心志的融入与情致的浸渍。其实，这也正是《红梦楼》作者之谜久解不释的缘由所在。因为此中有诸多人情世态的徙移与穿插，终至闹得真真假假、云云雾雾、莫衷一是了。实际上，曹雪芹只是一个化名，曹，指小说的底事源于曹家，当然也可理解为“吾曹、我辈”；雪，是“泄”的谐音；芹，系指芹意、芹献。这三个字的意思顺下来，也就是作者以曹家的衰落史为基本素材，精心构思了小说的基本框架和主体内容，用以宣泄对事运世情、沧桑变故的认知与独特感悟，并以之奉献于世人。显然，曹雪芹并非曹家后人，更非江宁织造曹寅之孙或曹颙、曹頫之子，而实为脂砚斋。脂砚斋的真名叫郭云，《红楼梦》便是脂砚斋郭云偕其丈夫施廷龙共同创作的。施家的祖上不仅出了施琅这样的民族英雄，而且还出了被康熙皇帝御赐为“天下第一清官”的施世纶。施家与曹家是世交，过从甚密，后来又都相继败落。郭云也出身名门，颇谙世事、兼修文德，遂将感同身受的“钟鸣鼎食之家，翰墨诗书之族”所经历的种种人伦事变记录下来，写成小说，以儆世人。自然了，作为小说，这部书显然还糅入了“明珠家事”与“傅恒家事”，具有对现实生活和历史真实进行典型化虚构与创造的痕迹。但这在文字狱盛行的雍乾时代，乃是决不可以公开示世的，于是便出现了《红楼梦》作者的云山雾罩。不过，究其创作的动因、过程、艺术效果与社会影响而言，却仍是极为典范地体现了唯以心志与情愫之真诚，方能淬炼出文艺佳构与艺术杰作的铁定规律。

既为铁律，自然就具有普遍性和普惠性，不仅广泛地适用于各种类型的文艺创作，而且也会成为创作主体在艺术实践中所必须遵奉和恪守的精神圭臬与美学法则。事实上，举凡真切而艺术地反映生活变迁、描画时代风貌、表现历史律动和社会变革的文艺作品，就都是作者感情燃烧、心志沸腾所形成的思想粹质与艺术醇醪。只有律动的时代和变革的生活深深撄及了文艺家的“心”，并使之情动于衷、思发于臆，产生了强烈的表现欲望和创作冲动，以致不写出来就无法使自己平静，不写出来就无法向世人交代，不写出来就深感对生活和时代负有深深的愧疚和惴惴的不安。只有在这种情况下，在如此情境中，才具备了进行创作的前提条件，才有可能写出足以彪炳时代、深刻反映生活、强烈撼动人心的大作品和好作品。

《红梅赞》《绣红旗》仅仅是歌剧《江姐》中的两首歌，但其词作者阎肃不仅多次到白公馆、渣滓洞亲身体验，而且生生地亲历了江姐当年的狱中生活，就连灌辣椒水、坐老虎凳这样的酷刑，他也都亲自体验过了。为什么要这样？就是为了真真切切感受江姐的心志与情愫，并将之深深融入自己的创作意念与创作实践之中，将自己的心切换成江姐的心，以江姐的炽情点燃自己内心的爝火。而曲作者羊鸣则说：“这部歌剧是从血液里喷出来的。”“我们都爱这个人物，……务求在音乐上要给她最美、最能代表其性格的旋律。这就是外柔内刚，心灵很美。”“为了很好地把握住这一点，我们一次又一次入蜀地、下江南，在川剧中注入了越剧、婺剧等元素，把江南的秀丽和四川的精到结合在一起。”直至整个创作团队的心完全与江姐的心融为一体，同时律动，才使创作的境界步步抬高，不断提升，终臻艺术之高程、审美之极致。与《红梅赞》《绣红旗》不同，《保卫延安》是一部近40万字的长篇小说。虽说篇幅浩瀚，但要做到字字珠玑，句句精粹，除了仔细打磨之外，最重要的就是必须要有一颗同书中事件、书中场景、书中人物深度交融的心。为此，杜鹏程写了几百万字的日记、消息、通讯、剧本、报告文学。他说，写这些不是为了发表，而主要是为了感悟和体验广大指战员的心志与情愫。为此，他亲自参加了青化砭、蟠龙镇、沙家店等延安保卫战中的主要战役，亲眼看到在党中央撤离延安时，有无数陕北群众倒在血泊之中，更于现场目睹了我西北野战军仅以区区不到三万人的兵力，竟在与胡宗南武装精良的二十余万大军的对垒交锋中连连获胜。而与此同时，他所在的连队仅仅几个月时间就减员过半，由原先的近百名战士锐减为只剩下十几个人了。在牺牲的人员中，就有他长期生死与共的亲密战友。杜鹏程说，惨烈的痛苦和愤怒煎熬着他的心，痛失战友的无限悲情与慷慨赴死的无限激情不但使他的心在喋血，而且更使他的心在燃烧。他说，我怎么能放下手中的笔呢？我写的每一个字，都是一颗为了保卫延安、为了给战友们复仇所射出的子弹。而书中的周大勇、王老虎们，其实就是对同他朝夕相处、生死与共的战友们的艺术还原，直如团政委李诚所说：周大勇原本就是一个“浑身汗毛孔里都渗透着忠诚”的人。

同这样的人一起生活、一起战斗，将这样的人写入小说之中，并成为小说的主人公，其心灵的无限忠贞与精神的灼灼光彩，自当会使小说成为传世之作。因为作者早已秉有了一腔浓酽的传世之情和一颗刚朗的传世之心。这浓酽之情与刚朗之心便正是使其作品得以熠时耀世的强大内蕴资质与优渥内在禀赋。它足以飞掠漫漫历史苍穹而使作为心灵之花朵的文艺在人们的认知视野和审美天昊中变为永恒。而这，既是一切文学名著和艺术佳构的魅力所在，又是其创作主体以情濡笔、以心抒志所撷获的精神果实、所放射的美学光彩。

二

为什么凡作传世之文者，必先要有可以传世之心呢？这是因为一切优秀的、深受人民群众喜爱的文艺作品，在本质上都是写心、写情、写思想、写精神的。惟其如此，它才会有活力、有魅力、有定力、有沁力，也才能吸引人、感动人、教化人、激励人，并因此而使文艺作品自身得以形成文本、提升品位、产生价值、增殖效益。人们在接受或欣赏优秀文艺作品的时候，为什么每每总会深受感动和深得激励呢？就是因为其中涵蕴着、跳动着一颗真诚而纯正的心。这心，作者是无法直接表达的，读者也是不能直接看到的，但却能从情节、场景、形象和字里行间强烈地体悟到，感知到。因为这心是被艺术化地融解和濡渗于作品的情节、场景、形象与氛围之中的，是跳动和搏跃于情节的跌宕和人物的言动之中的，且无处不彰显着创作者的人生观和价值观。而在作者对场景的描画和对气氛的渲染中，更无时无刻不袒露着创作者的情感流程与心路轨迹。这是任何作者都无法掩饰的，除非他是在胡编滥造或虚与周旋，既欺骗自己，也欺骗读者。

对于任何真诚而质实的文艺创作而言，其创作者必定都会捧出一颗真诚的心、袒开一腔浓炽的情来架构每一篇作品，来塑造每一个人物，来描画每一个场景，来布置每一个情境，并因此而每每耽溺于其中、陶醉于其中、融化于其中，乃至完全与作品中的情境和人物一元化了、一体化了，全然无法分清主体与客体、艺术与人生的界限和区别。汤显祖写《牡丹亭》时，常常独自流泪，为戏中人物命运的跌宕起伏而不胜悲戚。郭沫若在创作《蔡文姬》时，也是常常泪流满面，并不止一次说：“蔡文姬就是我，是照着我写的。”其他像柳青之于改霞，生宝和梁三老汉，赵树理之于小芹和小二黑，周立波之于亭面糊、邓秀梅、刘雨生，路遥之于孙少平和孙少安，陈忠实之于白鹿原上的众乡亲，那就更是心融意契、情深似海了。总书记在讲话中提到，福楼拜写《包法利夫人》时，“有一页就写了五天”。而曹雪芹写《红楼梦》，则是“披阅十载，增删五次”。为什么会如此运笔艰涩呢？就因为他们不是一般化地编织故事、展开情节，而是在“走心”，在驭情，在抒意。所以，每写一个字、一段话，就都是从心窝里掏出来的，从情海中溢出来的，全然是字字句句从心起，点点滴滴尽是情。

实际上，从来的文学杰作和艺术佳构就都是这样创造出来的。人们都在争相交口称赞《创业史》的深邃与厚重，却不知柳青对这部长篇小说的营构实在是呕心沥血、用情至笃的。他说，在这部小说创作过程中，他每天最快只能写出五百字。而这个写作速度，显然是今天许多热线作家，尤其是写作快手们所不能理解的。因为要按这个速度，我们现在每年出版3000余部新创作的长篇小说，就实在是有些太玄乎、太“神道”了。事实上，在从建国到“文化大革命”的十七年中，全国的长篇小说创作总量仅有200余部，且似乎每一部作品的创作都那么艰难，以至于许多作品都是其作者掏心掏肺、至情至真地用十几年甚至几十年时间硬“磨”出来的，这确实是值得我们深刻反思和认真总结的。在“速成”“高产”的背后，是否隐藏着肤浅、浮躁与急功近利？隐藏着花拳绣腿和投机取巧？当然了，此中创作不切情、不走心，就更是一个值得自诘与自省的广义化问题了。对这些问题的诘问、反省与深思，必将会在很大程度上使我们的文艺创作从方略和路径的选择与厘定中实现祛枉效优与改弦更张。

这是必要的，也是必须的和必然的。正如习近平总书记所说：“精品，之所以‘精’，就在于其思想精深、艺术精湛、制作精良。‘充实之谓美，充实而有光辉之谓大。’古往今来，文艺巨制无不是厚积薄发的结晶，文艺魅力无不是内在充实的显现。凡是传世之作、千古名篇，必然是笃定恒心、倾注心血的佳品。”

对于作家艺术家来说，笃定恒心、倾注心血，自当是“必先有可以传世之心”的题中之意。因为文艺作品中的传世之心，主要是通过创作主体对生活、对时代、对人民、对社会、对祖国的真诚与忠诚来实现的。没有这个前提，只用浮躁的心理和敷衍的态度来虚浮生活与矫饰创作，那就万难对事态人心有深切的认知和深邃的发掘与表达，当然就更不可能掐准时代的脉动、滤出生活的本质、切中人心的向度，而是只能停留在事物的表层，游离于生活的表面，仅仅捞取和表现一些生活的“渣滓”与人性的“腻沫”，而其在本质上却远离生活、时代、历史和人的内蕴与内质。所以，对于作家、艺术家来说，要秉有传世之心，就必先要在创作实践中笃定恒心、倾注心血，用自己的坚毅和真诚探取生活和时代的内蕴与内质。基于此，总书记指出：深入生活永远都是进行创作的基础性条件与关键性步骤，但现在的问题是，往往人下去了，却“并没有带着心，并没有动真情”。这当然不会有好结果，更不能指望产生好作品。即便是勉强写出来的，也定然会是“无根的浮萍、无病的呻吟、无魂的躯壳”。至于“传世之文”，那就更无从谈起了。显然，这是文艺的误区，这是创作的大忌。我们在任何时候都应当有一个清明的心境、有一种清醒的意识，即文艺乃为精神产品，而凡精神产品者，则务求具有新、精、美、粹、真的禀性与品格。因为文艺的功能永远都是劝善、养心、怡情、娱美、懿德、布道、励志、弘义。为了达到这个目的，文艺便必须能够吸引人并对人有教益，使人有美感，让人能够从中获得欣悦、激励与力量。因此，总书记说，要解决好“为了谁、依靠谁、我是谁”这个根本问题，文艺家就必须拆除“心”的围墙。而要拆除“心”的围墙，文艺家对人民大众和社会生活就不仅要“身入”，而且更要“心入”“情入”，着力于从人民群众的改革实践中发掘、发现和撷取一切具有“传世之心”的内曜与美质，并对之加以艺术化的提纯和表现。

正是在这个意义上，习近平总书记强调指出，“追求真善美是文艺的永恒价值。艺术的最高境界就是让人动心，让人们的灵魂经受洗礼，让人们发现自然的美、生活的美、心灵的美”，并于意化潜化之中发挥“启迪思想、温润心灵、陶冶人生的作用”。而在现时代，对于文艺工作者来说，这便是要以“传世之心”高扬社会主义核心价值观的旗帜，充分认识肩上的责任，把社会主义核心价值观生动活泼、活灵活现地体现在文艺创作之中，用栩栩如生的作品形象告诉人们什么是应该肯定和赞扬的，什么是必须反对和否定的，做到春风化雨、润物无声，言为士则、行为世范。

早在魏晋时期，曹丕就在《典论·论文》中说过：“是以古之作者，寄身于翰墨，见意于篇籍，不假良史之辞，不托飞驰之势，而声名自传于后。”何以如此呢？因为其所融贯于作品之中的不仅是翰墨和辞令，而且更是心志与情愫。因为只有用“传世之心”，才能创作出经世之文。

第二章

静下心来，深耕生活，精益求精铸佳作

习近平总书记在文艺工作座谈会的讲话中，对文艺寄予厚望，切中关节，指明方向，提出要求。那么，怎样才能像他所希望的那样尽快祛除抄袭模仿、千篇一律的现象，彻底解决机械化生产、快餐式消费的问题，并以有筋骨、有道德、有温度的优秀作品，激情书写和记录人民的伟大实践、时代的进步要求，刚健而艺术地彰显信仰之美与崇高之美呢？

一个最为紧迫、急切的问题，就是必须静下来、“沉”下去，深入改革前沿，扎根群众生活，彻底摆脱功利与浮躁之心的羁绊，真正同广大人民群众一起置身改革前沿，感受时代脉动，聆听大地跫音，体悟百姓情怀，全身心地迎着时代韵律而直抵生活的内质与底蕴。

一

优秀文艺作品的产生需要许多条件，但最根本、最重要的条件，就是创作主体必须心中有人民，脚下有生活，笔墨中充满真情实感，声韵中高

扬时代精神，诚如习近平总书记所说："文艺创作的方法有一百条、一千条，但最根本、最关键、最牢靠的办法是扎根人民、扎根生活。"而要做到这一点，就必须静下心来，克服浮躁心理，摒弃功利欲望，全身心地走向时代前沿和深入生活底层。只有这样，才可望创作出攫及时代主脉和深得大众喜爱的优秀作品来。因为文艺的本质是对生活与时代的艺术反映，它必须从第一性的原质中发现和表现最有价值的东西。否则，如若只在时代大潮的边沿和生活洪流的表面浮光掠影、浅探轻捞，那就永远也无法撷获时代的魂魄与生活的核质，当然就更无法深耕人性的内蕴和探赜心灵的奥秘了。而这种缺失，则注定会使创作以失败告终。文坛上，平庸与因袭之作的频仍出现，就都是这样造成的。

由此可见，人民和生活对于创作来说，永远都是第一性的。任何其他艺术要素，都只有在这一大前提下才能发挥作用和彰显价值。如若这个大前提不存在了，那就会使任何新颖的形式、新奇的想象、优美的语言和华丽的辞藻都统统失却光彩，乃至变为毫无审美价值的艺术之疣。曾几何时，这种现象竟在不经意间袭扰着我们的文坛，致使拓模子、炒冷饭、追时髦、玩技巧之风渐次盛行，从而造成了许多缺乏思想内曜和精神釉质的平庸之作、媚俗之作、浅悖之作和所谓的"唯形式"与"纯艺术"之作广为流布。习近平总书记所说的"有数量缺质量、有'高原'缺'高峰'"的现象，就正是在这一背景下出现的。

近年来，如果只从数量上看，我们的创作果真是丰收了，每年出版实体长篇小说3000部以上，新创作舞台剧4000台、电视剧1.5万集、电影500余部。但是精品、佳作究竟有多少？显然是与这庞大的数量不成比例的。为什么会出现这种数量与质量的明显落差呢？问题就出在疏离人民与缺乏生活这样两个关键环节上。而造成此种虚脱现象的重要原因，则主要在于浮躁情绪太盛、功利欲望太强，并由此而导致了远离生活与人民的"克里空""急就草"频有所现。至于一位导演同时在几部剧中出现、一名舞美同时担任几台晚会的设计、一个作曲家同时为多部影视剧和舞台剧配乐的现象，那就更是一种屡见不鲜的常态了。在这种情况下，谁又能期望佳作满满、精品多多呢？

文艺创作是一种极具创造性和创新性的精神劳动，它不仅需要思想引导和智能支撑，而且更要有美好的情愫与饱满的生活始终融贯其中，与之结伴而行，成为提掖和驱进创作的原动力。即使在这一切条件均充分具备之后，韧劲和耐力也仍旧是不可或缺的。因为无论对生活的体验和认知，抑或对艺术的把控与磨炼，都需有一定的功力和时间来保证。只有久久为功，才能铸成佳作。在这个过程中，最不能容许和放任的，就是功利心的膨胀与浮躁心的恣肆。创作者的动机和目的一旦被它们所捆绑和支配，那就注定会难成佳作、暌违精品。丹尼尔·平克在《驱动力》一书中指出，我们每个人都有两种思考方式，第一种是功利的，它诱导我们不择手段地去追求短期利益；第二种是无私的，在使用这种思考方式的时候，我们自会有意识地去做对社会有好处的事情。作为文艺家，自然应当选择第二种思考方式，而绝不能被功利思想所裹挟。因为文艺的最高目标和最终功能，唯在于通过艺术感染和思想教化向社会传递真善美，并以审美为媒介引导人们崇尚正义，追求真理，走向进步与光明。

许多成功的文艺家，就都是这样走过来的。经典之作之所以会成为名作并得以传世，其核心密码就在于它们的创作动机和成书过程，完全与功利思想不搭界，更没有被浮躁和焦虑之心所俘虏。鲁迅之所以能够成为鲁迅，唯一的原因，就是他的全部创作都在于“为人生”并“改造这人生”。举凡获得诺奖的作家，大抵都会对自己的获奖感到突兀和惊异，因为他们原本进行创作的动机和目的，并不是为了去冲诺奖，而只是怀着一颗平常心，对自己的生活感受加以艺术化的表达。像2013年度诺奖得主爱丽丝·门罗，不就是一个带孩子、做家务的家庭主妇么？她三十六岁时才出版了第一本书，且常常是一边洗衣、做饭，一边抽空写作。与她类似的村上春树和斯蒂芬·金，也都是利用下班后、睡觉前的小空儿捎带着进行写作，并成了大气候的。他们成功的重要秘诀，就在于远离浮躁世界，撇开功利之心。“无心插柳柳成荫”似乎倒成了一个文艺创作的潜规则。探其奥妙，无非是功利心太强，必然会急于求成，而一旦急于求成，则又必然会产生浮躁情绪和焦虑心理。创作过程一旦被浮躁和焦虑所控制，其创作者当然就无心升华思想、无意深入生活、无力探寻艺术了。这是一个恶性循环，势必要造成精神的枯萎与创作的衰败。

故此，我们必须远离功利、屏蔽浮躁，切实将心交给人民，将笔投诸大地，牢牢记着：作品要上去，作家要下去！在任何时候，璀璨的艺术之花，都只会在人民生活的沃野与时代变革的前沿绽放。

二

静下心来，“沉”入底层，深耕时代大潮，精益求精地进行创作，是铸成一切精品佳作的必由之路。这就要求我们必须改变以往的思维方式与创作态度，必须从价值观上找到真症候，并予以彻底诊治。价值观是世界观和人生观的最终体现与直接表露，不同的价值观自会有不同的索取目标和追慕方向，并天然地决定着与之相应的生活态度和创作方式。

为什么会心静不下来？又为什么会身“沉”不下去？表面上看是浮躁，而根源却是由于功利心的膨化与炙烤。所以，要厘清和解决这个问题，就首先必须厘清和解决为什么创作和为什么人创作的问题。这是个初原问题，但同时也是个根本问题。这个问题不解决或解决得不恰当，就势必要对创作构成最为直接的消极影响，并会导致在文艺方向上误入歧途。历史是现实的镜鉴，它常常会以睿智的光芒照亮生活长廊中的灰暗，以确保我们在穿越的过程中不会迷路。而一部长长的文艺史诉诸于世的一个至理，就是沉静生哲思，精构出佳品。正因为曹雪芹有过“十年辛苦不寻常”的经历，才会促成《红楼梦》的熠然问世。而列夫·托尔斯泰则坦言，《战争与和平》的创作不仅耗去了他数年时间，而且也几乎熬尽了他生命的膏腴。当我们面对炫艳文昊的艺术杰作，而深为景仰与感佩时，你可曾想过它们是怎样产生、如何莅世的呢？这个问题至关重要，知其然更要知其所以然。因为它们的产生过程所体现出来的，恰恰正是创作的法则与艺术的规律，即：只有深入，才能烛知；只有深耕，才能透辟；只有深切，才能感人；只有深刻，才能济世。如果屈原、司马迁、托尔斯泰、巴尔扎克们都是冲着名利而空写生活，那就断然不会有《离骚》《史记》《人间喜剧》《战争与和平》的烛然名世；如果吴道子、张择端、塞尚、凡高、列宾、舒伯特、柴可夫斯基们，都抱着逐名利、赶速度、图多产的态度去创作，那他们就笃定不会在艺术史上占取韶华四射的赫然席位。其原因十分简单，那就是唯有作品自身，才是文艺家的立身之本与责任所在，而只有醒世之作和经世之作，才能赋予文艺家以崇高的价值与永恒的意义。

任何文艺，皆当以反映生活和表现时代为己任。所以，生活与时代便是文艺的终极对象和根本源流。一旦脱离生活与时代的哺养和泽惠，文艺定当会归于枯萎。事实上，离开生活之“质”与时代之“魂”，文艺连表现的对象都没有了，它又怎么能丰满地存在、鲜活地生长呢？在这种情况下，所谓的创作，也就只能是凭空杜撰和低俗游走了，其无非是杯水风波与狭情龃龉、旮旯拳脚与小资情调之类，或者徒然玩弄形式和追赶时髦、挟洋袭旧与争奇骛怪。这样“秀”出来的所谓“作品”，即使数量再多，又有何益？又堪何用？莫泊桑说：小说家的“目的不是讲故事来娱乐我们或打动我们，而是迫使我们去思索、理解那更深刻地隐蔽在事件中的意义”。歌德则强调：在创作中，“要是只能表达自己那一点点主观感情，他是不配称为诗人的；只有当他能驾驭世界和表达世界的时候，他才是个诗人”。

那么，隐蔽在事件中的深刻意义何有？驾驭世界和表达世界的能力何在？——它们就在时代的前沿，就在生活的深处，就在创造历史的人民大众之中。

我们之所以要强调静下心来，深耕生活，就是要求文艺家心无旁骛，专注创作，不被俗务所扰，不为名利所累，不以“小我”取代“大我”，不用矫情掩盖真情。而是站在思想高处，追摄时代大潮；打开心灵锁钥，释怀大众情愫；点亮精神之火，投向生活底层；拓展审美视阈，凝铸艺术佳作。只有这样，创作才能应美学法则而动，契艺术规律而行，从而真正进入恢宏而有致的创作状态。否则，一旦被名缰利锁所箍制，就会心猿意马，想入非非，惶惶不可终日，哪里还能有心思、有精力、有时间去深入生活，淬炼艺术，进行精益求精的创作呢？所以，静下心来虽是一种创作情态，但也是一种创作常态，它同时更是一种创作质态。没有这个前提条件，那就一切宏旨都会落空，全部律动都要凝固，又何谈什么佳作频频如缕而来呢？

静下心来，深入生活，精益求精地进行创作，虽是一种情态，但却有着深邃的内蕴和崇高的境界，人民性、事业心、顽强意志、进取精神等等尽在其中，乃是每一个无畏而有为的文艺家们所必具的品格和必经的路径。不如此，就不可能有佳作问世和嘉行懿世。1931 年，当鲁迅听了陈赓讲述苏区红军英勇斗争的事迹后，非常感动，决意要写一部关于苏区红军的长篇小说，但结果却几经启动而终未开笔。为什么呢？唯因未能深入苏区而致缺乏实感。在中国当代文学中，赵树理、柳青、周立波都是屡有佳作传世的大家。何以然？其秘密就在于他们都有一个放着现成的官不当、城不住、钱不要，而一头扎在农村的土屋里，过着与乡亲们一口锅里搅稀稠的原生态式的“土”生活。这，才是《三里湾》《创业史》《山乡巨变》等作品成功的最大秘诀。同样，在《白鹿原》《尘埃落定》《笨花》等作品的背后，也同样一如既往地凝结着作者静下心来，深耕生活，精心创作的专注与劳碌。人们都赞叹齐白石画虾的精到和洒脱，可齐白石却说那是他历六十年之久静心观察、专注用功，才获得的艺术收成。戏剧界有一句行话，叫作“台上一分钟，台下十年功”。没有静下心来的专注，乃是绝对无法做到的。

由此足见，习近平总书记满怀深情与期待地号召文艺作者“要静下心来、精益求精搞创作”，不仅切中了文艺创作的实际，而且揭示了文艺创作的规律。因为只有从这里开始，才能祛除急功近利之心，遏制浮躁焦虑情绪，炽化人民大众情怀，进入最佳创作状态。也只有从这里出发，才能跻身时代前沿，走进社会中枢，深耕生活底蕴，淬炼精品佳构。

第三章

文艺创作的生命活力与艺术魅力

习近平总书记指出："文艺是时代前进的号角，最能代表一个时代的风貌，最能引领一个时代的风气。"而文艺之所以能具有这样的品格和发挥这样的作用，关键就在于优秀文艺作品总是充盈着无限的活力与魅力，并以之而观照时代、熠照生活，给人以无限快慰、激情与力量。

一

盛世兴文，既是时代发展的必然，又是社会前进的标志。随着改革开放的日趋深化和经济发展的不断提速，文化的繁荣势不可当。这其中，文艺创作所呈现出来的绚蔚景象，尤为瞩目。

文艺繁荣的标志，主要体现在六个方面：一是创作队伍的宏大，二是各类文艺作品数量的急遽上升，三是具有生活广度、思想深度和艺术高度的优秀作品频仍出现，四是创作主体的创新意识和精品意识不断加强，五是文艺作品的社会覆盖面和精神影响力迅速扩容，六是中国文艺走向世界的步幅越来越宽广、跫音越来越洪亮、反响越来越强烈。

由于文艺既是生活的反映，又是思想的结晶，所以，有什么样的生活，就会产生什么样的作品；而什么样的思想，则又注定会赋予相应作品以同样的精神风貌与美学品格。

正是在这个意义上，我们完全有理由对现实的文艺创作充满自豪与自信。因为我们的时代和生活在经历巨大变革与实现跨越发展中，自然要比以往任何时候都更加丰富和绚丽。而我们的思想和精神，则会在不断的解放与升华中越来越趋于丰富、新锐、剀切和深刻。处于这样的社会环境和精神氛围之中，文艺创作只须自然而本能地对生活本身加以采真式的艺术描摹，便能够辑构出华彩迭出、动人心弦的优秀作品。因为生活不但为我们提供了铸冶佳作精品的醇醪与材质，而且也赋予我们以充分的认知能力和饱满的创作激情。

文艺的繁荣与发展、活力与魅力，正是在这样的时代条件和社会环境中氤氲而成的。这是一种自然，这也是一种必然。而在这自然和必然性中所潜在的，则是"存在决定意识"和"生活孕育艺术"的永无改易的铁律。既然如此，我们在审视和评骘现实的文艺创作与文艺现象时，就应当既保持平常的心态，又用科学的眼光，在充分正视客观事实的前提下，努力对之施以全面的认知，做出正确的判断。

在这个过程中，首先要全面地认识文艺形势，客观地评价创作成绩。只有在这个基础上，才能引深思想和回归本来，并进行客观的分析，得出真切的结论。因为事实是最有说服力的，事实也是产生一切结论的前提与根据。一如创作队伍的空前壮大，就是一个最基本的事实。这既是文艺生产力的充分体现，又是实现创作繁荣的前提条件。截至2016年，中国作家协会的会员人数已逾万。这不仅比改革开放之初增长了10倍以上，而且也创下了在中国作协历史上会员增速最快、在世界各国同类组织中成员人数最多的纪录。而中国作协对申请入会者的基本要求之一，便是必须有两本以上正式出版的文学著作和一定数量的以其他形式发表的文学作品。这也就是说，作家协会会员人数的增加是与整个社会文学创作量的增加成正比的，即会员人数越多，其创作和发表的作品也就越多。如果再加上全国各省的作协会员以及各级文联所属各种艺术类协会的会员人数，那可就真是一支历史空前和世界罕见的浩浩荡荡的文艺大军了。在文联、作协之外从事各种文艺创作的，也大有人在。早在 20 世纪 30 年代，当鲁迅展望文艺之未来胜景时，就曾热切地期待过“旌旗蔽空”的文艺大军的出现。如今，这期待不就在我们的时代变为真真切切的现实了吗？它当然是创作实力的凸显与文化繁荣的标志。

创作力不仅是创作过程的内在动力，而且是作品得以产生的直接精神资源。事实上，我们这些年来的创作之所以能够连年丰产、佳作频出，不断地呈现“茂林嘉木竞天长，奇花异卉绽春颜”的丰稔景象，其最直接的原因，正是创作队伍的空前壮大和创作力量的快速增殖。创作主体是文艺生产力的决定性因素。而创作主体一旦形成庞大的群体，并不断地向着优质精神资源实现高层次转化与全方位提升，便会进入社会创作力的爆发期，进而促成文艺创作高潮的到来。近些年，我国文艺创作所出现的“井喷”现象，正是这种创作高潮到来时的一种外部表征。

由创作队伍高度集萃所形成的创作力的空前爆发，实际上既是因果关系的体现，又是时代精神的凸显。它所印证的，恰恰是文艺创作的一个基本法则与内在规律。此种情况，在文化发展史上并不鲜见。唐诗、宋词、元杂剧和明清小说，在它们的时代里都曾出现过创作的鼎盛时期，并因此而形成了诸多彪炳史册的优秀作品。而推动和支撑这鼎盛时期的，则正是一个庞大的高素质的创作队伍以及由之所形成的强大创作力。所以，要正确而全面地认识和评价现实的文化现象与文艺创作，就首先必须充分肯定和积极看待在我们时代所形成的这支空前浩大的文艺大军及其所具有的创作潜力和所代表的文化意义，其次才是对具体现象和具体作品的宏观把握与深入解读。因为创作主体本身在任何时候都不失为文艺现象的信息源和文艺创作的原动力。

二

正是由于强大创作力的支撑和驱动，我们的文艺面貌才大为改观。在并不算长的时间里，我们就已不仅完成了从“书荒”到“书海”、从单一到多样、从贫乏到丰饶、从浮躁到深邃的转型，而且已经进入了创作活力与魅力的爆发期和优秀作品得以普遍孕生的成熟期。

在创作量不断快速增长的同时，中国文艺的辐射面和影响力也在一天天地扩大着，增强着。这不但保障了人民群众的文化权益，满足了社会各界的文化消费和审美需求，使之逐渐成为大众日常生活不可缺失的重要内容，有效提升了生命质量的精神营养，而且也日甚一日地跨出国门、走向世界，愈益成为民族精神的形象化写照和中国软实力的具象化体现，在与世界人民的沟通、融合、相互了解和共同进步中发挥着无可替代的积极作用。迄今，中国已有1964个电视频道，其中定时和持续播放电视剧的频道就有1764个，而国产电视剧的播出数量则连续7年都稳定保持在1万集以上，其幅面之宽和受众之广，均创历史新高。在电影方面，我国已成为世界第三生产国，其中票房过亿的电影已达43部。电影票房增速连续6年都保持在30%以上的事实，即可反映出电影在社会生活中的广泛影响力。至于文学创作，特别是长篇小说创作，那就更是在人们的文化生活与精神哺养中发挥着主持中馈的作用了。因为小说是文化消费的耐受品，是滋养精神的橄榄果。好的作品，不但百读不厌，而且值得反复咀嚼和经常回味。与此同时，它还是电影、电视、戏剧和曲艺等艺术创作的胎胚与蓝本。基于此，文学作品对生活和心灵的渲濡与影响，不仅是深刻的，而且是长久的。特别是在一些长篇小说的销量逾百万册，甚至逾500万册的情况下，其对人们思想和精神的干预能力之大、渗透作用之强，便都是其他文艺形式所无法与之相比的。

在当今时代，国际间冷对立和硬武力的作用，已经越来越趋于销铄与式微。代之而起的，则是价值观和软实力的广泛交融与深度介入。正是在这种背景下，中国文艺走向世界的脚步不仅明显地加快了，而且其所产生的回声也越来越大。许多中国的优秀文艺作品，都在世界各地以不同形式发挥着思想交流与精神发酵的作用。在儒家文化题材、国学题材、古典小说题材的影视作品走俏全球的同时，更有许多具有民族特点、时代精神和生活情趣的当代题材的影视制作与文学创作，也深为海外受众所青睐。像《孔子》《赵氏孤儿》《金婚》《解放》《潜伏》《亮剑》《唐山大地震》《建国伟业》《辛亥革命》等，就都赢得了广泛的海外市场。特别是《士兵突击》在日本，《李小龙传奇》在欧美，《忠诚》《最高利益》《省委书记》在越南等地的人气更旺，市场更火。迄今，中国当代文学作品被翻译成欧美各国文字的，已超过500种；而有作品被翻译成世界其他语种的中国当代作家，则早已超过了200位。像《尘埃落定》《白鹿原》《笨花》《古船》《国家干部》《他乡明月》《平凡的世界》《浮躁》等作品和莫言、刘恒、汪曾祺、余华、铁凝、陈忠实、王安忆、贾平凹、张炜、张平、张承志、刘震云等作家，都已在一定意义上成为中国当代文学走向世界的典范作品和形象代言人。

是改革开放的时代营造了良好的文化环境，是良好的文化环境培育了强势的文艺队伍，是强势的文艺队伍创作了接踵而至的优秀作品并形成了繁花似锦的文化景致。

这，就是赢得文艺繁荣与发展的链式逻辑和辩证关系。这同时也是主体创新精神与精品意识不断实现强化和提升的必要前提与必然过程。我们的文艺创作就正是在这个基础上一步步地走向了生活的深层和思想的高位，并在大面积喜获丰收的亢奋中不断地采集着全方位表现时代脉动与社会变革的精神佳构和艺术杰作。

三

鲁迅曾经说过："删夷枝叶的人，决定得不到花果。"（《且介亭杂文末编附集·"这也是生活"》）文艺创作中的精品佳作，只有经过诸多初创作品的历练和探索之后，才会产生。所以，我们既然想要得到花果，就必须保护枝叶。枝叶虽然不像那样好看和有用，但却是花果得以产生和形成的前提与基础。在文艺创作中，这就是数量和质量的转换关系。质是依凭量的积累而存在、而升跃的，没有一定的量的积累，质就不会转换，就不能飞跃，就难以形成。所以，我们在对文艺创作的认识和评析中，千万不能把量和质对立起来看待，更不能认为一旦作品的数量多了，就一定会粗制滥造，就必然出不了精品。实际上，从文艺创作的具体情况看，不仅是“量多”必出精品，而且“量多”本身也就是创作繁荣与发展的必备条件之一，正所谓“万紫千红才是春”嘛！

文艺创作的活力与魅力，在很大程度上就体现在创作数量的增加和作品质量的提升上，而创作数量的增加又是造成作品质量提升的必不可少的前提条件。所以，对于近年来文艺创作数量的激增，我们必须要有正确的认识。事实上，也正是在作品数量不断攀升的过程中，作品的质量也相应地得到了明显的提升。特别是以 2014 年 10 月以来新创作的优秀作品为代表的中国文艺的主要特点和基本走向，都越来越体现在创新精神的持续激扬与精品意识的不断增强，以及在这个过程中对民族文化传统和西方现代文本、主体思想追求和时代精神导向、自我意识张扬和社会责任担当、生活底蕴开掘和人性本质内敛等关系的正确认识与恰切处置上。

正是在这一认识基础上所进行的精神开拓和艺术寻蹊，才越来越多地赋予了文艺创作以激情与正义的完美契合和感性与理性的有机统一，从而使许多作品都得以在强烈的个性化的艺术叙事中鲜明地表达了对真、善、美的崇尚与追求。这不仅为受众提供了独特的审美视角和崇高的精神导向，而且更能使之在美学陶冶和艺术欣悦中获致精神的鼓励与心灵的震撼，并通过这个过程而实现人性的纯化与思想的升华。像电影《建国大业》《建党伟业》《唐山大地震》《辛亥革命》《集结号》《杨善洲》，像电视剧《解放》《潜伏》《士兵突击》《戈壁母亲》《我是特种兵》《毛岸英》，像戏剧《曙色紫禁城》《文姬归汉》《成败萧何》《王府井》《窝头会馆》《这是最后的斗争》，像原创歌剧《红河谷》，大型音乐舞蹈史诗《复兴之路》，专题晚会节目《我们的旗帜》，儿童题材精品电影《喜洋洋与灰太狼之虎虎生威》《黑猫警长》等，就都是内容厚重、思想明睿、制作精良、形式新颖的艺术佳构，其旺盛的人气和丰盈的票房，特别是广泛而积极的社会影响，显然都在从不同角度、以不同方式毫无悬念地印证着它是精品。

在文学方面，一个突出的表现，就是长篇小说的创作越来越见功力。其中内容笃实、思想深邃、题材重大、艺术精良的上善之作频有面世。从《白鹿原》《将军吟》《古船》《笨花》《东方》《浮躁》《他乡明月》《国家干部》，到荣膺“茅盾文学奖”的《你在高原》《天行者》《蛙》《推拿》《一句顶一万句》等，就堪为其中最杰出的代表。这些作品的最大特点，就在于生活质感强，人生况味足，既能从对历史的艺术反思中凝结出精神的果实，又能从对人性的深度追诉中细绎出生活的智慧。作者不仅艺术视野宽广、审美触角敏锐，而且对人生的思考和对生活的开掘也都更趋于深刻和成熟。特别是在作品中不论写什么和怎么写，都能够做到以小见大、寓宏于微，坚持从当下出发而直逼生活的深处和人性的痛点，并通过形象化的美学陈述而给人以深刻的思想启迪和有益的心灵感悟，从而使作品的典型性和感染力大为增强，乃至在对思想和艺术的并列驱动中直奔精神书写的美学峰岚，进而形成足以体现时代脉动和反映社会诉求的文学宏构。

这是一个巨大的跨越，这是一次本质的飞跃。我们的文艺创作，就正是在这一跨越和飞跃的实现过程中，逐步从“量”的增加而达臻了“质”的提升，并在量与质的辩证转换之中有效地增强活力与魅力，不断地走向丰饶与精彩。

第四章

文学步速与作品质量的因果辩证关系

习近平总书记指出："改革开放以来，我国文艺创作迎来了新的春天，产生了大量脍炙人口的优秀作品。同时，也不能否认，在文艺创作方面，也存在着有数量缺质量、有'高原'缺'高峰'的现象，存在着抄袭模仿、千篇一律的问题，存在着机械化生产、快餐式消费的问题。"

这些问题的产生，原因是多方面的，但一个最为普遍的直接原因，便是在创作过程中往往落笔太草，走得太快，过分追求数量而忽略了对质量的凝铸、升华与追求。

在创作中，尽管每年都有佳作出现，但总体看来在文学创作中"量"与"质"愈趋失衡却是一个不争的事实。基于此，便很有必要让文学的脚步慢下来。因为慢工出细活，砥砺出精品，对于文艺创作来说，尤其如此。

之所以要让文学的脚步慢下来，是既出于对"慢工出细活"的考量和遵循，又出于对因作品数量急遽膨胀而造成质量下滑现象的省悟与反思。

诚然，这是一个现实的命意，这同时也是一个严峻的话题。对之进行评骘或许有些不忍，但却无可回避。因为就现实情况而论，我们的文学在对发展方式和前进路径的确立与选择上，显然是遭遇了泥淖与雾界。在作品数量不断激增而质量却鲜有提升现象背后所潜存着的，无疑是诸多文学密码的亟待破解。

一

文学之“度”，是文学现实状态和客观效能的直接体现，并因此而决定了“度”毕竟会成为文学发展的时代标志与美学走向。然而，由于构成“度”的各种要素的偏颇与失衡，又常常会使人难以仅从“度”的直接呈现中便能够得出准确的结论来。一如面对当今创作数量的疯长，就很难凭靠文学的体量和长度而评判其真实的生存状态与美学风貌。

何以然？盖因量的增长与质的提升并非是在按照正比例递增。就说长篇小说吧，以每年的创作量而论，从几百部到1000部，从1000部到2000部。迄至2012年，竟从年产2000部飙升到5000部以上。2013年伊始，媒体即又传出“今年文坛‘长’势惊人”的哨声。

面对这种情况，如果单从文学的长度，亦即体量看，无疑是个丰收年，当然也可据此而得出结论：文学实现了大发展、大繁荣。然而，长度只是构成文学之“度”的要素之一。除此之外，还有宽度、厚度和力度。从某种特定意义上说，只有厚度和力度才是文学实现繁荣与发展的核心要素和终极标志。因为厚度代表着质量，力度代表着效能。对于文学创作来说，不论其产量有多么巨大，反映生活的内容有多么宽广，只要质量上不去，效能也就难以充分体现和发挥。一旦“量”“质”倒悬，效能销铄，其浸润性和影响力也就自然无从谈起了。而缺乏精神浸润性和社会影响力的文学，即使是产量再多，辐射再宽，我们也很难据此而得出“繁荣与发展”的结论来。

当然，创作数量激增，无疑也是衡量和认定文学繁荣与发展的标尺之一，但前提是这种“增量”必须与“提质”相对应，相匹配，相契合，而不应当也不能够只是舍弃质量的提升和一味追求数量的疯长。因为文学的价值唯在于它能以其所特秉的美感和意蕴而对人的思想、心灵和精神进行有效的浸润、提升与哺养，并通过对人的这一积极作用而推动时代的变革和社会的发展。这就要求文学必须以质量为魂魄，以质量为命脉，以质量为枢机，并通过不断提升质量而寻求突破和产生价值。在任何时候和任何情况下，文学都不能仅仅迷失于对数量的依恋与依赖。这是文学的秉性，也是文学的品格。每一个与文学结缘的人，特别是每一个从事文学创作的人，都应当认识和尊重文学的这一秉性与品格，并在阅读和创作实践中不断地加以“活”的体现与新的践行。

我们现在所遇到并必须给予正确回答的，恰恰就是这个命题。是时候了，面对文学之“量”与文学之“质”的严重失衡，我们无法回避，也不能回避。否则，将会不可逆转地造成文学在事实上的畸变与衰微，并势必使文学在失去社会信任中越来越具有迷茫性和越来越趋于边缘化。特别是在快感阅读和实用阅读时兴之际，在读图时代和多媒体时代莅临之时，文学尤须以自己的所特有的活力、魅力与定力而尽力营造心灵阅读和审美阅读的广阔空间，这就尤需量中求质，以质取胜，用文学自身的强大优势和特殊魅力来吸引读者，而绝不能通过一味放纵“量”的洪水而使读者眩晕，将读者淹没。

要做到这一点似乎很难，但只要摸准了真症候，“难”也就会变为“易”。任何现象都有其得以产生的内在原因，任何事物也都有其驭动发展的内部规律。我们的文学为什么会出现数量急剧膨胀而质量罕有提高的现象呢？其原因固然有很多，但最根本的原因则在于创作主体的功利心太强，思想水平太低，执笔为文的过程太急、太躁、太草、太粗。而与此同时，其对生活的体验和认知与对艺术的积累和磨砺，却又都失之肤浅。在这种情况之下，又怎能期望佳作频现、精品迭出呢！

二

这是法则，这是规律，这是定力。对于此，不仅屈原和他的《离骚》、司马迁和他的《史记》、王实甫和他的《西厢记》、曹雪芹和他的《红楼梦》皆可作证，而且赵树理和他的《三里湾》、柳青和他的《创业史》、梁斌和他的《红旗谱》、孙犁和他的《荷花淀》、周立波和他的《山乡巨变》、陈忠实和他的《白鹿原》、铁凝和她的《笨花》等等，亦皆可佐证。这些作家，无不以文学为生命，以写作为使命。他们的每一秉笔、每一为文，都高度自觉地承担着一种社会责任，决意要通过自己的笔墨造化而艺术地记录下时代的变迁与社会的变革，用自己对生活和人性的美学诠解而给人伦世态输注永恒的情愫、永恒的挚爱和永恒的真、善、美。至于自己在这个过程中能够得到什么，则从来就不在他们的思考范围之列。所以，他们在作品中所融入的，不仅有作家自己的心血和汗水，而且更有作家自己的情感和德操。一部书稿的完成，一部小说的诞生，往往就是他们生命燃烧的余烬和思想升华的结晶。为了一部书、一本小说，他们常常会用几年、十几年、几十年甚至一辈子的积累、体验和辛劳，去淬炼，去抟铸，去砥砺，去升华，真可谓忱情无处不流泻，字字句句都是血。像柳青，他写《创业史》，竟落户长安县皇甫村长达十四年，从里到外都把自己融进了终南山下的蛤蟆滩和庄稼院。像赵树理，终生都以农村为家，以农民为友，以农事为盼。正是在这种常态式的农村生活中，他才获得了把农村写“真”、将农民写“活”的灵智与能力。像周立波，作为“鲁艺”教员，党史人物，他本可以住在京城干大事、做大官，但却偏偏要携妻挈子合家迁居到湖南益阳乡下的土屋里，在那里耘田、种树、采茶籽、刈稻谷，全然把自己变成了一个乡下老倌子。当我们惊羡《创业史》的深邃、《红旗谱》的厚重、《三里湾》的娴稔、《山乡巨变》的秾丽时，你可曾想到它们是怎样产生的？它们的作者又为之做了怎样的投入与付出？

穆旦，作为中国现代文学史上的一位知名诗人，其代表作当然是那首题为《森林之魅——祭胡康河上的白骨》了，因其情真意切，字字句句读来无不感人至深。然而，你可知道这首诗是怎样写成的吗？那不仅是诗人的生活体验，而且简直就是诗人燃烧的生命。1944 年，在西南联大的青年学子中掀起“一寸山河一寸血，十万青年十万兵”的抗日风暴。是时就读于西南联大的穆旦，就这样参加远征军赴缅甸的丛林中作战。诗人所在的 207 师是殿后部队，面对战马和战友阵亡，面对日军的穷追不舍，穆旦在热带雨林中踏着战友尸体和累累白骨，野人般地跋涉了数日，饥饿、恐惧、流血、死亡整个儿攫住了他。正是这九死一生的煎熬在诗人的心灵上留下了永远的创伤，却同时也播下了诗歌的种子。《森林之魅》一诗，就是对这一生活经历与生命劫难的真实写生。它又怎能不像狂飙烈火一般撼动人心，并成为文学的经典呢？

是呀，一分耕耘，一分收获。笔底波澜从心起，血样文章血写成。这些作家之所以自甘在作品中融入自己的生命，乐于不计一切地深入生活的底层，毫无保留地汆入时代的大潮和生活的涡流，无怨无悔地舍弃官禄而自我下沉，其根本原因就在于他们选择文学之路。他们从事文学创作，压根儿就没有一丝一毫的个人功利可言，而是完完全全将之视为革命工作的一部分，看作是为人民服务的一个切入点。而革命工作则是从来就不讲价钱的，为人民服务也是永远没有穷尽和终点的。所以，为了准确地反映时代，深刻地表达民意，他们当然会高度自觉自愿地付出一切，且从来不图任何回报。赵树理下乡体验生活或者是因公到外地出差，不仅坐的是硬板车，住的是小旅馆，而且也从来不报销。他在很多时候甚至是连工资也不去领的。问他为什么？他说：“我有稿费。既然稿费是国家发的，工资也是国家发的，我领了稿费，当然就不应该再去领工资了。”即使是对于稿费，赵树理也从不把它单纯看作是只属于自己的，大多都用于公益性捐款或者是支援农业生产。在他离开北京回山西定居时，竟将自己用稿费买的一个四合院分文不取地白白送给了中国作家协会作为办公用地。如此大方的赵树理，在自己和家人的生活上却是能省就省，能简就简。不但衣食俭朴，而且就连他抽的纸烟也总是两毛多钱一盒的玉叶牌纸烟。在当时，赵树理身为三级高干，不仅自己的妻子终身都是农民式的家庭妇女，而且对自己最为钟爱的女儿赵广健，他也是带头劝她从北京的高中毕业后不要留恋大城市，应回到故乡山西沁水县的乡下去从事农业劳动，同乡亲们一起改变家乡的面貌。那封影响深远的《作家赵树理给他女儿的一封信》，就是在这种情况下写成的。

和赵树理一样，周立波作为高级干部和大作家，其作品曾两次获得斯大林文学奖。而当办事人员把长篇小说《暴风骤雨》的奖金领出来放在他面前时，他却发懵了，一时间竟不知如何是好！在搓着双手，局促不安了一阵子之后，即果断决定，这些钱除了用于为中国作家协会办幼儿园之外，其他的都用于支援湖南益阳的农业生产。至今，由他捐款所栽种的大片梨树，仍旧在惠及益阳的农村与农民。《创业史》作为中国当代文学发展中的里程碑式的长篇小说，它几乎耗尽了柳青后半生的生命，可这部小说所得的稿费，柳青却大都捐给了长安农村和他的农民朋友。皇甫乡的卫生院就是用他捐的稿费建起来的。而另一位陕西作家杜鹏程在收到长篇小说《保卫延安》的稿费后，也几乎全数捐给了他所挂职体验生活的铁路工程。杜鹏程的另一部长篇小说《在和平的日子里》以及《平常的女人》《记一位青年朋友》《夜走灵官峡》等短篇佳作，之所以会那样形象鲜明、感情真挚，场景旖旎，情节生动，秘密就在于他蘸在笔头和写在纸面上的，全都是自己的情之所至与心之所系。他像许多成功的作家一样，不是为了写作而刻意体验生活，而是深为生活所感动、所震撼之后，才饱含着浓酽而忱挚的激情与责任去写作。

其实，古往今来，举凡真正成功的作家和真正优秀的作品，又有哪个不是这样呢！因为作为一个精神熔铸者和艺术创造者，如果不摆脱个人功利的羁縻，就不可能真正获得心灵的净植、人格的坚挺、精神的激扬和才情的释放。在中国文学史上，正因为有了屈原式的高洁、司马迁式的耿正、陶渊明式的淡泊、李太白式的放达、苏东坡式的旷逸、曹雪芹式的隐忍、鲁迅式的勇毅，才形成了一个又一个兀然崛起的创作高峰，才铸就了一部又一部炳辉千古的文学杰作。这看似偶然，实则必然。因为只有大时代、大精神、大境界，才能造就大手笔和大作品。如果屈原也跟与他同朝为官的靳尚一样蝇营狗苟，他也就不会发出“亦余心之所善兮，虽九死其犹未悔”的感慨，当然也就不会有《离骚》的熠时铭世了。如果曹雪芹是为了名利、为了“稻粱谋”而写作，那也就决然不会有《红楼梦》的诞生。尽管距今只有二百余年，可是曹雪芹的身世却成了一个永难揭晓的谜，更何谈什么追名逐利？我们只知道他家道中落，贫病相煎，举家食粥，四十多岁便“泪尽而逝”。当时小说非但不是文学的正宗和正途，且深为世俗人伦所不屑，更何况在文字狱盛行的雍乾时代，写这种愤世嫉俗、詈时挞政的小说除了为作者招灾惹祸之外，是决然不会有丝毫名利可图的。可曹雪芹为什么要在极其艰难的情况下，写这样一部对个人来说既无现时功利又无后世回报的长篇小说呢？唯一的生命能量和创作动力，就在于他要将自己最为入心切肤的世情认知与人性感悟记录下来，用以抒发胸中千汇之情和吞吐世间万端之慨。这，就是作者的写作目的与写作动力，这同时也是《红楼梦》取得成功的最为内在的深层奥秘。否则，若从功利目的出发，那就决然不会有《红楼梦》的问世了。同样的情况，当然还可以列举马克思和他的《资本论》。这部无产阶级的圣经和社会发展的王论，马克思先后用了四十年时光，其间所付出的超越寻常的艰辛劳动和表现出的天才式创造，都是空前的，可马克思为了什么？又得到了什么？显然，他是只为了一个崇高目的而全然不计个人得失的。因为《资本论》出版后，不但会引起掌权的资产阶级的挞伐，而且其所获稿酬还不够马克思在四十年间抽烟卷所花费的钱。如果仅从个人功利出发，那就笃定不会有《资本论》的面世了。

诚然，如今时代不同了，特别是在市场经济条件下，追求物质利益不仅是人们的生存需求，而且也几乎成了一种社会的引力和生活的惯性。它不仅渗透在社会生活的方方面面，而且也已获得了政策的通行证和道德的合法性。作家当然也需要通过自己的诚实劳动而不断改善自己的物质环境和提升自己的生活待遇。不过，这只是问题的社会共性的一面，而作为旨在对人性进行艺术诠释和为社会实现精神构建的作家来说，显然还有专业个性的另一面。这便是在任何情况下都不能让对市场化、物质化、功利化的追求占据心灵的全部空间，更不能放任市场法则在观念和操守上形成对精神价值的销铄与倾轧，以致出现精神与物质、崇高与卑琐、目标与路径、动机与效果的严重扭曲、悖反和失衡。为什么？就因为对于文学劳动来说，一旦被功利、物欲、市值占据了过大的生活比例和过多的心灵空间，以致动辄即务求现实回报，无时不紧盯功利目标，每一展纸驭笔和敲响键盘，就都无不想着如何得到评奖、升职的优渥，获取版税、名誉的惠泽，甚至连做梦都在想着奥斯卡的小金人和斯德哥尔摩的领奖台。对于此种心态和意欲，有一个不无滑稽的注释，那就是莫言获得诺奖后，其高密老宅的墙土竟然被挖走不少，院子里种的胡萝卜也被拔了个精光。何以如此？回答竟是为了沾沾莫言的文气，好在创作上大出彩头。这虽为无稽之举，但却以另一种方式将假文学创作而驰骋功利之心的意态豁然托出。然而，如此心态已足以笃定他们永远也不会写出真正值得获奖和能够悦世的优秀作品来。因为一个作家一旦降格到这种精神状态，他就注定要成为浮躁、浅薄、糙俗和伪饰的俘获物，他就再也不可能真正地沉入生活、体悟人性、感知时代和磨砺作品了。于是，他即使心气极高，欲望极大，终不免要走向美好愿景的反面。

这同样是一个文学的法则和规律，并一再被古今中外的所有成功的和不成功的作家们在创作实践中反复验证着。

三

当然，对于一个成熟的作家和一部熠世的作品而言，具有丰厚的生活积累、深刻的社会认知和丰赡的精神境界自当是最根本和最重要的，但光有这些显然还是不够的，还必须具有深厚的艺术功力和精到的文法功底。

因为文学创作毕竟是一种极具张力与魅力的艺术表现，毕竟是一种极富挑战性和创造性的精神劳动，并由此而决定了它对创作主体的思想水平和艺术能力的双重苛求。只有当思想水平和艺术能力与作者所拥有的生活积累和情感世界融为一体时，才能诞生精品佳作。而对于一个作家来说，其对生活的态度和方略，其对人民的态度和感情，其对创作的态度和期许，这本身就常常是其思想水平与艺术能力的自然体现和真切见证。它们不是二律背反，而是相向而行。像巴金，早在 20 世纪 50 年代，他就主动要求到战火纷飞的朝鲜战场，并满怀激情地创作了影响深远的《团圆》。又是他，在 20 世纪 60 年代就主动提出放弃领取工资，决意凭靠自己的文学劳动来维持生计。还是他，早在新时期之初，即态度鲜明而又感情恳切地提出了作家要勇于和敢于“讲真话”和“写真实”。无须刻意诠释，巴金的这些行为本身就已明白无误地标示了他的思想水平的等高线。其他写出了足以熠世的大作品和好作品的作家，大抵也都是如此。一如柳青，他不仅沉入生活底层，而且自发地干预生活，永做时代的弄潮儿和生活的进取者。他不仅给发展农业生产出主意，为村民们解忧烦，而且还为中央写出了关于加强黄土高原生态建设和水土保持工作的建议材料。又如赵树理，他在农村从来就担当着多重角色，既受农民的苦，又操干部的心，上上下下、里里外外没有他不关心的事，家长里短、春种秋收在他心里都有一本明细账。再如铁凝，她 1975 年高中毕业时按当时政策规定是可以免下农村的，况且还有二炮文工团因她的芭蕾舞基本功出色而急欲招其入伍。但铁凝却既不留城，又不入伍，而选择了去农村插队落户。从此，便在博野县张岳村扎下了根。酷暑严冬皆无阻拦，一应农活她也都全学会了。原本白里透红的脸颊直被太阳烤炙得一层一层地脱皮儿，可她就连脚趾冻疮溃烂之后，也仍旧坚持要瘸着腿去挑大粪。显然，从选择人生道路到走上文学创作之路，对铁凝来说，全然是一种自然的过渡，而绝无刻意的索求。后来，当她谈起《笨花》的创作时，止不住感慨地说：“如果没有那段经历，我就写不出这部长篇小说来。”显然，对于这些作家来说，他们的生活体验和创作实践本身，往往就是他们超高的思想水平和纯净的精神境界的自然展现与有力见证。

至于要写出好作品所必须具有的超强艺术能力，则更是每每都会明白无误地展露在每一个具体作家的每一部具体作品之中。《离骚》无疑是屈原艺术能力的体现，而《史记》则是司马迁的艺术才能的充分发挥。进入新时期以来，文坛上潮起潮落，“主义”多多，大旗变幻，名目繁多，看似新见迭出，热闹非凡，实则其所显摆的大多为浅薄与无知。现代派手法如“意识流”表达、魔幻式构架，看似新潮，其实，这些东西早就被曾经写出过大作品和好作品的鲁迅、郭沫若、茅盾、巴金、叶圣陶、郁达夫们“玩”过了。也只有在真正“玩”过了、弄通了、搞精了之后，他们才会有选择，才会有比较，才会有取舍，才得以在选择、比较和取舍之后，终于回到了以民族特色和时代精神为底色的中国式的社会人文主义、批判现实主义和革命现实主义的创作道路上来。即使被有些人认为是“土”作家的孙犁、柳青、赵树理等，其实也都是“玩”过一些“现代派”的东西，咀嚼过文史哲方面的许多经典著作以及相关的艺术与美学理论的。他们在作品中所表现出来的“土”，其实正是在消化了“洋”之后所做出的选择与所呈现的“萌态”。看看赵树理的早期作品吧，那欧化的句子和时髦的表达，一点也不比而今某些自诩为“先锋”“新锐”者差。他的作品之所以后来变“土”了，那实际上是在经历了开过一回“洋荤”之后觉得此路不通，才又踅返回来，重新回归到中国式、民族化、时代情与社会“芯”的现实主义创作道路上来的。

如果有人认为赵树理的天性属“土”，那么，周立波总该不是了吧！他不仅在“鲁艺”教的是外国文学课，而且他还是基希、肖洛霍夫等外国大作家的经典作品的中文翻译者。可是，请看看周立波的《暴风骤雨》《山乡巨变》《卜春秀》《张满贞》《山那面人家》《湘江一夜》等几乎他所有的作品，都不仅没有一点点这主义那主义的“洋”味儿，反倒通篇皆充盈着浓郁的民族基因和乡土情韵，就连在气氛的营造和词语的运用上，他也一应都是地地道道的“中国味”。《暴风骤雨》飘荡的是大东北韵律，而《山乡巨变》洋溢的是俏江南风情。显然，这是作家的一种追求和选择，这更是作家的一种素养与能力。

柳青讲过，当作家虽然没有学历要求，但却必须要取得三个学校的毕业资格，即生活的学校、政治的学校、艺术的学校。然而，直到临近逝世之前的 1997 年 2 月 27 日，在一次创作座谈会上发言时，柳青却说他自己至今“还没有从这三个学校毕业”。实际上，柳青和他同时代的许多成功的作家一样，不仅读书很多，很广，很深，而且最关键的是他能把读书与做人、做事、处世和写作紧紧地结合起来，既让书融入自己的生活，浸润自己的心灵，升华自己的思想，塑造自己的人格；又从书中汲取了知识，拓宽了视界，提升了精神，陶冶了情操，并在这个基础上为创作寻获了深厚的美学蕴储和强大的艺术支撑。这些作家的读书不仅同生活一体化，同做人一体化，同写作一体化，而且也同社会、民生、时代、政治一体化。

这一点非常重要。作家的读书和写作如果不与做人和济世相挂钩，那就会沦为纯粹的工具理性论，而纯粹工具理性对于一个作家来说，则是一种致命的褊狭与浅悖。因为文学创作在本质上是一种思想的燃烧和精神的升华，是强烈感情的自然流露和生命密码的自觉破译。在这个过程中，创作主体的思想风貌与精神状态至关重要。正如法国作家布封所说：“风格就是人。”亦如高尔基所云：“文学即人学。”在这个命义中，既包含文学对社会和人性的表达，又饱含文学对创作主体之情愫与人格的影响。这完全是自然形成的，而绝不是刻意追求的。所以，想遮掩也遮掩不住，想回避也回避不了。

四

正是在这个意义上，注定了文学在任何时候都必须和必然是生活的产儿、社会的产儿、时代的产儿。也正因为如此，文学在任何时候都不可能与作家的情愫和品性无关，更不可能脱离它所从属的那个特定时代、社会、生活和人民的深刻濡化。因此，真正的文学佳构永远都不可能与政治无关，与时代无关，与特定的精神风貌和人文环境无关。它们是以化合的形式紧紧地交融在一起的，你想筛也筛不掉，你想掰也掰不开。

成功的作家，写出了好作品的作家，毫无疑问，他们都不仅深刻地洞悉这个至理，而且也终其一生都在身体力行地求索着和践行着。当然，在这个过程中，对于一个作家来说，创作技巧和艺术能力的磨砺与提升，也是终生不可懈怠的必修课。当我们赞叹《离骚》和《史记》的意蕴深邃之时，我们可曾想过那不仅是其作者终生心血的凝聚，而且简直就是其作者生命弦歌的绝唱。同样，没有曹雪芹的批阅十载增删五次，《红楼梦》就不会成为小说中的典范与极品。以鲁迅的才华和能力，他完全可以在不经意间就写出几大本长篇小说来，可实际上鲁迅所留给我们的却仅仅只有两本薄薄的短篇小说集。柳青说过，他在写《创业史》时，最快的速度是每天只能“抠”出五百字。而梁斌则告诉读者，《红旗谱》写成后光是进行修改就用了好几年时间，修改过的地方少的有七八次，多的则有十几二十次。而他的另一部长篇小说《风烟图》，从写成初稿到最终出版，耗时竟然长达十余年之久。在某种特定意义上，创作犹如酿酒，积厚则香，久淀则醇。当玛格丽特·米切尔的《飘》初版时，广告语竟然是：“买一本假期读读吧，五美元不吃亏。”可谁也没想到，当发售一个月之后，为了抢购此书，汹涌的人潮竟然挤破了书店的橱窗。奇怪吗？不奇怪！隐藏在这一现象背后的秘密就是：米切尔从 1926 年到 1935 年，整整用了十年的时间来为这本小说腴肌润肤、筑筋铸魂，使其字里行间无不灌注着她对人生的深切感悟和对生活的火样情怀。没有这个基础和前提，那也就决然不会有蜚声世界文坛的《飘》和由《飘》所改编而成的同名电影了。凡此种种，对于现今的文坛生态而言，皆不啻是一种极为有益的警示和提醒。还是金圣叹说得好，“文成于难”啊！

以此观之，庶几可知今天文坛长度疯长而厚度趋薄、力度趋孱的由来与原因了吧！这便是由于生活基础欠缺而难于做到厚积薄发，由于政治修养不够而难于把控时代脉动，由于思想水平不高而难于深切感知生活，由于艺术功力不足而难于达臻醇娴精当，由于使命意识不强而难于赋有崇尚之情。以上五“难”，正是造成今天文学创作数量激增而质量欠佳的主要原因。

要改变这种状况，就必须克服如上这些原因。而要克服这些原因，则又必须在文学理念和创作实践中真正回归文学的本来生态与严格遵从文学的发展规律，从而实现文学之增量与提质的同幅共振。只有在这种情况下，文学步幅的快和慢才会呈现契合状，也才能释放出正能量。因为在文学创作中，常常会出现“慢”是“快”、“快”是“慢”和“多”是“少”、“少”是“多”的形质悖反现象。这是文学生产过程中所特有的一种现象，它全然是由创作法则的驭动而使然。在这里，由于“慢”所代表的是沉漉、积淀、抟铸与磨砺，因而便自会“慢”则淳，“慢”则真，“慢”则深，“慢”则粹。也由于“少”所蕴含的是严谨、雅致、淬冶和选择，所以便自能“少”而庄，“少”而正，“少”而贵，“少”而精。

显然，“快”与“慢”、“多”与“少”在文学创作中乃是秉有其非同寻常的转换功能和意义的。对于此，在文学发展史中，几乎随处都可以找到范本与例证。清朝乾隆皇帝一生作诗竟多达42640首，他一人的创作量几乎与《全唐诗》所辑录的诗歌总量相仿佛。可是，时至今日，又有谁称许他是诗人呢？还是在清代，一位名叫李桂玉的女作者竟然写过一部长达360卷、合计500万字的弹词《榴花梦》，然而，又有谁会称许她是作家呢？与此种现象恰恰相反的是，像王勃、王翰、崔颢、元结、张继、孟郊、李绅、贾岛、聂夷中、王驾等在唐代诗坛上永放华彩的诗人，若要单就其创作量而言，那他们可就不堪一说了。特别是仅以《春江花月夜》与《春怨》名世的张若虚和金昌绪，令人惊异地留下了唐诗的盖世之作。《春怨》只有4句话20个字，却为金昌绪赢得了诗人的盛名。至于《春江花月夜》，闻一多的评价则是“张若虚的功绩”已大到了“无从估计”的程度（《宫体诗的自赎》）。其实，普希金之所以会是“俄罗斯的太阳”，雨果之所以会是“法兰西的良心”，此中所体现的，也正是文学的内在规律与永恒妙诀。如果他们的写作以个人功利为追求、为目标，而不惜屡出“急就草”，那也就不会有现在我们所看到的普希金和维克多·雨果了。

事实上，我们只有真正按照文学自身的规律和美学的内在法则去认真进行创作，才不仅不会出现“量”与“质”的失衡状态和“快”与“慢”的背反现象，而且肯定会形成欲增加创作体量而终不得和想加快文学步幅而难实现的局面。到那时，我们必当会将“文学啊，你慢些走”的吁求欣然地改写为“文学啊，你快些走”！

这是必然的，也是自然的。因为任何诚实的精神劳动和真切的美学创造，都自有其不二的特点和铁定的法则。我们只有认知、遵从、坚守的责任，而绝无拂逆、违拗、改易的权利。

应当相信，在穿过思想雾界和跨越创作泥淖之后，我们终将会满怀激情并饱含期冀地吹响“文学啊，你快些走”的响亮哨音！

第五章

以中国文化范式讲好中国故事

习近平总书记指出：“文艺工作者要讲好中国故事、传播好中国声音、阐发中国精神、展现中国风貌，让外国民众通过欣赏中国作家艺术家的作品来深化对中国的认识、增进对中国的了解。”

也正是在这个过程中，我们的文艺创作定当充分运用中国文化范式，用迸发着活力与魅力的中国文化范式将中国故事讲得情真意切、委婉动人。

一

讲好中国故事，是传播中国声音和展示中国风貌的优选方式与最佳途径。而要讲好中国故事，则必须遵从、恪守并不断丰富和创新中国文化范式。

所谓中国文化范式，乃即具有时代精神和民族基因的中国文化情怀与中国审美方略。它既是一种中国式的传播途径与表达方式，更是一种具有深厚中国根脉和强烈中国愿景的精神诉求与价值取向。故此，它对于文化创造与文艺创作来说，尤为直接而重要。因为任何文化创造与文艺创作的终极目的，都在于要最大限度地感动和征服受众，并使其乐于接受，自觉融会，高度认同。而中国文化范式，则笃定是达臻这一目标的合理路径与最佳选择。

一切文化产品与文艺作品，就其本质而言，都既是时代精神的结晶和社会变革的产物，同时又是人们在情感燃烧与心灵升华过程中所形成的精神燧石和思想粹质。基于此，历来真正有价值、有意义、有效能、有魅力的文化产品与文艺作品，就无一不是对特定时代和社会的深度钩稽与精当表达，特别是对足以代表并有效推动这时代与社会不断实现变革和趋于发展的人们的情感冲突与精神追索，更会有细腻的描绘和激越的呼唤。而也正是在这个过程中，创作主体赋有什么样的民族文化基因和采取什么样的时代表达方略，就往往会成为其作品成败得失的关键所在。

这不仅由文化创造与文艺创作的不可逆规律所决定，而且也必定要受制于大众审美习惯和社会价值取向的调控。所谓创作的个性化，正是在这个基础上形成和实现的。而个性化的创作，在任何时候都是文化与文艺极可宝贵的品格和素质。我们完全不可想象，一个脱离了民族基因和时代精神的文艺创作者，一个漠视社会变革和缺乏大众情怀的文化创造者，能够形成个性化的风格和创造出个性化的文化产品来。而但凡失却个性的文化创造和文艺创作，则注定会落入平庸与猥琐的窠臼。因此，海德格尔说：“艺术是现实的模仿和反映。”而任何现实，则又都是以特定时代、民族、社会与活跃于其中的人，作为其存在的前提条件与必备要素的，并由此而形成了不同民族、不同时代、不同社会、不同生存方略与不同生活状态所特有的文化范式。

这种特有的文化范式一旦形成，便自会被它所属的时代、社会和族群所高度认同与欣然接受，并自然而然地成为一种具有鲜亮色彩感和浓酽乡土味的审美情趣与价值导向。从这个意义上说，即使对于像司各特·菲茨杰拉德和加西亚·马尔克斯，像简·奥斯汀和艾丽斯·芒罗这样优秀的域外作家的作品，我们也只能欣赏、借鉴、消化、融会，而绝不可因袭、拓模、生搬、硬套，当然就更不能赤着身子汆进去，以致全然找不见北了。

否则，就不但会由于水土不服而形成文化痞块，甚至还会出现焚琴煮鹤、得不偿失的现象。实际上，自五四新文化运动以来，特别是自新时期改革开放以来，我们的文化创造与文艺创作就一直是或轻或重、或显或隐地在这两种不同的选择中彳亍而行的。其中，有成功者，也有失败者。但即使对于许多成功者来说，他们也大都经历了迷途踅足、归真返璞的过程。这似乎是自然的，但更是必然的。好奇，纳鲜，是人的天性。文化人更是有着超常的艺术敏感。正因为如此，创作主体才会对他乡异域的别样文化充满新奇和诧异，并按捺不住地产生了模仿的冲动与蹈袭的举动。这虽然不是成功，但却是探寻成功之路的开始。事实是：他们只有在经过这种试水、鉴证和选择之后，才有可能和有机会对域外文化进行合理汲取与高度融会。这对于丰富和提升自我文化范式与个人创作能力，都不唯是必要的，而且是有益的。从“五四”至新中国成立初期，以鲁迅、郭沫若、茅盾、巴金、郑振铎、林语堂、林风眠、徐悲鸿、张大千、老舍、梅兰芳等为代表的一大批有作为、有成就的文化创造者们，就都是这样走过来的。他们对当时风靡西方世界的未来派、抽象派、现代主义等，都进行了学习和模仿，只是在经过实践检验之后才认识到这样不行，一味照搬、机械模拟，甚至照猫画虎和完全汆进去的做法，在效果上恰恰适得其反。正是在有了这个经历之后，他们才又高度自觉而自如地在尔后的创作实践中，回归了具有中国精神和中国气派的民族文化范式，从而创作出了一系列优秀的作品，形成了个性化的美学理念，进行了秉有“这一个”特质的艺术实践。

其实，就连被认为是典型的乡土型作家的周立波、赵树理、孙犁、柳青等，在其文学道路上也大都有过一个“转型”的经历。对于此，只需将他们早期的青涩之作与进入成熟期后的娴稔之作做一对比，便可一目了然。特别是赵树理，他不但被认为是“土”作家，而且在创作题材上也始终都是只写农村和农民。可即使这样，在他早期的作品中，却仍旧难免被“洋”味所裹挟。其作品不仅有着浓重的欧化意味，而且佶屈聱牙的长句子和生僻的字词比比皆是，哪有丝毫《小二黑结婚》《李有才板话》等小说的昵情与醇香呢？毫无疑问，这是他进行文学探寻的结果，也是他创作走向成熟的标志。

当然，具有时代精神、民族特质、社会意蕴和乡土情缘的中国文化范式，不仅从来就不排斥其他文化形态中那可资借鉴的优长之处，而且更有着采撷和吸纳异域文化形态之优秀成果的强烈愿望与高度自觉。但这样做的前提，永远都只能是：以“我”为“本”，以“他”为“末”；以“我”为“培基”，以“他”为“辅掖”；以“我”为“植株”，以“他”为“养料”。这样做的结果，当然只能和只会是在对接与选择、交融与吸纳的过程中，使“我”更强大、更丰富、更提升、更发展，而绝不是相反，也绝不能相反。

只有这样，我们的文化才会不断地集聚正能量，不断地生发新魅力，不断地溢出大效能，不断地结出好果实。

二

新时期以来，我们的文化创造和文艺创作是活跃的、丰富的，完全称得上硕果盈枝、蔚为大观。但若回眸反顾、仔细盘点，我们也不乏身陷误区的迷茫和足蹈歧路的尴尬。这其中，最重要和最普遍的症候，就是一些创作主体对运用中国文化范式讲好中国故事缺乏自觉和自信。甚至在有的时候、有的地方，自觉不自觉地对本土文化采取了虚无主义和排斥态度。无端地认为中国文化范式太陈旧、太封闭、太老套、太“土”，并因此而侧眸西向，刻板地因袭、套用、依傍、摹肖西方的文化思维和创作套路，以至于在“洋”与“新”、“洋”与“好”、“洋”与“时尚”、“洋”与“高蹈”之间画了等号，仿佛一沾“洋”味儿，作品就会立即“新潮”起来，“前卫”起来，“酷”起来。其实，哪里是这么回事呢！这种认识和做派，显然是滑入了一个不无幼稚与浅悖的认识误区，它不仅导致了文坛上主义多多、歧路纷生，而且在事实上也弱化和斫伤了中国文化范式的完整性、辐射力、功能价值与实践意义，乃至许多很有才华的文化创造者和文艺创作者，都误将过多的时间和精力虚耗在了对西方文化的无谓的宠奇猎艳式的克隆与拷贝上，以致无暇和无力真正认识、把握和创造性地运用中国文化范式，进行富有张力和魅力的创造与创作。自然，这也就意味着不同程度地放逐了时代精神，罔顾了社会变革，稀释了乡土情愫，离异了传统基因。其结果，虽然不乏争奇骛怪、媚世俚俗的产品频仍出现，但却鲜有艺术长歌和宏大叙事的熠然莅世。

这实在是艺术规律和美学法则使然。因为任何真正的文化创造与文艺创作，从来就都是有根的。正因为有根，它才能够成为独立的扎在深厚肥沃之社会生活土壤中的精神植株，并因此而有能力和有条件不断汲取丰富的营养和结出肥硕的果实。我们所说的中国文化范式，就是这土壤，就是这植株。它是特有的，同时又是独诣佳境的。唯其如此，它才能结出属于自己的果实，并以这刻录着鲜明中国徽记的文化果实而励悦国人，惊艳世界。

由此可见，任何文化创造和文艺创作，乃是皆须遵从不可逆规律和个性化的审美法则的。而不可逆规律所形成和所造就的，便正是文化的个别性与独特性。中国文化范式所概括和所代表的，就正是中国文化的这种个别性和独特性。所以，它须臾不可离异，也不能弱化。因为只有在它的基底和植株上，才能结出真正具有中国精神、中国意蕴、中国风格和中国气派的文化果实来。这已屡被不争的事实所证明。不仅从《诗经》《离骚》《史记》《牡丹亭》《红楼梦》《桃花扇》，到《阿Q正传》《子夜》《家》《雷雨》《茶馆》等，是这样；而且从《荷花淀》《三家巷》《创业史》《红旗谱》《梁祝》，到《白鹿原》《尘埃落定》《英雄时代》《蛙》《父亲》等，也是这样。我们完全可以笃定地说，一旦离开中国文化范式，陈忠实、贾平凹、刘震云、莫言们，也就随之而不成其为陈忠实、贾平凹、刘震云、莫言们了。因为他们的文学生命是同中国文化范式深深地交融在一起的，并从中吸吮着无穷的营养与动力。只有在那里，他们才能觅得自己生命的密码和文学的根。

中国文化范式之所以会以强韧之势与亘远之脉而融入执着于它的创造者们的精神底蕴和心灵深处，并彻底成为他们至高的追求与永恒的认知，乃是因为这种文化范式，不仅是由中华民族独特的文化传统、独特的历史命运、独特的审美追求和独特的基本国情所铸就，而且也正是在这个过程中，它已深深地铃入了每一个华夏子民的生命基因，烙进了每一个华夏子民的心，并由此而使之成为这个国家和这个族群的生命标志与美学符号。鲁迅说过，“唯有民魂是值得宝贵的，唯有他发扬起来，中国才有真进步”。而对于文化创造和文艺创作来说，具有中国风韵和中国气质的中国文化范式，就不啻是这民魂在艺术和精神领域中的典型体现。因此，我们不唯对它要深怀敬畏之心和执守之志，而且更应运用创造的锐志与生命的活力而不断地赋予它以光彩和亮色，以使它在新的历史进程和新的社会变革中，不仅得以赓续和弘扬，而且更得以丰富和发展。特别是在越来越趋于全球化的时代背景下，这种特有的文化范式更是尤为可贵。因为在全球化使世界变小和信息变密的同时，也势必要使民族的、本土的文化传统越来越具有不可替代和复制的重要价值。正因为如此，我们就更应提高文化的自觉与自信，积极而有效地运用中国文化范式进行“活”的与“新”的创造，同时又以创造的成果而不断赋予中国文化范式以强大的活力与永恒的魅力。

这是一个传续与进取的过程，这更是一个丰富和提高的过程。因为文化创造的本身就同时包含着继承与发展的双重意义。而在这个过程中我们所最应笃信和坚守的，就是中国文化范式所秉有的无与伦比的博大、丰赡、精粹和深邃。只要我们真正认识、理解、掌握和运用了它，就一定能够创造出时代文化的精品和感应现实的佳构来。曹雪芹运用这种范式创作了《红楼梦》，鲁迅运用这种范式创作了《故乡》，冼星海运用这种范式创作了《黄河大合唱》，徐悲鸿运用这种范式创作了《徯我后》，梅兰芳运用这种范式创作了《宇宙锋》，而比他们拥有更良好时代条件和优越社会环境的我们，当然就更应当和更能够创造出足以与时代同辉、促社会转型、为国家立传、替百姓抒怀的精品佳作来。

只有这样，我们才能真正以中国文化范式讲好中国的故事，传播好中国的声音，同时又以富于激情与魅力的中国故事和中国声音，而不断地丰富、提升和发展中国文化范式。这种良性的互动和诗化的往复，不仅会传播正能量，而且能营构真善美。

第六章

讲好中国故事与文学语境选择

习近平总书记向文艺工作者提出的重大时代课题之一，就是“讲好中国故事、传播好中国声音、阐发中国精神、展现中国风貌”，以求通过文艺作品让国外民众在审美过程中感受魅力，加深对中华文化的认识与理解，进而了解中国、亲和中国、领悟中华民族与中国人民的真情和善意。这在全球化步伐日益加速的当今世界不仅是必要的，而且是必须的。

一

讲好中国故事，是传播中国声音的重要方式和基本途径。特别是对于文学创作来说，就更有条件和更有能力担纲这一重任，因为文学创作本来就是讲故事的，它天然赋有着最能把故事讲好、讲精彩的美学机制与艺术要素，并因此而产生了许多彪炳史册、熠耀时世的大作品和好作品。

正是在这个过程中，作家对语境的营造和选择极其重要。举凡能够烛照时世和通达心灵的扛鼎之作，从来就无不借重于新颖、卓拔而独灼异彩的语境的扶掖与洇濡。

文学的语境，不仅是指文学得以构成、创作得以行进、情节得以展绽、事件得以演绎、场景得以旖旎、形象得以鲜明所必不可少的语义环境与语言创意，而且更含有对形成和深化这语境具有决定性作用的特定时代、特定社会、特定族群的情感与精神的认知和采撷。正因为如此，文学语境就绝不单单是个语言问题，而是有着更大的范畴、更广的意蕴、更深的思想和更高的精神，并因此常常成为文学创作的成功要诀与鲜明特色。

这既是形成文学风格和文学秉性的环境要素，又是氤氲文学题材与文学精神的物质条件。存在决定意识，环境产生语言，而历史规律和时代精神则对所有的存在与所有的环境均具有驭动力和覆盖性，这就自然会使一方水土养一方文学的因果呼应关系成为铁律。因此，文学的语境实质上就是文学水土的一种外在表现方式，或曰其为特定时代精神和社会生活通过文学创作所实现的一种审美表达与精神延宕。故而，任何真正意义上的文学，就都必须和必然是特定时代条件与特定社会环境中的思想升华和美学熔铸，而作品本身则正是体现这一升华与熔铸的意识和艺术的物态形式。这个过程和这一形式的直接表现，便是文学的语境。

由此可见，语境之所以会对文学产生辑构力和影响力，并不仅仅在于语言、修辞和逻辑本身，而更在于隐藏于其后和融会于其中的特定的时代精神、社会生活与族群意识。正是它，才决定了文学的时代性、社会性和民族性以及由之所构成的精神特质、意识旨趣与美学风格。

明白了这个道理，我们也就自然明白了在创作实践中，怎样才能营造、优化和提升文学的语境，如何才能通过纯真、敦厚和隽朗的语境而出奇制胜地讲好中国故事。

正像列夫·托尔斯泰以其所特有的俄罗斯时代和社会语境而创作了堪称史诗的《战争与和平》；巴尔扎克以其所秉具的法兰西社会生活语境，而创作了独标真愫的《人间喜剧》，福克纳以其所拥有的美国时代变迁语境而创作了光照文学宏庑的《喧哗与骚动》，艾丽斯·芒罗以其所体悟的加拿大温纳姆乡村语境，而创作了荣膺大众礼赞的《亲爱的生活》一样，作为身处大变革、大发展之时代与社会语境中的中国作家，当然要在充分调动和运用这飞扬着激情与诗意之语境的前提下，着力创作文学佳构，倾心讲好中国故事，热情传达时代声音。也只有这样，才无愧于我们的民族和时代，才能真正写出对时代、社会和人民都有用和有益的文学作品，才有能力和有条件在时代化与个性化相熠互融的文学创作中将生活写“实”，将社会写“真”，将人民写“美”，将时代写“新”。基于此，完全可以断言，在我们的文学创作中定会涌现出对时代发展秉以认知价值、对社会前进具有启迪意义、对精神提升产生激勖效能、对民族振兴发挥驱动作用的鸿篇佳构与史诗华章。因为大语境产生大作品早已成为一个屡试不爽的美学法则，并不断地被具有在场性的文学实践所证明。这其中的关键环节，就在于作为一个作家，你是否真正认识、理解、把握并创造性地撷取了那属于你的文学语境！

不言而喻，作为一个中国作家，特别是作为一个身处时代大变革和社会大发展之生活激流中的中国作家，其对文学语境的选择和撷取，自然就只能是也只会是由现实人生谱系和传统文化基因在相熠互融之中所形成的文学语境了。这是什么呢？这便是中国历史、中国社会、中国情愫、中国意韵、中国旨趣、中国梦想、中国诉求，特别是中国正在经历着的大变革与大发展的新时代和新世相，如此等等。当这一切均以“气”化和“液”化的方式而交融、洇酿、蒸馏、升华为一种特有的中国精神、中国声音和中国式的美学表达方式时，那就是中国作家所属的文化语境。创作主体只有对它怀着钟爱之情与敬畏之心，并能充分地掌握、合理地撷取和熟练地运用，便可认为是具备了创作优秀文学作品的主观条件。

之所以如此，盖因对于中国作家来说，只有依恃这种文化语境，才能深刻、准确、生动、有力地写出中国社会、中国精神和中国人的情理与心智，并因此而形成审美的独特性和文学的“这一个”。

二

正是由于文学语境所具有的特殊社会属性和特异美学禀赋，所以它才会对文学创作产生定“格”和定“性”的作用，以至于在很大程度上我们甚至可以说：有什么样的语境，就有什么样的文学。而举凡承载着深刻社会意义和鲜明时代特色，并拥有新蹊而美奂的艺术表达方式的文学作品，就无一不是其作者对所属语境加以透彻理解、娴稔运用和精准把握的结果。为什么当我们真正熟悉了一个作家的创作特点和语言风格时，便每遇其新作问世，几乎不需要看署名，也能分辨出作者是谁？为什么我们在读普希金、海涅、但丁、泰戈尔、聂鲁达等诗人的诗歌时，那感觉就俨然是进入了他那个国度，回到了他那个时代，甚至触摸到了他当时的心绪、情态和生存状况与精神境界？不就因为融贯于其作品中的特殊语境于冥冥之中给我们传达了这一切吗？

确乎，屈原的产生，曹雪芹的产生，鲁迅的产生，一切具有鲜明时代特色和深厚生活底色的大作家和好作品的产生，都无不有赖于他所属的特定语境，而这种特定语境又是由特定的时代、社会和族群所洇濡和构建的。这就要求我们在创作实践中，既要对语境有准确而全面的认识和理解，更要对自己所属的特定语境充满自觉和自信。只有这样，才能在创作中全方位、深层次、高质量地驭动和体现这一特定语境，从而创作出具有鲜明时代特点和深刻反映生活本质的优秀文学作品来。也只有这样的作品，才能既赢得国人的接受、认同和赞许，又深为异邦读者所艳羡、欣赏与接纳。因为中国人通过这些作品，既看到了自己和自己所处的时代与生活，又从中获得了欣悦、启迪和教益。外国人则通过这些作品，不但认识了中国和中国人的精神风貌与心灵世界，而且也真切地感受到了中国历史文化与中国现实社会所充盈的真情与美感。

这个过程和这种现象说明了什么呢？它说明：人们不仅渴望从文学中体验新鲜性，而且更期冀从文学中寻获归属感。社会文化语境所赋予文学的，就主要是这种新鲜性与归属感。然而，在创作实践中，一些作家却常常在这二者之间画了红线，不仅人为地斫断了它们之间的联系，甚至还将它们割裂开来，对立起来，在二律背反中越走越远。由此所产生的一个直接后果，就是率然放弃乃至鄙弃自己所属的文化语境，而刻意地无度地将自己的创作嫁接在西方文化语境之中，以致无节制地祭起历史虚无主义、民族虚无主义、文化虚无主义，一股脑儿地氽进了西方现代主义文化思潮的涡流中，极尽模仿、因袭、照抄照搬之能事，且频有文学的怪胎呱呱坠地。其结果，无非是中国人不买账，外国人不认账。因为在中国人看来，它同自己的历史绎变、现实生活、审美情趣与精神冀望完全不搭界，毫无认知价值和阅赏快感。而在外国人看来，它则纯乎是个非驴非马的“四不像”，不仅东施效颦，幼稚可哂，而且在意境、题旨、形式、方法上，也往往都是将人家早已抛掉的劳什子，拿来当作宝贝一样大肆渲染和铺陈。

如此这般，又何以能够在文学创作上达到觅蹊创新的目的，实现跻臻高峰的愿景呢？

显而易见，之所以会在创作中出现这种反向的追索与错位的投诸，其主要根源就在于对文化语境的认识与选择发生了失误和偏颇。而产生这种失误和偏颇的主要原因，则在于对民族历史文化缺乏自信，对现实社会变革缺乏认知，对文学创作规律缺乏把控，对大众审美习惯缺乏理解。这样几个“缺乏”的共同发力，便足以泯灭和颠覆一个作家的民族情愫与理性思维，乃至其不能不在创作的道路上陷入蹀躞和蹈入误区。

其实，对世界而言，中国的文化语境无疑是最深厚、丰赡、旷达、优熠的，这当然基于中国历史文化的亘远、厚重与中国社会变革的广泛、深刻。对于此，就连蓄意要“抹黑”“唱衰”中国的西方极端势力也不得不深怀敬畏，深表钦佩。作为一个中国作家，自是更无妄自菲薄、唯夷是宠的理由了。当然，这与合理选择域外优秀文化成果，通过汲取和融会而使之为我所用，完全不可同日而语。因为借鉴和吸收，从来就不等于因袭和模仿，自然就更不等于背离和舍弃自己所属的文化语境，而一味仰人鼻息、依样画瓢了。

是的，我们自当赋有高度的文化自觉与文化自信。在我们这特有的中华文化语境中，既然曾经产生了屈原、李白、曹雪芹、罗贯中、鲁迅和郭沫若，那就必定会在如今和尔后产生出更胜一筹、更跻高峰的屹世作家与文学大师。但须记住：奇迹只能也只会发生在我们所属和属于我们的大中华文化语境之中。

第七章

世界语境下的文化个性特质

习近平总书记指出：在当今世界，“国际社会对中国的关注度越来越高，他们想了解中国，想知道中国人的世界观、人生观、价值观，想知道中国人对自然、对历史、对未来的看法，想知道中国人的喜怒哀乐，想知道中国历史传承、风俗习惯、民族特性，等等。这些光靠正规的新闻发布官方介绍是远远不够的。而文艺是最好的交流方式，在这方面可以发挥不可替代的作用，一部小说，一篇散文，一首诗，一幅画，一张照片，一部电影，一部电视剧，一曲音乐，都能给外国人了解中国提供一个独特的视角，都能以各自的魅力去吸引人、感染人、打动人”。而为了实现这个目标，就必须在创作中凸显中国文化的个性特质。

一

在全球化背景下，世界语境的形成和日渐显化越来越成为一种必然，而文化如何在选择中更好地适应这种语境，却常常会陷于两难的境地。究竟是坚守和提升固有的文化传统、历史根脉、地域特色与审美习性呢，还是放弃这一切而眼睛向外、追赶潮流，以效法和适应所谓的“国际标准”为向度？我们必须从中做出考量与抉择。

文化在任何时候都是综合国力的构成要素和精神风貌的鲜明标志。而作为世界第二大经济体，中国文化的生产力和影响力自然也应当随之而得到壮大与提升。这不仅是必然的，而且更是必须的。因为文化如果不能与经济、社会、科技等同步前进，同样形成巨大的辐射力和广阔的覆盖面，那就会使强国之路受到梗阻与壅塞。对于此，英国前首相撒切尔夫人早就断言：“一个只能出口电视机而不是思想观念的国家，成不了世界大国。”而思想观念的形成和输出，则唯赖于文化创造和文化产品的强大构建与强势推动。

正是在这一点上，我们既有着认知上的焦灼，同时又存在着事实上的短板。从总体上看，无论文化创造，抑或文化生产，我们都较以往有了长足的进步和发展。比如，我国人均文化事业费，东部地区已达到44.38元，中部地区也已达到21.26元。又如，即使是在农村，建有文化广场的行政村已占到26%，宽带的通达率也占到了27.7%。再如，2014年的海外“欢乐春节”活动，已首度遍及全球103个国家和地区的294座城市，共有500多项中国文化活动靓丽登场。特别是好莱坞大片睥睨国产电影的时代已成过往，2013年不仅全国拍片638部，而且以217.7亿元人民币的票房收入稳居世界电影市场第二。当然了，在文学创作方面，我们也自有不俗的表现。但从总体上看，特别是与经济发展的强劲势头相比，文化前进的步幅仍旧显然是缓慢的和滞后的。迄今，进入世界500强的中国企业越来越多，而在文化的创造、生产和输出上，我们却仍落后于美国、日本、韩国等。公开数据显示，我国文化产业在GDP中的占比还不足4%，而美国、日本、印度的占比，却分别为30%、12%和6%。要知道，文化产品的生产和输出，绝不仅仅是与GDP增量有关，更重要的还在于它在本质上属于思想观念、审美取向、价值标准和意识形态等精神范畴。文化的外在形式，只是其借以传播和渗透价值观念、精神导向、意识归附等的躯壳与载体。事实上，这些年来西方世界正是通过精心打造和强力推销其新闻、影视、动漫、文学作品、艺术节目等，不绝如缕地将其价值观输送到世界各地，于潜移默化之中对输入国的受众产生深刻影响，促成受众对西方价值观的认同与服膺。相比较而言，面对美国大片、日本动漫、韩国电视剧等强势攻占中国文化市场的现实，我们却往往难有与之相对应、相抗衡、相争锋的文化产业和文化品牌。况且，人家高价“卖”进来的，都是有观念、有思想、有意蕴的文化产品。而我们无偿“送”出去的，则大都是一些纯艺术或纯技术的杂技、歌舞、民族和民间杂耍之类的节目。至于影视和小说之类赋有思想内涵与精神向度的文化产品，虽然产量年年遽增，但却鲜有能够走红世界、名扬全球的大制作和硬品牌。素有“中国现当代文学首席翻译家”之称的葛浩文就说，虽然莫言获奖让中国当代文学在世界范围内的关注度有所提升，但中国文学却没有因此而变得更受世界欢迎。而作家王安忆在国外的实际观察，也从另一个角度印证了这一点。王安忆说：“我去国外旅行，经常会跑到书店。但很少能看到中国文学作品的踪影，即使有也是被撂在一个不起眼的地方。由此我了解到中国文学的真实处境：尽管有那么多年的力推，但西方读者对中国文学的兴趣仍然是少而又少的。”至于影视作品，情况也大体如此。除了汉语圈国家对一些传统内容剧目的青睐外，西方世界则鲜有接受和赏识，这不啻与我们对一些美国大片的热捧形成了鲜明对照。

于是，问题便出来了：在全球化语境之下，我们的文化究竟如何是好？

二

马克思指出：“过去那种地方的和民族的自给自足和闭关自守状态，被各民族的各方面的互相往来和各方面的互相依赖所代替了……民族的片面性和局限性日益成为不可能。”马克思此言，无疑是越来越被实践证明了的科学论断，即全球化趋向的势不可当。但问题是，在全球化大背景下，文化为了适应世界口味并走向世界，还要不要和该不该继续有效保持与凸显其自身所禀赋的与生俱有的个性特质?

回答是肯定的。正如习近平总书记所说:“我们要坚持道路自信、理论自信、制度自信,最根本的还有一个文化自信。要从弘扬优秀传统文化中寻找精气神。”为此,我们就一定“要努力展示中华文化的独特魅力……把跨越时空、超越国度、富有永恒魅力、具有当代价值的文化精神弘扬起来,把既继承传统优秀文化,又弘扬时代精神;既立足本国,又面向世界的当代中国文化成果传播出去”。由于文化是对精神的艺术表达,而任何精神产品与物质产品的最大区别,也就在于前者越个性化越好,而后者则越同质化越佳。一切文化产品最终所要对接的,都是人的志趣、情感与灵魂。而所有物质产品,则只有在高度“统一化”“标准化”的情况下,才能实现最广泛的相合与应用。因此,举凡需要情趣和情愫乐于并易于接受且能直抵心灵深处的精神创造,就都首先必须具有美感和魅力,而个性特质则是涵养、培育、激发这种美感与魅力的原始胚基和肥沃土壤,并因此而铸就了文化创造的不可逆性。

不可逆,就是不可回溯,不可重复,不能摹袭、仿照、相似和雷同,也就是要使每一个文化创造都成为黑格尔所说的“这一个”。正是这种不可逆性,才使文化创造与文化产品有条件和有可能凸显个性,熠耀特质,充分展现其自身独特的美,并由此而使文化园地中得以万紫千红、百卉竞丽,始终都呈现出绰约的风采与新奇的景观,不仅使人深为艳羡和感动,而且让人久久吟味,无限眷顾。任何文化创造和文化产品,都只有在此种情境之下才能被人们欣然接受,而也只有在被受众欣然接受的情况下,文化才能发挥其启迪、教育、熏陶和审美作用,也才能像马克思所说的那样,真正以“文明的活的灵魂”自觉而自然地传播“时代精神的精华”。

那么,怎样才能有效实现文化的不可逆性并充分赋予其鲜明的个性特质呢?从大方向、大目标上说,就是要倾力而精心构建具有中国特色的社会主义新文化。具体而言,即既要与传统对接,又要和现实融会,更要从不间断的提升和创新中摄取时代光彩,发掘生活釉质,采撷社会精粹,激扬思想内蕴,直将历史的延宕、时代的脉动、生活的潮音与精神的火光,统统聚合于胸间，升华于心中，表现于台上，凝结于笔下，以大气派和高水平的文化创造不断地将精品佳作提供给大众，传播到世界，倾力掀起“中国文化热”的巨浪与狂飙，使中国文化也同中国经济一样，有着看不完的大动作和说不尽的新精彩。

与传统对接，永远都是增强和凸显文化个性特质的基本要素与前提条件。因为任何“现在”都是从传统延伸而来的，而任何“现在”又都必定要走向未来。从这个意义上说，传统永远都是我们这个社会、民族和文化的根。但由于在历史的衍化中，“物”的东西都渐渐湮灭了、消融了，以特殊的形态沉淀在了文化之中，并因此而使文化往往就成为对历史的唯一记忆和对传统的有效承接。中国如果没有先秦诸子，没有司马迁、屈原、朱熹、李白、曹雪芹以及他们的著作等等，那中国的传统也就很难体现和寻觅了。所以，文化传统在事实上常常就是历史传统、民族传统、社会传统和精神道德传统的集合体。中国有5000多年文明史，这不仅是我们的骄傲和优势，而且事实上它也无时不在对我们的生存和发展产生着至关重要的涸濡与促动作用。与此同时，它还为我们赢得了世人的艳羡与尊敬。作为这一文化传统的合法拥有者与合理传承者，我们当然要在文化创造和文化产品中融入这一特质，彰显这一优势，并使之成为中华文化走向世界的鲜明标志与亮丽色彩。

与现实融会，之所以对凸显文化个性特质既十分必要，又极为重要，盖因现实的内容是广阔的，作用是直接的，影响是巨大的。它在充分体现时代精神、社会变革和生活潮音的过程中，不仅直接决定着文化创造与文化产品的题材内容、思想旨要和精神高度，而且也无时不在浇灌和滋养着文化的思想活力与艺术生命。事实是，无论文化的历史根脉多么深远，思想旨向何等宏阔，它在生成和生效的全过程中都必须面对现实——既从现实中汲取生命乳汁，又从现实中拓展传播空间，并以自身的特殊存在方式而发挥着特有的作用和显示着特定的价值。所以说，现实中不仅埋藏着萌动文化植株的种子，而且更深蕴着护佑和催促这植株开花结果的生命元素与驱动力量。因为现实是丰富多彩的，特别是在改革、发展的时代，现实更是活力迸溅、景象旖旎、内蕴丰赡、物华绚丽，处处都跳荡着激越的浪涛与感人的音韵。毫无疑问，这是一个最能孕育文化精品和艺术宏构的时代。但关键是，谁来发掘和采撷？如何发掘和采撷？而也正是在这个问题上，我们的一些文化创造者和制造者们，却往往缺乏眼光、耐心和定力。他们太急于收获了，总是刚播下种子就拿起了镰刀，所以采摘下来的常常都是青涩的果实。他们也太觊觎市场和利润了，在文化园地上的任一耕耘，都总免不了以焦灼之心要么望价而为，要么待价而沽。正是在这种文化生态和创作心境下，虽然我们的产品年年“冒顶”，不断“疯长”，但却仍鲜有震撼人心、征服世界的鸿篇佳构熠然而至，问鼎天下。仅就规模和产量而言，我们当然是一个文化大国。且以电视剧生产为例，每年就投入资金五六百亿元，生产上万集，但只有不到一半的产品能够在电视台播出。目前，仅北京一地，就有影视制作机构2160家。在文学方面，中国作家协会会员人数早已超过8000；而仅在长篇小说创作上，每年就都能产出2000部以上。至于一些文化活动和文化产业，则往往由于屈从于市场效应与商业功利而在追求吸引眼球和欲望刺激时，过多地消解了思想力量、道德力量和社会内在价值，以致造成在文化展示中娱乐化、利欲化和工具理性主义，渐渐成了流行色。这显然有悖于文化创造的真谛与文化生产的规制。因为对文化来说，其永恒的定位和永远的追索，都始终应当是和必须是向善、臻美、尚新、达优。而实现这个目标的路径，则正在于对现实的回归与对生活的深耕。

三

在文化创造和文化生产中，实现与传统对接和与现实融会，是重要的和必要的。但这只是铁砧，还需要铁锤来锻冶；这只是豆浆，还需要卤水来点化；这只是面团，还需要酵母来发酵。而能够起到铁锤、卤水和酵母作用的，则只有创新。

《易经》上讲：“日新之谓盛德。”而对于文化来说，新，就是生命线，就是吸引力，就是美奂性。文化的个性特质，文化的不可逆性，在很多情况下就都主要是由“新”构建并由“新”实现的。因为用于定义和修饰文化的“新”，绝不是一般意义和平常意义上的新，而是既以“正确”作为导向，又以“美善”作为前提；既以“传承”作为基础，又以“发展”作为目标；既以“规律”作为范式，又以“实用”作为鹄终的。故此，文化创新的本质内容，就是要在遵循其内在规律和固有法则的基础上，高度体现真、善、美，大力追索颖、异、蹊，并在这个过程中彰显明确的价值关切和体认先进的精神指向，从而使文化更加具有时代特质与个性魅力，也更加具有新鲜性和吸引力。只有当“新”体现了正确的价值导向和先进的社会意识，并融入时代精神和现实生活，从根本上与真、善、美形成胼体、化为一元时，才会具有价值和意义，也才是真正的、本来意义上的文化创新。但恰恰是在这一点上，人们常常容易陷入认识误区，在不知不觉中抽去了创新的灵魂，褫夺了创新的本义，使“新”蜕化为一个褊狭而扭曲的概念，甚至就连丑、愚、怪、秽以及俚谑和恶搞之类，也都能堂而皇之地打着“创新”的旗号粉墨登场。

应当承认，在文化领域中我们的创新精神和创新能力还是相对滞后的。据《二十国集团（G20）国家创新竞争力发展报告（2011—2013）》称，在二十国集团成员国中，创新竞争力排在前三名的，分别是美国、日本和德国，中国则排名第八。这是就每个国家的综合创新竞争力而言的，若具体到文化创新上，我们显然是要更偏后一些。问题究竟出在哪里呢？其中最应该进行检点和反思的，就是认知偏颇、价值错位、功利驱动、审美异化，缺乏耐心、自信和主体意识。当然了，在对具体作品的淬炼与打磨上，砥砺和沉潜的功力不够、火候不足，也是原因之一。麦家的《解密》近日获美国财经报纸《华尔街日报》评介，而作者在谈及这部小说的创作过程时，却说：“它几乎差点把我憋死，是我的磨刀石，折磨了我，也磨砺了我。”事实上，好作品都是“磨”出来的。而“磨”，则是实现创新的一个必要条件。《解密》就不仅写了11年，而且还被出版社退了17次稿。

创新的实施与实现，首先要有正确的定位和明晰的目标，必须解决究竟要创什么样的“新”和如何创“新”的问题。要不然，从低品位出发自以为是创新的东西，就很容易要么止于争奇骛怪，要么限于东施效颦。此中有一个普遍跑偏了的问题，就是在对民族传统文化采取虚无主义态度、对时代精神和生活主潮报以冷眼旁观或隔岸观火的同时，却热衷于和倾全力进行迎合西方标准的文化设定。持这样的立足点和方向感进行所谓的创新，那是永远也无法真正“创新”的。因为中国的文化创造既已以迎合西方标准作为至高追求，那就自然会丧失原本具有的优势而就范于漂泊而来的劣势。其结果就会像一个肾衰竭病人进行透析治疗一样，虽然换掉了全身的血，但仍旧会始终是一个缺血乏力的病秧子，其作品也只能是中国人不好看，外国人不看好。这是自然的，因为中国人有自己的文化传统、审美习惯和价值取向。而对于外国人来说，即使你再迎合他的口味和标准，但若与其本土文化比起来，那还是差多了，你能超过詹姆斯·乔伊斯、阿尔贝·加缪、史迪格拉森吗？你的作品能比《尤利西斯》《芬尼根的守灵夜》《局外人》、“千禧三部曲”更现代派吗？这等于是丢了自己的龙纹袍，而换上了别家的燕尾服，其结果只能落得个“四不像”。莫言获诺奖，并不是用西方套路适应西方口味的结果，而恰恰倒是以中国方式写了中国社会，甚至是只写了山东高密农村，只写了他的家族、奶奶和姑姑等。李安的《卧虎藏龙》之所以能得到奥斯卡的赏识，正在于这部电影体现了中国历史、社会和文化的个性特质。其他像大型民族舞剧《丝路花雨》、极具中华文化风韵的昆曲《牡丹亭》、在柏林电影节上获得双奖的《白日焰火》等，之所以能为世界所喜爱和认同，其根本原因就在于这些作品以凸显“中国化”而走向了并熠照了全世界。

对于中国文化来说，创新注定是发展和提升之路，而实现创新的基础、基因、手段和目标，则永远都是以中国的方式走中国的路，说中国的话，讲中国的故事，切实将中国特色、中国风格与中国气派，通过文化创新和文化输出而日甚一日地熠照乾坤，唱响世界，使中国文化的个性特质越来越成为全球语境中的主旋律和最强音。

当然，强化和凸显中国文化的个性特质，并不与广泛吸收世界优秀文化的多样性营养相对立、相矛盾，关键在于吸收域外文化营养只是为了强化自身、丰富自身、提升自身、发展自身，而绝不是要吞噬和取代自身。在这个问题上，只要目的明确、方法得当，就一定会产生积极的效果，以使中国文化的个性特质更厚重、更鲜明、更优熠，而绝不会是消亡与泯没。在此，还是让我们以习近平总书记的话作为尺度与准则吧，他说：“中华文明经历了五千多年的历史变迁，但始终一脉相承，积淀着中华民族最高的精神追求，代表着中华民族独特的精神标志，为中华民族生生不息、发展壮大提供了丰富滋养。中华文明是在中国大地上产生的文明，也是同其他文明不断交流互鉴而形成的文明。”

海纳百川，有容乃大。每一种文化都是独特的，只有独特才有价值，才有意义，才有魅力。但每一种文化同时又都是包容的，只有包容才能丰富，才能发展，才能提升。不过，包容永远不能取代独特，而独特却定能融会包容。中国特色社会主义文化，就正是既从包容中崛起，而又秉有鲜明个性特质的新型现代文化，并以此而成为全球语境中的文化奇葩与精神瑰宝。

第八章

正确认识文艺创作的形势与成就

习近平总书记说：“人民的需要是文艺存在的根本价值所在。能不能搞出优秀作品，最根本的决定于是否能为人民抒写、为人民抒情，为人民抒怀。一切轰动当时、传之后世的文艺作品，反映的都是时代要求和人民心声。”而这，则正是我们认识文艺创作之形势与成就的权重和标尺。

一

文艺创作是对社会变革和时代发展的艺术反映。因此，什么样的生活和时代，就注定会产生什么样的文艺作品，亦即哲学意义上的存在决定意识。

我们既处于改革开放和跨越发展的大变革时代，那也就必定和必然会在文艺创作上迎来硕果累累的丰收季。因为大变革、大发展的时代不仅会为鸿篇巨制、精品佳作的产生提供条件和土壤，而且还会为作家、艺术家的创造性劳动输送养料，激发其灵感，并在此基础上形成充沛的创作激情和旺盛的艺术生产力。

事实上，呈现在我们面前的文艺景象，不就正是“姹紫嫣红看不尽，满目春色不胜收”么!

任何事物的有效构成，都是质与量的辩证统一。对于文艺创作来说，尤其如此。因为创作是一种复杂的艺术化的精神劳动，是一个对思想和生活不断体验、积累和磨砺的过程。实际上也就是由量的积累达到质的飞跃的过程。所以，以量臻优、量中求质，向来就是文艺创作走向繁荣与发展的普遍现象和基本规律，这同时也便决定了创作量的增加无疑是文艺繁荣的基础性标志。

现在，我国每年出版的图书都在30万种以上，正式出版的文艺类报刊则有上千种。每年创作和生产的电影有400多部，电视剧有500多部，长达14000余集；正式出版的长篇小说有5000多部；歌曲有20000多首。在诗歌创作方面数量更是惊人，大体上每年都有几百万首新作问世。至于通过网络发表的各类文学作品，那就数量更大了，动辄即以百万、千万计，其中光是网络长篇小说每年就有数万部，文字总量超过60亿。各种文艺演出的类别、数量、剧目和场次，也都在不断扩大，节节攀升。仅在北京一地，每年就有300多个小剧场剧目在上演。此外，戏曲、绘画、书法、曲艺、音乐、舞蹈、文博、会展等方面的创作与活动，也都呈现出空前的繁荣和兴盛，不仅新作如缕而至，而且精品频仍出现，大有“潮逐浪涌任翩跹”之势。

在创作量不断攀升的同时，文艺的辐射面和影响力也越来越广泛、越深刻。我国影视作品的观众量和收视率长期居于世界前列；文艺作品的发行量和翻译语种，也都在逐年增加和不断扩大。其中，仅欧洲各主要语种译介的中国当代文学作品，就已达500余种。而有作品被译成外文的中国当代作家，则早已超过了300名。特别是有不少长篇小说的发行量都在5万册以上，像以《狼图腾》为代表的一批纯文学作品的发行量，竟创下了突破百万大关的新纪录。其他如《白鹿原》《古船》《尘埃落定》《平凡的世界》《浮躁》等长篇小说，在发行量上也都创下了不俗的业绩。至于网络小说，点击率基本上都在200万次以上，有的甚至超过了1000万次。

正是在文艺创作的数量激增、辐射面和影响力日益扩大的背景下，精品佳作也如雨后春笋般亮相。文艺的各个方面和各种领域，都频有内容庄尚、思想厚重、意蕴丰赡的熠世之作走向社会，引起大众和学界的高度关注与好评。这些作品，均以其美好的意趣、正确的导向和精湛的艺术而赢得了受众的广泛接纳与一致认同。特别是其中一些领衔之作，更是秉具富于时代精神的生活活力与艺术魅力，非常自觉和自如地展现了深刻的生活体验与博大的思想情怀。其作者在世界文化理念和民族文化传统的交织与对接中，极具创新意识和个性特色地彰显了社会变革的轨迹与人性升跃的步幅，使受众从中既能准确地认识历史，又能客观地把握现实，并通过这些作品不断地增强民族自豪感，扩大对世界的包容性，从而起到为实现民族复兴而提振精神、熠燃热情和积蓄力量的积极作用。

文艺作品能够具有这样的品格，发挥这样的作用，足见其不仅实现了量的丰收，也达臻质的上乘。对于此，备受瞩目的“茅盾文学奖”和中国电视剧“飞天奖”的入选作品，便是有力的佐证。

这些作品代表了同一时期诸多优秀作品的艺术旨趣、审美追求和精神灌注，是这一时期小说创作中具有典范意义的艺术集萃与思想结晶。而这些作品所突出表现的，则是精神境界的高远和思想意识的开拓，是艺术触角的广涉和美学谱系的提升，是全球视野的淡定和民族意识的炽燃，是个人风格的成熟和文本意蕴的嬗变，特别是其对时代、社会、生活与人性的认知和把握，都进一步具有了科学尺度与理性思维，并因此而得以游刃有余地赋予这些作品以丰富的内涵和巨大的张力，而这些作品所涵蕴和所凸显的，则是我国文学创作在总体形态上的新特点与大趋势。

回望改革开放30多年来的文学发展之路，我们不能不认为它确是在一步步地走向成熟和淳雅，一步步地跨越裂谷和跻臻高峰。当那种初获解放的狂欢式的非理性生长和近乎原生态的叙事方式与文本摹袭同我们渐行渐远的时候，取而代之的则是一种具有时代禀赋和个性特色的文学的自觉与自信，其突出表现便是对生活的开掘越来越深，对时代的把握越来越准，对精神内蕴的认识越来越清晰。与此同时，作家个性化的叙事方式和艺术风格的渐趋娴稔，以及在表现生活和塑造人物时的手法多样与文笔老到、语境丰盈与神韵妙合、分寸恰切与表里照应、意趣盎然与情愫飞扬等，也都为文学精品的产生创设了极为有利的主体条件。如果说在新时期之初和之中曾经一度出现过粗放式的“井喷”现象、原汁原味式的“写实”现象、在每个作家甚至在每篇作品背后都晃动着一个西方现代主义作家的影子的现象，那么，现在我们则可以自豪地说：“这一切都已成为历史。”因为对于越来越走向成熟和具有自信的中国文学来说，其最大的特点和亮点，就是已经完成并在更高层次上进一步完成着具有世界眼光和中国气派的独特的个性化的艺术创造。

毋庸置疑，新一届“茅盾文学奖”的闪亮登场，就正是对这种艺术创造的检阅与展示。

当然，与“茅盾文学奖”相偕并伍的中国电视剧“飞天奖”的获奖作品，也同样是参加这一壮伟检阅和豪华展示的别一劲旅。与小说相比，电视剧的传播速度和辐射空间自然要快捷和宽广得多。也就是说，在文化积累和精神创造层面上，小说占据优势；而在快速占领社会文化视阈、即时传播时代精神图谱和灵活捕捉大众审美热点方面，则显然是电视剧得天独厚。而且其中题材重大、制作精良的长篇电视剧占了很大的比重。像以宏大叙事和壮伟气度着力再现历史事件与世纪伟人之本真性格和非凡业绩的《解放》《沂蒙》《毛岸英》《红色摇篮》《解放大西南》《五星红旗迎风飘扬》，以生动情节、精彩叙事、睿智决策和可人形象，近距离反映社会热点、家庭伦理和大众诉求的《老大的幸福》《我的青春谁做主》《媳妇的美好时代》，以穿越现实和感悟人生为特点，而开阖有度地表现生命之创痛与坚贞和心灵之隐忍与豁达的《兵峰》《我是特种兵》《一路格桑花》等，就都是思想内容和艺术气质俱佳的精致之作，不仅表现了电视剧创作的高水平，而且也代表了电视剧发展的新走向。

尽管任何评奖都会有遗珠之憾，但它毕竟是一次对精品创作的全方位选拔和集合性亮相。正是在这个意义上，我们从对获奖作品的审视与评析中所得到的总体印象和典型认知，就不仅是对中国文艺之总体风貌的全面领略，而且更是对中国文艺之发展趋势和未来走向的准确把握。这也就是说，无论从“纵”的方向做线性比较，抑或从“横”的方向做扇式扫描，我们现今的文艺创作所呈现的，都是一种盛景；所达到的，都是一个峰值。

二

面对丰饶而富于创新性和成就感的时代文艺景观与现实文化生态，颔首认同者有之，拊掌称颂者有之，不置可否乃至不为所动和不予首肯者亦有之。为什么对于如此洞若观火的事实，人们却会有不尽相同甚至完全不同的反应和认识呢？这主要是由一些云翳遮蔽和认知误区造成的，当然也有视阈局限和观念差异的原因。尽管见仁见智历来就是文艺作品和文化现象评判中的一种常见现象，也是正常现象，但以解读和阐释的方式对之进行拨翳纠谬，以求返璞归真，也还是必要的和可行的。概括起来，大体有以下几种情形和原因。

一是量、质对立。

人们在评判文艺作品时，往往容易陷入一种习惯性思维，即把量与质对立起来看，下意识地认为量大必然质差。这其实是一个认识误区。文艺创作的量与质就像一座金字塔，注定是要下大上小的。因为只有在充分的量的基础上才能形成和托举辉煌的顶端，即精品佳作。如果没有一定的量，优秀作品也就很难产生。因为一部优秀作品，往往都是多年积累的成果和反复修改的产物，而决非天马行空，一挥而就。即如第八届“茅盾文学奖”的5部长篇小说，就无一不是作者多年生活积累的结晶、长期思想认知的凝聚和丰富创作经验的体现。《天行者》是早年问世的《凤凰琴》的扩展与续写；《蛙》是作者所长期经营的高密系列乃至姑姑系列小说的深度发挥。至于《你在高原》《推拿》《一句顶一万句》，则无论在生活基础、美学文本和叙事方式上，都是作者此前一系列小说创作的美学提炼与思想荟萃。这说明，只有经过长期历练和积累，才会为精品问世创设条件，也才会实现质的飞跃。有时候，甚至数量丰盈的本身就是优秀作品得以创造的另一种机制和方式。所以，在文艺创作中，量与质不仅具有因果关系，而且更是一种高度的辩证统一。这种现象，在先秦时期，在欧洲的文艺复兴时期，在中国的五四时期及20世纪30年代，都曾出现过。

二是以偏概全。

在当下，文艺不仅创作量越来越大，其体例、格制和表现形式也都越来越多。在此情况下，出现一些低俗作品和艺术粗劣、思想质量不高的精神疣物，在所难免。但我们在认识和评判创作得失与文艺形势的时候，却绝不可以点代面，以偏概全，以一眚而掩大德。文艺创作不仅是一种个体化的艺术劳动，而且还是一种个性化的精神创造，其主体和客体都具有极大的差异性和自由度。这就决定了我们既不能用一把尺子去要求作者，又不宜用一个标准去衡量作品。因为文艺最忌讳模式化和单一化。创作繁荣与发展的一个重要标志和前提条件，就是思想、艺术自由，允许、支持和鼓励个性化与特色化的创作，并积极创造条件力促不同题材、不同形式、不同风格和不同艺术追求的各类作品都能够自由开放、相互竞争。只有这样，才是优秀作品得以产生的良好氛围和适宜环境。但也正是在这个过程中，伴随着大量优秀作品的出现而偶生庸品与俗物。这不仅难以避免，而且也无伤大雅。从某种意义上说，它还能起到提醒和防疫的作用，全然与对文艺形势和创作质量的评价毫无干系，就像在当年的大革命时代，张资平用以示秽的“△”小说的出现，不仅不影响鲁迅、郭沫若、茅盾为主将而掀起“为人生”之文学大潮的雄起，反而倒以另一种方式让人们保持警惕和清醒。特别是在尔后的历史沉淀中，其是非曲直不就愈来愈洞若观火、泾渭分明了么！

三是坐标失当。

鲁迅说过，“比较”是个“好方子”（《且介亭杂文·随便翻翻》）。对任何事物的评判及其臧否，都是相比较而言的。既然如此，就首先需要有一个坐标和参照系。那么，认识和评判当今文艺创作的坐标和参照系又是什么呢？恐怕许多人都是既明确，又模糊，始终影影绰绰的，只是在下意识和潜意识的作用下进行着概率式的对标活动。如此这般，当然就很难得出剀切的结论了。其实，若拿我们现今的文艺创作形势和成就与欧洲的文艺复兴相比，与19世纪至20世纪初叶的俄罗斯文学创作比，与20世纪30年代的上海滩文化圈比，应该说都是毫不逊色的，至少各阶层是旗鼓相当，各有千秋。要知道，我们今天在巨大的创作量背后所涌动着的，不仅有高涨的创作激情，更有一支浩浩荡荡的创作大军。中国作家协会的会员人数已逾八千，加上各省（市）、区的作协会员，从事文学创作的骨干力量已有数十万之众。如果再加上各级文联的各种文艺协会的会员，从事艺术创作的骨干力量更为庞大。而但凡参加作协和文联各协会，都对相应的创作能力和创作量有硬性要求。这至少说明，我们今天所拥有的骨干创作力量乃是绝对空间的。仅以中国作家协会会员人数与30年前相比，就已增加了10倍还多。生产力是决定生产量和生产值的核心要素，这也便决定了我们今天文艺创作量的激增，实在是一种必然和自然。当然，最实质性的比较，还是作品的思想水平与艺术质量。对于此，我们可以毫无赧色地说，现今无论在文学还是艺术创作上所达到的标准和水平，都是深孚众望的。特别是小说创作，更具实力，精品也更多。只是由于作品量大而导致阅读分散和焦点稀释，才使人们在短期内无法对所有作品做出中肯的质量判断。不过，这并不影响精品佳作的客观存在。应当相信，在岁月的磨砺与检验中，人们定将会逐步认识其价值，并将之与历代名著共忝优列，同纳华堂。

四是时空错位。

生活是变化的，时代是发展的，社会是进步的。作为对生活、时代和社会进行典范缩微与审美再现的文艺创作，自然是要与之相契合、相印证的。这就要求我们在认识和评析文艺现象与文艺作品时，必须运用一种发展的眼光、动态的元素和趋新的意识，而不能把着眼点和评价尺度一成不变地定格在某个历史刻度上，以致造成“老瓶子装新酒”的历史性误会。《文心雕龙》所讲的“诗文代变”，就是针对这种情况而开出的有效“药方”。事实上，文艺形态和审美标准的流变，乃是亘古就有的不二法则。

所以，当我们审视和评判现今的文艺创作和文化现象时，一定要更新观念、变革尺度，突出当下性和在场性，既不能同历史上和世界上的某种文艺现象硬比，也不能用曾经流行过的某个观点或某种思潮硬套。因为无论是历史上的某一文艺盛世与盛典，抑或是曾经一度操控文艺潮流的某一观念与学说，他们都只是一个辉煌的历史存在，而并不完全适合甚至完全不适合用作认知和评价我们现今文艺创作与文艺现象的套路和绳墨。否则，就会落入时空错位的认识论陷阱。为了回归正确的认知与评判，我们必须面对现实，承认事实，求真务实，坚定地站在面向世界、面向未来、面向大众的中国特色社会主义文艺的立场上。只有这样，才能避免出现“不识庐山真面目，只缘身在此山中”的尴尬。

五是浅尝辄止。

任何时候对任何事物，仅凭感觉所下的结论，都是靠不住的。而人们对文艺创作之形势与走向的认识和判断，则恰恰在许多时候都是靠感觉的。不是人们不认真对待，而是确因量大时少，实在难以顾及全面。于是，浅尝辄止就成了如今认识和评判文艺创作的一种虽不正常，但却常态化了的工作状态。想想看，纯文学报刊有上千种，长篇小说每年的出版量有5000余部，加上网络创作的铺天盖地和影视作品的蜂拥而至，谁能有时间和精力对之一一过目、细细品读呢！更何况信息时代本来就视野宽、看点多，人们阅赏的对象和目标既庞大，又分散。在这种情况下，要求人们仔细阅读哪怕是出版物总量的十分之一，恐怕都是不可能做到的。所以，在认识和评判时下的文艺创作时，便只能是靠感觉、凭印象了，而感觉和印象的文本源头相对于全部作品本身来说，却是相当片面和狭窄的，这就难免要使感觉和印象发生偏颇和误差。其实，这种情况在历史上也并不鲜见。每逢盛世，必有创作高峰期和爆发期到来，作者和作品大量涌现，委实令人难以细品，所以要对之全面认识和准确把握，就会有一定的难度。不过，这并不妨碍精品佳作的价值，经过时间沉淀，便自会有精准的选择和中肯的评价。就像历史上的李白和杜甫一样，他们的诗在他们那个时代并不被看好。公元744年所编选的历史上第一个唐诗权威选本《国秀集》，共辑诗220首，李白、杜甫却连一首诗也没有选入。直至清朝，李、杜的诗才逐渐受到推崇，并被荐入一流诗人的行列，其诗歌的创新价值和人民性也才被发掘出来，并得到广泛认同和高度评价。看来，岁月淘洗和历史沉淀确实是一个好法子，只要是金子，总会发光的。

六是先入为主。

多元化、多样化、信息对等交流和主体参与意识增强，是改革开放时代的一大特点。在这一时代背景下，对文艺作品和文化形态的认识与评析自然就会见解多，分歧大，这无疑是一种令人欣喜的好现象。因为它不仅显示出参与主体的自主意识增强了，而且标志着社会群体的审美标准和审美水平提高了。既有自主意识和独立见解，又能自觉而积极地参与到对文艺创作和文化形态的社会评析活动中去，这本身就是社会文化形态的一种进步标志和良性表现。所以，对于所出现的认识分歧和评价褊仄，都既无需感到诧异，更不必强求一致。不过，在另一意义上，我们也需要防止由于这种分歧和褊仄在特定情境中所形成的个人偏见，会以先入为主的方式进入到社会评价体系之中，以致影响正确结论和舆论的适时形成与正常传播。这便是事物的两面性。而我们的责任，则始终都是必须积极而主动地向着正确的一面实现归附和靠拢。

七是评介缺如。

文艺评论与文艺创作，从来都是促使文艺事业得以奋翮高翔的两翼。因为创作主要是对生活的切身感知和艺术表现，而评论则是对作品的理性分析与能动引导。正是在这个意义上，任何创作都是须臾不可背离评论的伴随与辅佐的。然而，在我们的现实文艺生态环境中，创作与评论的失重与失衡，却是一个不争的事实。一方面是创作队伍和创作量的快速增长与直觉发展，而另一方面却是评论队伍和评论效能的不济与乏力。这两个方面的不相匹配所造成的后果之一，就是不仅使创作在一定程度上处于荒芜状态，而且更造成了文艺创作尤其是精品力作在相当范围内与大众和社会的隔膜与疏远。当然，文艺评论的不济和乏力，绝不仅仅是队伍小和成果少，更在于其自身的深刻性和正确性的缺失。相对于队伍小和成果少而言，这种深刻性和正确性的缺失更为不利于发挥文艺评论的功能与效益。鲁迅说过，批评家必须“真懂得社会科学及其文艺理论”（《二心集·我们要批评家》）、“必须坏处说坏，好处说好”（《南腔北调集·我怎么做起小说来》）。应该说这是对文艺批评的基本要求，也是文艺批评之所以能够有为、有用、有益的起码素质与必备条件。但是，以我们现在的实际情况而言，显然是与这个基本要求尚有相当距离的。其中，取向多元、主义失真、见解偏畸、行文浅悖以及所谓的贵族评论、人情评论、有偿评论、非主流评论、实用主义评论等的流行，就显然是难以起到文艺评论所应起和能起的积极作用的。自然，其对有效地评介作品也就不会产生任何助力了。所以，加强文艺评论的关键，不仅在于要壮大队伍，增加产量，而且尤其在于要端正方向，提高质量。

八是自信不足。

自信，不仅是一个国家、民族和政党的文化内涵与文明素质，而且更是其承接历史、开启未来的精神资本与力量源泉。同样，在文化问题上，自信从来就是不可或缺的。我们要正确认识和评判文艺创作的形势与成就，就必须要具有高度的文化自觉和文化自信。而要具有高度的文化自觉与文化自信，则又笃定要在民族传统文化与世界优秀文化的交融和互补中创造出我们时代的先进文化。这些年来，我们的文艺创作就是这样一程一程地走过来的，所以它便本能地具有了丰富、质朴、开放而灵睿的特点，其历史感与包容性、民族情与世界心、乡土味与舶来韵的有效对接和高度融合，已经结出了累累硕果。创作的连年丰收，就正是这种果实的具体呈现。显然，中国文艺在探寻蹊径和回归本真的道路上，不仅找到了自我，而且也走向了世界，并成为世界文艺的璀璨一页和重要构体。因此，我们应当自信，我们也有资格、有条件充满自信。作为世界文艺的中国谱系，我们已经做到的和正在做着的，就都是辉煌的集结与全新的创造。尽管在对创新的不懈追求中，我们要做的工作还很多，要走的路还很长，但毕竟我们在攀援中业已到达了一片开阔地，进入了一个新境界。在世界文艺的舞台上，我们一方面凭靠自己的实力和成绩而确立了既定的位置，另一方面则依恃足以令全球瞩目和赞赏的文化贡献而赢得了不容忽视的话语权。今天的中国文艺，比以往任何时候都更对大众有泽惠，更为世界所看重。

这，就是我们文化自信的源泉和根据，这同时也是我们正确认识和评判文艺创作之形势与成就的心愫和底气。

第九章

文艺评论必当在义理交融中实现“评”之有“则”、“论”之有“道”

“文艺评论是文艺创作的一面镜子、一剂良药，是引导创作、多出精品、提高审美、引领风尚的重要力量。”习近平总书记此言一语中的，说透了文艺评论对促进文艺创作向精、向优、向善、向美的积极作用与巨大功能。但这需要有一个前提条件，即文艺评论定当“要以马克思主义文艺理论为指导，继承创新中国古代文艺批评理论优秀遗产、批判借鉴现代西方文艺理论，打磨好批评这把‘利器’，把好文艺批评的方向盘，运用历史的、人民的、艺术的、美学的观点评判和鉴赏作品，在艺术质量和水平上敢于实事求是，对各种不良文艺作品、现象、思潮敢于表明态度，在大是大非问题上敢于表明立场，倡导说真话、讲道理，营造开展文艺批评的良好氛围”，坚决做到“褒优贬劣、激浊扬清”。为此，文艺评论在立意和行文中就必须精准、剀切、淳正、深邃，做到评之有据，论之有理，观点鲜明，见识卓拔，既可引领方向，又能启悟灵智，务使作者和读者均能从中得到文化教益、精神满足与认知提升，亦即在义理交融中做到“评”之有则、“论”之有道，实现审美与教育功能珠联璧合、兼而有之。

一

任何内容和形式的文艺评论，其本质上都必须和必然会有批评，否则，所谓的文艺评论就会在事实上沦为毫无价值和意义的思想空壳与美学秕谷。因为举凡文艺评论的对象，都注定是特定的创作过程和具象的作品本体。评论家既要对之进行评论，就首先必须赋有“问题意识”，表达个人看法。在这个过程中，评论家的眼光、见识、观念和尺度极其重要，既要能及时、精准、辩证、客观地看出问题、提出问题，又要能有理有据地回答问题、解决问题。直如鲁迅所要求的那样，对所评作品“必须坏处说坏，好处说好”，尤其要勇于当一名“拾荒”者，要敢于和勇于来做“挖烂苹果”的工作；特别是要在“剪除恶草”的同时，更应做“浇灌佳花——佳花的苗”的工作。这就要求评论家决不能仅仅满足于、停留在对问题的“所以”式回答上，而是必须从深层次上诠释和解决“所以然”的问题。在这里，一个“然”字极其关键而重要，它所代表的不仅是“这样”，更是“为什么这样”，所以，正确回答这个问题，便成为使创作主体得以心悦诚服接受评论家意见和建议的关键所在。而评论家要有效回答这个问题，则就必须借重理论的力量，务须做到以理喻事、以理诠疑、以理释“道”、以理服人。这就要求评论家一定要具有相应的理论素养，必须对自己所施的优劣之“度”与褒贬之“则”加以理论的贯注和思想的确证；不仅要力求能够说服人，更要使人心悦诚服、高度认同，并从批评中得到启迪、收到教益，在思想上和艺术上均能撷获进步，得到提升。

真正意义上的文艺评论，不仅理当如此，而且必须如此，否则，如若其对所评作品只有“评”而没有“论”，只说长道短而没有理论的阐释与诠解，那就即便是“评”得准确、中肯，也会因缺失理论支撑而致人心生狐疑、不明就里，甚至还会一头雾水、无所适从。至于广大读者，当然就更无法理解评论家“如此道来”的理由与依据了。因为失去“论”作为支撑的“评”，常常会由于理由不足而被不理解或不接受。而事实上，创作主体与评论家之间的分歧和龃龉，就常常是在这种情况下发生的。所以，鲁迅说：“我们所需要的”，不是空头的评论家，而是“坚实的、明白的、真懂得社会科学及其文艺理论的批评家”。否则，所谓的文艺批评家及其相关论著，就会变为无根的浮萍和无魂的躯体，也就会造成评论场域的浅悖与颟顸，以致造成文艺创作对文艺评论的信任危机。因为评论一旦不能从根柢上和导向上令人折服、使人佩服、让人信服，那么，其价值和作用便自会发生弱化与衰减，甚至还会造成某种认知和评价的分歧与混乱。而文艺评论要实现精准、剀切、透彻、有力，其关键环节和核心要素就在于一个字，那便是“理”，即从理论的高度对所“评”内容进行社会的、思想的、艺术的、美学的全方位、多角度诠解与分析，并力求将理由讲足，将道理讲透，将原因讲明，将根据讲充分，切实做到评骘有则，褒贬有据，导向正确，思想明晰。

事实上，真正有影响、有定评的文艺评论，从来就是这样。例如，《文心雕龙》的最大优势和显著特点，就正在于其“评”之有道和“论”之有理。作为一部全面、系统评骘从《诗经》《离骚》直至南朝梁之前中国文学创作和文学评论之状貌与脉动的专门性著作，《文心雕龙》不仅全面评析和深度钩稽了千余年来文学的状貌、特质和前进趋向与发展脉络，而且在精准表意、深笃论析与高度概括中，对此间几乎所有作者和作品都进行了具有独到见解和独特视阈的评介与评价，并以此为基础而不断地总结经验、发现规律、升华思想、开拓视野，从诸多具体作品的创作过程及其所产生的社会效应中，归纳和总结出最具本质价值和普遍性的命义与质点，并通过对之进行经典性的概括，形成极具启悟价值和引领作用的艺术规制与文学道统，从而使读者通过阅读他的论著而得以具象化地认识和把控文艺的真理性与规律性。刘勰在《文心雕龙》中云：“时运交移，质文代变。”“情以物迁，辞以情发。”“五情发而为辞章。”“尽其美者何？乃心乐而声泰也。”“情必极貌以写物，辞必穷力而追新。”“凡操千曲而后晓声，观千剑而后识器。”“夫缀文者情动而辞发，观文者披文以入情。”“摛文必在纬军国，负重必在任栋梁。”“文变染乎世情，兴废系乎时序。”“木体实而花萼振，文附质也。”“文之为德也大矣，与天地并生者何哉！”

这些从勘察、评骘千余年间诸多文学作品中所概括、总结出来的箴言灼论，不仅使其对具体作品的分析与评价有了理论根据，更以之作为基因而进一步形成了极富规律性和引领性的文学观念与创作导向，进而为文艺的持久振兴和永续发展铺就了砥石、开拓了路径、点燃了爝火。而这，则正是文艺评论所应秉有的美学品格与理当达到的思想高度。

其实，刘勰在《文心雕龙》中所体现的文评方略和文本特质绝非个例，而恰恰是对文艺评论之本质和规律的典范践行与有效师范，亦即文艺评论本来就应该如此，理当如此。苏轼虽不是文艺评论家，但他对韩愈及其创作成就与特质的鉴赏和评判，却显然与刘勰多有相肖之处，其“文起八代之衰，而道济天下之溺”的论断，就颇有刘彦和遗风。而对俄罗斯文学的历史性发展起过巨大推动和引领作用的别林斯基，则更是寓“论”于“评”、以“论”促“评”的高手。别林斯基是一个典型的文学评论家，而非文艺理论家，但其诸多关于文学创作和文艺事业的经典性论述，却多有对文学规律和文艺本质的发现与揭橥，并因此而广为流传，且已成为文学创作和文艺事业的铁的矩度与大的方略。而他的所有深深撄及文学本质和文艺规律的箴言粹语，则都出自他在批评同时代诸多作家的现实主义创作之中，一如《果戈理的〈小品集〉和〈密尔格拉得〉》《论俄国中篇小说和果戈理的中篇小说》等。这些评论文章不仅观点鲜明、词锋犀利、文风质朴，而且寓论于评、以论促评，遂使其作用和价值远远超乎一般批评文章之所能，其中许多精辟论断皆已在历史的淬冶与时间的考验中成为文学的创新矩度和思想旗旌。在俄国文学的鼎盛时代，长篇小说《奥波罗摩夫》的作者冈察洛夫，对刚刚从中学生转身为《现代人》杂志编辑的杜勃罗留波夫崇仰之至，并声称要向全世界宣布：《奥波罗摩夫》这部长篇小说，是他与杜勃罗留波夫共同完成的。理由就是杜勃罗留波夫对这部小说的评论实在是太精彩、太深刻、太具有思想烛照力和理论说服力了。

1931 年，当日本青年学者增田涉专程飞抵上海，向鲁迅述说他将要动笔写作一部全面评论鲁迅思想与创作的《鲁迅论》，并期待鲁迅能够对这部专论的写作提出意见、建议和要求。没承想，鲁迅当场竟书赠增田涉一副郑板桥曾经写过的对联：“隔靴搔痒赞何益，入木三分骂也精。”显而易见，鲁迅是希望增田涉在《鲁迅论》的写作中能够在“评”之精准与“论”之剀切上有所作为和拓进，并力争实现新的提升与突破，而此中的关键环节便在于必须实现思想升华与理论深化。古罗马评论家贺拉斯曾将作家的创作比喻为“刀子”，而将评论家的评论看成是“磨刀石”。他说，刀子只有锋利才有用处，而刀子的锋利则全仰赖磨刀石的厚重、坚韧和磨刀人的闳放、深邃。正是在这个意义上，鲁迅才满怀殷切期望地指出：“必须更有真切的批评，这才有真的新文艺和新批评的产生的希望。”

二

以评启论、以论促评、论评互济、评论相熠，是中国文艺理论建构的优良传统。从诸子百家，到建安文学；从竹林七贤，到唐宋八大家；从竟陵派、公安派、桐城派，到创造社、莽原社、太阳社，直至在中国近现代文学向中国当代文学的过渡期间，文艺评论都秉承和传绎了自古以来的优良传统，特别是在以五四新文化运动崚嶒开局的中国现代文学艺术的壮伟行进中，不仅“评”和“论”实现了高度融会与完美结合，更出现了创作者与评论者实现一元化、一体化的宏大阵列。此间，鲁、郭、茅、巴、老、曹们，就都是一身兼为作家和评论家的文化巨擘。而作为艺术家的齐白石、徐悲鸿、张大千、梅兰芳、林风眠、刘海粟等，则除了在艺术实践、艺术创造上勇攀高峰、多有建树之外，其在艺术理论的探求与创新中更是不辍锐意进取，笃于阐理稽疑的。即使是在鲁、郭、茅、巴、老、曹之后，以创作名世的何其芳、冯至、周立波、贺敬之、杨朔、孙犁、欧阳山等作家和诗人，也都有着深厚的理论造诣和丰赡的文化素养。贺敬之无疑应当归于诗人、剧作家行列，但他那部产生了重大影响的《贺敬之论文艺》，却明白无误地告诉世人：在文艺理论旷野中的跋涉与探求，同样是他在诗歌创作之外的心旌所至和悉力所为。作为文艺工作的组织者和领导者，翟泰丰不仅在创作上诗、文、书、艺俱佳，而且尤其挚笃于创作思想和文艺理论的探赜、持正与创新。实际上，从孔子到屈原，从司马迁到“三曹”，从“李、杜”到“元、白”，从曹雪芹到鲁迅，这些创作上的“铁笔”“圣手”，就无一不是理论上的通晓者和践行者，他们在创作上的巨大成功，追本溯源，无不得济于其在理论上的深厚素养与锐意探求。

鲁迅说过，比较是个好法子。正是从鲜明的比较中，我们才清楚地看出了当今文坛的理论落差与认知局限。一个不得不承认的事实是，尽管一些创作者的学历高了，但思想水平、认知能力、美学素养和理论造诣却并未实现同升共懿。尤其是一些以评论为术业的文艺评论家们，出于其手笔的所谓评论，很多时候就都同广告词相差无几，其常见的表达范式往往只是：“就作品而说作品，说完了就完了”。如此评论，又与广告何异？无非是告诉读者：某某作家写了一部或一篇什么样的作品，其故事情节和主体内容如何如何，其人物形象与情节演绎怎样怎样。如此这般，戛然而终，仅此而已。作为评论文章，通篇只有“述陈”，没有“论骘”；只有“事体”，没有“思想”；只有“评判”，没有“辨析”；只有“优劣”，没有“方略”。如此评论文章，不仅不能将作品的优劣得失说清楚、讲透彻，更无法给作者提供改进的维度，指明上进的路径，其效果与普通读者随谈自己对某作品的读后感相差无几。这显然难以体现文艺评论的导向功能，更无力发挥文艺评论的引领作用，其结果，不但于作者无益，而且也注定对读者无用。特别是在这种“只就作品而说作品，说完了就完了”的过程中，由于毫无理论建构和思想介入，评论便容易陷入浅悖化、庸俗化、功利化、无稽化，这便极易招致怨怼，引起争执，惹出麻烦，出现龃龉，造成嫌隙，乃至引发无价值、无意义的聚讼与纷争。这显然有违于文艺评论的功效设定与愿景所期，是对开展文艺批评和进行文艺评论之初衷和目标的悖反与忤逆，所以，必须力求避免和坚决戒除。

与文艺评论只有“评”没有“论”的现象同时出现的另一种情况，则是看似有“论”，却形同天书、不知所云，或脱离实际，或偏执褊狭，或掇畸袭陋，或媚洋蹈怪。此中，搬弄西方过时概念和褊畸词语，耽溺于奉行经院哲学式的所谓理念评论的现象尤为突出。对于传统的和西方的文艺经验和优秀成果，我们当然要加以传承和汲取，但前提条件是，必须对之严加选择，坚决做到取菁去芜，进而按照构建中国特色社会主义先进文化和优秀文艺与文论的条件、要素和标准，经过严格淘漉、汰选和创造性转化与创新性发展，再择其精华而取之，选其优秀而用之，而决不能也绝不是不分青红皂白地加以统摄通揽，更不是奉其糟粕为新异，尊其秕糠为硕果，且以之而倾轧和取代中国优秀传统文化和社会主义先进文化的优长和特质，尤其不能采取囫囵吞枣、生拉硬扯的办法，将一些西式概念和僻异之论不合时宜、不按章法地镶嵌、铺陈在我们文艺评论的语系、概念与辞章之中，以致造成文评文论在表词达意上的异化、阻隔、痞块与硬伤。总之，不忘本来，吸收外来，面向未来，始终都是我们的大方略与总原则。但在这个过程中，必须认清楚和处理好它们各自的特质、属性、功能与链接，亦即不忘本来是前提，是基础；吸收外来，是选优，是辅助。而一切形式和内容的吸收“外来”，其目的皆在于使“本来”更丰富、更强大、更完美、更精粹，而决不是对之的弱化、贬损、排斥与取代。只有这样，我们才能更好地面对未来和走向未来，实现构建和发展中国特色社会主义新文化与新文艺的宏图大略。

在强化和提升文艺评论功能与品格的过程中，还有一个需要深刻反思和严肃面对的问题，那便是浮躁风气的来袭和功利思想的侵蚀。浮躁作风所产生的一个直接后果，就是引致文艺评论的肤浅、轻薄、粗疏与偏悖；而功利思想的侵蚀，则会造成文艺评论在一定范围和一定程度上的是非颠倒和褒贬失当。因为利欲容易遮蔽眼光，目的最能改变旨向。正因为如此，习近平总书记才情之殷殷、言之凿凿地提出希望和要求，他说：“文艺批评要的就是批评，不能都是表扬甚至庸俗吹捧、阿谀奉承，不能套用西方理论来剪裁中国人的审美，更不能用简单的商业标准取代艺术标准，把文艺作品完全等同于普通商品，信奉‘红包厚度等于评论高度’。”确乎如此。一旦评论家的话语权和判断力陷入市场逻辑，沦为“红包”的奴隶，并被庸俗的社会风气所裹挟，那就很难再在其评论文章中看到良知、发现真义、领悟崇高、欣飨灼论了。而由此所引发的，则是创作的溺化与文风的异化，其后果自然是可叹和不堪的。基于此，习近平总书记强调“真理愈辩愈明”。而文艺评论产生和传播的过程，则恰恰是真理愈辩愈明的过程。这个过程一旦被溺化和异化，真理又何以能够在愈辩愈明中被大众所认同与接受呢？所以，习近平总书记认为，一旦“文艺批评褒贬甄别功能弱化，缺乏战斗力、说服力”，那就肯定会“不利于文艺健康发展”。故而，他特别强调，在文艺批评中，如果“一点批评精神都没有，都是表扬和自我表扬、吹捧和自我吹捧、造势和自我造势相结合，那就不是文艺批评了”！

自然，“不是文艺批评”的文艺批评，我们从来都不提倡、不需要。因为这样的所谓评论，于作家无补，于创作无用，于社会无益，对发展无助，俨然是妨碍文艺发展的思想雾障与精神阴霾。而我们所冀求和需要的，则永远都是饱含时代精神和铃证历史真谛的“评”之精准、科学与“论”之剀切、深刻的文艺批评。因为只有这样，才能坚守艺术理想，引领社会风尚，铸冶刚健灵魂，激扬奋发精神，勠力支持和全面促进文艺家以其优秀作品完成以文化人、以文育人的崇高责任，帮助文艺家用独特的思想介入和润物无声的艺术熏陶启迪人们的心灵，传递向善向上的价值观。

这就要求我们的文艺评论家必须言为士则、行为世范，牢记文化责任和社会担当，正确把握艺术个性和社会道德的关系，始终将社会效益放在首位，严肃、认真地考虑文艺批评的历史责任与社会效果，坚持按照习近平总书记所希望和要求的那样，务使“文艺批评”切实成为“文艺创作的一面镜子、一剂良药”，成为“引导创作、多出精品、提高审美、引领风尚的重要力量”。

理论之所以有力量，唯在于它永远都是实践的穗实和思想的结晶。而实践的无限丰富与思想的无穷智慧，则又定会源源不断地给予理论以滋养和补充，从而造成“理论之树常青”的韶华美景与壮伟现实，并以之形成与促进理论对创作的引领和对实践的驱动。而这，便是我们强调文艺评论必须于以“论”融“评”、“评”“论”相熠中实现“评”之精准、科学和“论”之剀切、深刻的根据与理由。

第十章

文艺要塑造人心，创作者首先要塑造自己

文艺创作有各种内容和形式，并因此而使之汇涵汪莽、千姿百态，呈现出仪象万方、姹紫嫣红的繁荣与炫丽景象。故此，在表述文艺状貌时便常有“百花齐放”之谓。然而，不论其内容与形式多么丰富、瑰奇和个性化，质言之，就都是各自创作主体之情感、意态、精神和品格的美学再现与艺术表达，这便决定了有什么样的作者，就自会有什么样的作品。由此而形成一条文艺创作的铁律，那就是作者的高、下、优、劣，常常是作品之高、下、优、劣的前提条件与决定因素。要提高作品的质量，关键就在于提高作者的思想认知、道德品位、精神境界和艺术造诣。

一

习近平总书记指出：“文艺是给人以价值引导、精神引领、审美启迪的，艺术家自身的思想水平、业务水平、道德水平是根本。”他进一步阐释道：“文艺要塑造人心，创作者首先要塑造自己。养德和修艺是分不开

的。德不优者不能怀远，才不大者不能博见。广大文艺工作者要把为人、做事、从艺统一起来，加强思想积累、知识储备、艺术训练，提高学养、涵养、修养，努力追求真才学、好德行、高品位，做到德艺双馨。”

事实上，只有做到德艺双馨，创作才能凸显精美丰赡之质，呈现淳雅厚重之状，并不断地走向佳境，趋于上乘。这是一个至理，这也是一种必然。在每一部佳构杰作的背后，不就都潜藏着一个纯正的人格与高尚的灵魂么？屈原作为楚国的肱股之臣，只要他放弃对正义的坚守，退出与权臣的对决，苟同于怀王、襄王的丧国之举和靳尚、子兰的不义之为，他便可以一如既往高官厚禄，在富贵与荣华的环绕中驰骋仕途、纵横权势，尽享人间的富贵和荣耀。只不过这样一来，也就不会有《离骚》《九歌》《天问》等炳辉千古、恒久熠世之诗歌杰作的问世了。因为这些作品纯乎是屈原之炽情与正义的艺术再现，而绝非仅仅是文字的抒写与故事的编撰。故而，其中的字字句句无不是“情”的燃烧和“心”的跃动，而在这“情”和“心”的炽燃与辉映中所搏动和跳跃着的，则是犹若烈火一般的大众情怀与爱国主义。很显然，这样的诗乃是只有文字功夫和仅仅谙熟词牌律令的诗人们所万难写出来的。同样，《史记》也是如此。在这部被鲁迅誉为“史家之绝唱，无韵之离骚”的皇皇大著的写作过程中，司马迁先是因为秉持正义给李陵执言辩护而遭受宫刑，后又因在书写《景帝本纪》时指斥朝政，特别是在《孝武本纪》中正言不阿、据实直书，虽面对当朝皇帝刘彻，却仍旧不隐恶、不虚美，以致因直笔犯上而激怒汉武帝，遂被下狱。很显然，司马迁的不幸遭际，完全是由他的品德之高和人性之淳造成的。如果他昧着良心不替李陵说公道话，如果他在书中避谈或者不谈汉景帝的朝政之失，如果他对当朝皇帝刘彻的弊政给予隐没或者施以粉饰，他不也就一切吉祥、平安无事、照做朝中重臣与阙里史圣了吗！然而，那《史记》还会是我们今天所看到的《史记》吗？司马迁还会是我们如今所认识的司马迁吗？非也！

由此可见，作者的思想、情操、人格、品德不仅是作品的形制之模，而且更是作品的灵魂之源。这个前提和基础，对于创作来说乃是极其重要的，它们全然是一种相袭互应的因果关系，真乃有什么样的土地长什么样的苗，什么样的苗结什么样的果。布封说过：“风格即人。”这里的风格其实是指作品的整体风貌与思想蕴存。既然风格是由人（作者）所决定、所铸成，那就定然会是有什么样的作者便会有什么样的作品，二者简直是辐射，是叠印，是勾魂摄魄，既无法回避，又逃逸不了。对于作者同作品的这种因果感应关系，早在20世纪的大革命时代，鲁迅就已有过极为深刻的认识，他指出：“我以为根本问题是作者可是一个‘革命人’，倘是的，则无论写的是什么事件，用的是什么材料，即都是‘革命文学’。从喷泉里出来的都是水，从血管里出来的都是血。”他还说，在作品中“唱着所是，颂着所爱”，既由文艺家的认知和品格所定，同时也是文艺家职业习性与社会责任的充分体现。但问题在于这“是”和这“爱”是否具有真实性与真理性，那就需由文艺家自身的立场和观点所决定、所取舍了。而也正是在这个过程中，文艺家自身的立场、观念和品性便至关重要。如若其认知和评判中肯而正确，那这“是”和这“爱”便值得唱、值得颂，否则便会出现反向，走到反面，以致造成唱了不该唱的、颂了不该颂的，其社会效果可想而知。对于此，只要我们约略回溯一下文艺史，便会发现实乃比比皆是。何以见得？因为在每一个时代，甚至是在每一个时期，都有海量的作品问世，但经过实践的考验和历史的沉淀之后，被认可、被传承、被咏诵的作品，却往往只是其中的少数，甚至是极少数，或者简直就是凤毛麟角。我们现在所看到的唐诗、宋词、元曲和明清小说，就正是这“极少数”，乃实为大潮过后所淘练出来的闪光的“贝壳”。20世纪30年代的上海滩，文艺创作是相当热闹的，小报小刊更是层出不穷。在大量作者和作品的蜂起、簇拥之下，就连鲁迅也时有被倾轧、被掩翳的风险。可是，经过历史的考验、时代的选择和岁月的淘漉之后，真正的高峰才渐次露出退潮之后的峥嵘与伟岸，并在岁月的磨砺中越来越高峻，越来越鲜亮。之所以如此，全然是由其作品自身的质量所致，而作品的质量又是由作者的“质量”所赋予、所决定的。作品如此，就连作为作品之载体的文学期刊，亦是如此。在从1872年中国第一份文学期刊《瀛寰琐记》问世，到1949

年10月1日新中国成立，这77年间，全国共创办文学期刊10207种，可是现在还有价值的，还被记得的，又有几何呢？完全可以说是寥寥无几。

二

历史是公正的，岁月是严酷的。对于文艺创作来说，一切“俗”的、假的、丑的、恶的，不论在其产生的当时出于什么原因而得以炫诩和走红，都难免要在历史和岁月的鉴别与淘洗中被涤荡和抛弃。那么，应当如何解决这个问题呢？答案永远只有一个，那就是从创作者自身做起。只有创作主体自身炼成精金美玉的人品并赋有积极进取的思想风貌与精神特质，其作品才会青春永驻、生命长存，以至成为时代的旗帜、民族的徽记和历史的标志。所谓“经典”，往往就是这样形成的。所以，习近平总书记说：“广大文艺工作者一定要言为士则，行为世范，牢记文化责任和社会担当，正确把握艺术个性和社会道德的关系，始终把社会效益放在首位，严肃认真考虑作品的社会效果。要珍惜自己的社会形象，在市场经济大潮面前耐得住寂寞、稳得住心神，不为一时之利而动摇，不为一时之誉而急躁，不当市场的奴隶，敢于向炫富竞奢的浮夸说‘不’，向低俗媚俗的炒作说‘不’，向见利忘义的陋行说‘不’。要以深厚的文学修养、高尚的人格魅力、文质兼美的作品赢得尊重，成为先进文化的践行者、社会风尚的引领者，在为祖国、为人民立德立言中成就自我、实现价值。”

在这里，总书记怀着拳拳之心与殷殷之意，诫勉和要求广大文艺工作者一定要在为祖国、为人民立德立言中成就自我、实现价值。怎样才能达到这个目标呢？重要路径和关键步骤之一，就是要面对市场经济大潮而能耐得住寂寞，稳得住心神，不趋利、不浮躁、不媚俗、不炒作、不炫富竞奢、不当市场的奴隶。这里有一个关键词，就是对“利”的态度，就是要处理好趋利、嗜利与为人、为文的关系。文艺家作为社会文明和精神高地的建构者，作为人类灵魂的工程师，如果跨越不了“利”的门槛，如果被“利”所羁绊、所缠绕，那他的道德、精神和创作就自会全面崩溃、一败涂地。因为文艺家一旦被牟利所控制、所驱动，就自然会放弃创造与创新和弘扬道德与文明的责任，就必然要突破为人为文的底线，以至于完全走向反面，成为思想秽物和精神垃圾的制造者与传播者。如此这般，文艺还是文艺吗？文艺家还是文艺家吗？当然不是了。因为文艺创作的天性和天职，从来就是要以思想的粹质、精神的光耀、道德的花环和艺术的美感而装点生活、塑造灵魂、净化社会、提升精神。不如此，便不足以为文艺。文艺家的价值和责任，就是要用自己的笔、自己的情、自己的心、自己的德，对生活与人性进行审视和过滤，对历史和未来进行评判与展望，对憧憬和理想进行编织与描绘，并以之而使社会和“人”在不断地走向文明与发展的历史进程中，始终充盈着德与信、仁与礼、智与义、力与美。不如此，便不足以为文艺家。而正是在这个过程中，守诚守廉与趋名趋利，往往都是正向与反向、光面与涩面的试金石和分水岭。而事实上，真正具有活力、魅力与定力的文艺作品和文艺家，就从来都是与牟利、赢利、趋利不挂钩、不沾边、不搭界的，否则便一定会走向反面。此中不仅有道德因素在起作用，而且更有艺术规律和美学法则的制衡和驱动。一个最为现实的问题便是：迄今为止，没有哪一件被奉为经典并得以传世的文艺精品，是用金钱买来、利益换来的。《诗经》《离骚》《史记》《红楼梦》是公认的文化经典、传世之作，可是孔子、屈原、司马迁、曹雪芹又得到了什么呢？《义勇军进行曲》《黄河大合唱》《田横五百士》、“人民英雄纪念碑”是熠时崛世的文化丰碑、艺术佳构、精神高标，然而，聂耳、冼星海、徐悲鸿、刘开渠又得到了什么呢？事实是，聂耳不仅没有得到什么酬劳，而且还要为了这些创作而遭受国民党当局的攻讦与追捕。冼星海因是南方人，从小有吃糖的习惯，在延安创作《黄河大合唱》时的唯一“报酬”，就是每天特供他两斤白糖，用以激发情愫和唤起灵感。徐悲鸿创作《田横五百士》的全部动因和劳绩，就是为了通过生动的艺术群像来展示田横宾客所具有的忠勇气节，进而起到传衍和弘励中华民族之传统正义与懿世美德的作用。司马迁说过：“田横之高节，宾客慕义而从横死，岂非至贤!”刘开渠以74岁的高龄带领创作班子全力投入“人民英雄纪念碑”创作的全部动因和目的，就在于要以自己的终身艺术积累和全部美学匠意而形象化地再现缔造新中国的英雄们的伟岸姿容与丰赡精神。他说，所要纪念的，不唯是斗争情景和历史过程，而更要从这个过程和这些情景中表现民族精神与英雄气概。为此，他决定纪念碑在总体设计理念上必须将抛物线的挺拔与中国革命的具体内容实现完美结合，以使形象巍峨与精神昂扬高度统一。在这整个创作过程中，大家虽然极其辛苦，但却人人精神昂奋，个个意气风发，大家心底里都揣着一个崇高愿望，那就是只要能把新中国的历史和英雄们的业绩充分表现出来，就是对创作者们的最高奖赏和最大回报。他们说，这个创作过程与其说是我们塑造英雄，不如说是英雄感染我们。这种感染也是对我们心灵和精神的一种升华与塑造啊！所以，刘开渠坦言："我愿以我走过的全部道路证明一句话：人生是可以塑造的。"这种塑造当然是指心灵的净化、纯化与精神的炽化、升华，而此中的关键所在，便是在名利面前所表现出来的"忍"与"让"、"度"与"节"、"拒"与"推"。特别是在文化创造与文艺创作这样的文明工程中，一旦收不住心、挽不住缰，那就会一败涂地、满盘皆输。因为一旦在文明与道义、美善与崇高的胚基和酵体上觊觎着对名利的猎取，那就意味着并决定了他不再可能创作出真正孕育和传播文明、提升精神意义上的文化产品与文艺作品了。动机决定效果，心思决定路径，眼光决定目标。扭曲了的目标追求又怎能期待收获硕艳的花果、采撷丰饶的穗实呢？这不仅因规律而使然，而且也定当要由事实来确证。作为农民出身的作家，赵树理从来就没有想过要上文坛，他只想摆一个小小的文摊，用老百姓最喜欢的形式和语言写老百姓最为切身的人物与事件。可没承想，精诚所至，金石为开。他的作品不仅名扬世界，广为传播，而且一连创造了许多个奇迹，发行量和影响力都得到了破天荒的大提升与新突破。《小二黑结婚》于出版当年仅在500万人口不到的太行区就一举发行了近5万册，而且还被数以百计的剧团纷纷以各种形式搬上舞台，并以多种译本走向世界的四面八方。《李有才板话》刚一脱稿，在很短时间里就被京、沪、穗、港多家出版社争相再版达38次之多。不仅老百姓喜欢读，而且也成了领导人和文化人的最爱，在毛泽东、邓小平、彭德怀、胡耀邦、郭沫若、周扬、茅盾、陈荒煤、孙犁、林徽因等的案头，都能觅得赵树理作品的踪影。而所有读过赵树理作品的人，又都无不对之作出极高的评价，认为在此之前，“新文学的圈子狭小得可怜，真正喜欢看这种东西的人，大部分是学这种东西的人”，乃至“新文学只在极少数人中间转来转去，根本打不进农民中去”，而中国却是一个农业大国，当时农村人口占到总人口的80%以上。孙犁作为同行，更是深有体会地说，赵树理以其朴质和真诚“突破了此前一直很难解决的文学大众化的难关”。至此，全然没有名利意识，一心只为群众精心创作的赵树理，却意外地得到了他自己连做梦也未曾想过的额外“收获”：他的创作被认为是“毛泽东文艺思想在创作上实践的一个胜利”。《人民日报》专题发表《向赵树理方向迈进》，使他成为毛泽东亲自圈定的“人民作家”，成为在中国作家协会大会上众口一词的写农村农民的“铁笔圣手”，胡耀邦等领导人更是把他称誉为“郭茅巴老曹”式的“语言艺术大师”。一位名叫贝尔登的美国记者在其《中国震撼世界》的新闻报道中，竟不无纳罕地写道：赵树理“可能是共产党地区中除了毛泽东、朱德之外最出名的人了”！

毫无名利之欲的赵树理于不经意之间获得巨大名利后，其态度和表现只有四个字，那就是：淡然、奋然。他没有把名利当作包袱，当作“资本”，而是以淡泊之情和愧疚之心更加贴近人民、奋发创作，怀着高度的自觉与自信而深入生活、淬冶精品，用文学为国家建设效力、为人民幸福服务。此间，由于作品的发行量大，世界各国的译本也随之渐多，像长篇小说《三里湾》，仅在苏联就用6种文字翻译出版多达14次，总印数逾百万册。如此这般，赵树理的稿费收入也就随之而越来越多。这让赵树理为难了、不安了，他在潜意识中从来就认为这些钱不应该属于他自己，而是属于党，属于祖国和人民。因为作为一名共产党员、一名国家干部，受党的培养教育和国家的全程供养，是“公家人”。写作是为党、人民和国家工作的一种形式，而工作有工资，工资之外的稿费收入自然不应当属于自己，而理当属于国家和人民。就这样，赵树理主动不再在机关领工资了，出差回来也不再去财务处报销了。他的理由很简单：工资是国家发的，稿费也是国家发的，我自己既然领了稿费，当然就不应该再去领工资了。至于为工作而出差，自己既然有稿费收入，钱够花了，自然也就不应该再去单位报销了。当《三里湾》刚一脱稿时，就有几家大牌出版社前来“抢”稿，可赵树理对之一一婉言谢绝后，却把稿子送给小小的通俗读物出版社出版。他的这个反常举动委实令人不解，使人愕然。于是，有人便当面对他说：“通俗文艺出版社牌子小、没名气、实力差、稿费低，你为何偏偏要将稿子给他们呢?”赵树理说：“正因为这样，我才要给他们。因为我的稿费少了，出版成本也就小了；而出版成本小了，书的定价也就随之降低了。这样一来，不就减轻了读者购书的经济负担么！写书是为了宣传，是为党工作，当然是读者越多，效益越大。”显然，在赵树理的心目中，为党和人民工作、对社会和人民有益，永远都是他写作的目的和至高的追求。故此，他的人生哲理和创作原则始终都只有一个，那就是必须对党的事业有益，对国家和人民有利。1959 年当新中国成立十周年时，人民文学出版社拟定规划，要给活跃于当代文坛的知名作家、诗人，各出一本作品自选集，所选篇目和书名皆由入选作家自拟自定。人们都想着，这一次是为庆祝新中国成立十周年而印行精品结集，肯定赵树理会拟定出个“高、大、上”的书名来。可没承想，他思谋再三，为选集所拟定的书名却竟然是《下乡集》。他说，他只希望自己的作品能够走遍祖国大地上的山谷河川、沟峁崖岔，让广大农民兄弟都能看得见、买得起、读得到。1950 年前后，党中央曾号召作家自己购房解决住宿问题，以减轻政府的财政负担。赵树理首先响应号召，用稿费在北京香炉营买了一座有 18 间房子并附带家具的四合院，住着很是舒适、惬意，但缺点就是离上班的地方相对较远。过了一段时间后，他嫌上班太远，不方便，怕这样会影响工作，便就把住处换到了东单煤渣胡同。此处的房子比香炉营 15 号院少了十来间，兑换的差价近万元，但由于对方也是公住，所以赵树理便将十来间房子的差价悉数免除。而到 1965 年当赵树理要迁回山西长期定点深入生活时，便将煤渣胡同这套住宅无偿地捐给了中国作家协会，彻底充了公。

这就是赵树理——一个“文艺要塑造人心，创作者首先要塑造自己”

的楷模、典范，一个高度自觉而有为地“处理好义利关系，认真严肃地考虑作品的社会效果，讲品位，重艺德，为历史存正气，为世人弘美德，为自身留清名，努力以高尚的职业操守、良好的社会形象、文质兼美的优秀作品赢得人民的喜爱和欢迎”的人民作家。周扬曾说：“赵树理文好人也好。”其实是赵树理人好文采好。这里既有辩证关系，又有因果效应。对于一个以创作为职业、以作品竞功力的文艺家来说，直接面世的固然是作品，但真正发力的则始终是人品。因为作品是人品的升华与敛结，有什么样的人品便必定会有什么样的作品，诚如习近平总书记所说：“文艺创作是艰苦的创造性劳动，来不得半点虚假。那些叫得响、传得开、留得住的文艺精品，都是远离浮躁、不求功利得来的，都是呕心沥血铸就的。”所以，“文艺要赢得人民认可，花拳绣腿不行，投机取巧不行，沽名钓誉不行，自我炒作不行，‘大花轿，人抬人’也不行”。

这是铁律，这是至理。任何事物都是有感应关系和内在联系的，精神创造和心灵劳作尤其如此。很显然，想要指望一个思想空虚、精神低下、庸俗不堪、唯利是图的人，写出壮美、高雅、正气凛然、大气磅礴的优秀作品来，那岂不等于缘木求鱼、痴人说梦么！文艺是思想的蓓蕾，是精神的花朵，是灵智和品格的艺术式蒸馏与高端化凝聚。什么样的根本必定要结什么样的花果，这里来不得半点虚假，也不会有丝毫矫饰。当我们读着《钢铁是怎样炼成的》，读着《铁流》，读着《毁灭》，读着《绞刑架下的报告》，读着《永别了，武器》《丧钟为谁而鸣》《第五纵队》时，我们不就仿佛清晰而明朗地洞见了奥斯特洛夫斯基、绥拉菲摩维支、法捷耶夫、伏契克和海明威的心旌与灵魂吗？是啊，在作品的形象与情节中，特别是在作品的气场、韵律和心愫中，其作者简直是处处活灵活现，完全无以藏匿，他的灵魂和情韵已经深深地无可回避地影印和铃刻到了他的作品之中，如影随形，入木三分。

而这，便是习近平总书记提出“文艺要塑造人心，创作者首先要塑自己”这一重大时代命题的根据与理由。

三

文艺创作既是思想的升华，又是精神的敛结，这便决定了其创作者的思想、精神、品格、道德对作品所具有的完全不可回避和遮掩的全方位、深层次影响。故而，有什么样的作者，便自会有什么样的作品。这就像什么藤开什么花、什么蔓结出什么瓜一样，完全是一种自然和必然，乃至古今中外的文学艺术史看似作品陈列的长廊，而其实则是作家、艺术家的灵魂展厅。在每一件作品的背后，都映现着其创作者的思想深度与精神高度，都承载着其创作者的心旌与道骨、气度与魂魄、愿景与追求。诗骚本自精魂铸，血性文章血写成；手驭搦管抒胸臆，辞邃更见真性情，丹青妙渲乾坤事，笔锋耕深旖旎出。此处之旖旎，应当就是创作者的绮丽情怀与高尚精神对作品的熔铸与浇筑，以使之呈现出形制新颖、内蕴丰富、文质兼美、气象万千的新品貌与大情致。

文艺作品只有达到这样的境界和跻于这样的水平，才可谓尽善尽美、至贞至优。然而，这需要有一个前提条件，那便是创作主体的情态纯雅、德艺双馨。恩格斯为什么会对但丁的《神曲》作出崇高评价，并特意发掘和论证了其所秉具的思想价值与时代意义？就因为但丁在这部作品中充满诗意与哲理地描绘了地狱——炼狱——天堂的衔接与变换，而其中对“炼狱”的构想和肯定，尤其具有现实的针对性与深度的感召力。何也？唯因但丁在对“炼狱”的构想与描摹中，绘声绘色、合情合理地阐明了对人性、人心、人品、人德进行磨砺、淬炼、提纯、升华的必要性、重要性和实现的路径与方略。这是具有特定针对性、强烈现实意义和深刻社会价值的，对于文艺家来说尤其如此。因为文艺家是以创作为职业并以其作品的风神独具、质优形歆、广传远播、泽世益民来体现自身能力、贡献与价值的，所以其自身便尤须通过“炼狱”而臻纯臻美、至优至善。伟大的文艺展现伟大的灵魂，伟大的文艺来自伟大的灵魂。也正是在这个过程中，一切猥琐、渺小、低俗、卑微，都是与文艺作品无涉的，也都是与文艺家无缘的。这就使从来的优秀文艺作品，都必定和必然是雅中有朴、柔中有刚、乐中有理、娱中有德的。高台教化、书香懿人、经典喻世、黉门隆德，向来就是中国文化的核心旨向与崇高追求。这个理念和道统，早已成为中国文化人和文艺家的处世矩度、严格遵循和至高至贞的愿景与追求。梅兰芳 8 岁学艺，11 岁登台，直到年过花甲，仍还在为演好《宇宙锋》《洛神》《断桥》《贵妃醉酒》《霸王别姬》等代表性戏品而苦练功力、不辍进习。然而，就是如此业精于勤、终生专注于艺术之砥砺与进取的戏剧名家，当抗日战争到来时，他就毅然决然蓄发明志，无论敌寇怎样强迫和要挟，都决不给侵略者和卖国者登台献艺。同样是在抗日战争中，向来以画花鸟虫鱼见长的齐白石，却一反常态，居然用画大螃蟹来讽喻和指斥在中国土地上横行霸道的日本侵略者。1950 年，抗美援朝战争刚一打响，豫剧名伶常香玉就慨然捐资为中国人民志愿军购买飞机。为了尽早尽快筹齐款额、及早支前，她竟不惜昼夜兼程，赶场演出，以求大幅度增加票房收入，早日把捐献的飞机送上前线。1951 年，画家张大千在准备旅居南美洲之前，为了使自己的藏画不致流落海外，竟决定远离香港的国际文物拍卖会，而采取私下出售，只要是祖国收藏，就宁可贱价卖出。于是，他曾用 500 两黄金买下的国宝级名画《韩熙载夜宴图》，仅仅只卖了 3 万美金。五代时期由顾闳中所绘制的这幅名画现在收藏在故宫博物院，已成为镇馆之宝。人们往往只艳羡梅兰芳、常香玉的戏演得好，齐白石、张大千的画画得好，殊不知在这“好”的背后，除了才赋、苦练与勤学之外，更有高贵的品格和强烈的爱国主义在驱动，在支撑，在洗礼，在抬升。

这种人品决定文品、艺术依恃德操的现象，不仅是文艺创作的一条规律，而且也是中国文化的优良传统。大家知道，中国历史上有十大名画，即《洛神赋图》《步辇图》《唐宫仕女图》《五牛图》《韩熙载夜宴图》《清明上河图》《千里江山图》《富春山居图》《汉宫春晓图》《百骏图》。这些名画的产生，无一不是其作者经年累月、伏案砥砺的产物，但却一概并无资货回报和物益奖赏，完全是由事业心、责任心、家国情、使命感的驱动而为之、而任之、而欣之。有的画作不仅无回报，而且连作者是谁，都长期扑朔迷离，众说纷纭，又何谈对作者的回报呢！像《清明上河图》的作者张择端，长期以来连其究竟是北宋人、南宋人，还是元朝人都没有定论。像画《洛神赋》的顾恺之，其人其事，也是迷雾重重、难有定论。而画《五牛图》的韩滉，则是以宰相之身跨界所为，哪里又会去想什么名利之报呢！唯其如此，才使其有机会、有可能成为精美之制、绝世之作。否则，如若只是为了兑取名利而为之，那就完全会是另一种情况了：庶几尽可能地偷工减料、省时省力，以交差领赏为旨归，只要达到这个目的，其他一切都可以敷衍了事，草草收场。为什么浮躁会成为当今文艺创作的痼疾？为什么文坛上总也会体量大于质量、数量急剧膨胀？为什么在创作上有“高原”无“高峰”的现象长期得不到扭转？为什么一些名嘴、名角的出场价码会越来越高，而作品和演出的质量却越来越低？为什么在一些创作中传统文化和中国特色越来越式微、越淡化，而所谓的西方思潮和现代主义、后现代主义却日渐雀跃与弥漫？此中的根本原因之一，就在于创作主体的思想物化与精神矮化以及由此所造成的文艺目标转移与创作道路趔趄，乃至在“为了谁、依靠谁、我是谁”的问题上一定程度地陷入了蹉跎与迷茫。想想看，周立波、柳青、欧阳山、孙犁、梁斌、杜鹏程、马烽等作家，都是从延安或老解放区走来的文坛宿将、文学巨擘，他们完全有条件、有资格在京城做大官、享清福，可为什么偏偏要一竿子插到底，举家沉在最基层的百姓群落里，做社员、干农活，同老乡们一块地里沐风雨、一口锅里搅稀稠？按照他们的名气和水平，随便写点什么，报刊都会争先恐后地抢去发表的，可他们又为什么常常要把自己认为不满意的稿子撕毁或者烧掉？以他们的经验和能力，一旦进入创作过程，每天至少还不写它个三千五千、万儿八千字么！可他们却常常提笔踟蹰、行文木讷，字字句句都着力推敲、反复斟酌、颇费思量。柳青说，他最多一天只能写500字左右。马烽说，他常常把笔抓在手里，老半天都写不出一个字来。

杜鹏程写《保卫延安》时，经反复修改而废弃的底稿竟能摞起来当作椅子坐。而当初学写作者向周立波“取经”时，周立波只字未答，只是从床底下拉出一个装满退稿的箱子，说：“这就是经验!”梁斌为了下功夫修改《红旗谱》，竟硬生生地辞掉了天津市副市长职务的任命。《红旗谱》先后修改了8次，但当小说出版后收到寄来的稿费时，梁斌却用它为家乡建了一所挺排场的学校，还叮嘱当地政府决不许用他的名字来为学校命名。马烽曾两度在北京任职，但却从来不要单位分房子，只要求安排个临时住处。因为他两次都返回山西落户，并在汾阳县贾家庄扎下生活之根，建立了稳定的生活基地，他说：“京华虽好，但对于一个搞创作的人来说，却并非久留之地。”赵树理在北京开会，天上突然冒出一片黑云，竟使他心急如焚、坐立不安。为什么？因为他赴京开会临行前，村里收割的麦子刚刚堆上场，如若下雨，就会淋坏，这怎能让他不心焦呢！陈忠实不仅把白鹿原确立为自己的生活根据地，在那里一住就是数年，而且心潋滟、情滟滟，一头扎在庄稼人的群落里，使自己的生活和感情都齐刷刷地实现了农民化，西安倒成了他偶或而至的客居之地和走“亲戚”的所在。铁凝对土地和农村的眷恋，远胜过对那一纸文工团录取通知书的艳羡。她说，我“在用脚丈量生活、用心阅读生活、用笔表现生活”。生活就是她的命根子，因为她相信生活是打不倒的，人民是不朽的。陕北汉子路遥至死都难以忘怀生活对他的馈赠和人民对他的恩德，他把自己对生活和人民的回报之愿与感恩之情明明白白地刻在了自己的墓碑上，那就是：“像牛一样劳动，像土地一样奉献。”至于张平和张炜，更是从对山东和山西老乡的信任和挚爱中升华出了对国家和人民的责任与忠诚，只要我们读一读《抉择》和《你在高原》，就自会领略他们的全部心愫和情韵。

应当相信，当我们的文艺家们都秉有了以上这些作家、艺术家的境界、品格、情怀与志趣时，那就定然会使阻拦和搅扰文艺创作趱步前行、快速提升的诸如浮躁、趋利、浅悖、粗劣、低俗、平庸、炒作、畸变等，都统统消弭、全部佚散、无从再现，从而如期如愿地实现习近平总书记所要求和冀望的“努力创作生产更多传播当代中国价值观念、体现中华文化精神、反映中国人审美追求，思想性、艺术性、观赏性有机统一的优秀作品，形成‘龙文百斛鼎，笔力可独扛’之势”。

刘勰说：“木体实而花萼振，文附质也。”只要作为创作主体的作家、艺术家自身纯粹了、强大了、优秀了、先进了，那么，中国文艺的空前繁荣和发展、极度精粹与刚健，便自当朗朗而至、趱趱而来！

是啊，“文之为德也大矣，与天地并生者何哉”！

下编

坚持文化自信　共筑民族之魂

第一章

文化自信为我们筑基铸魂

一个国家、一个民族要生存，要发展，就必须具有坚实的社会根基和强大的精神力量。这根基和力量是什么呢？这便是全社会共同认可的涵负着最持久、最深层力量的核心价值观。而文化则是形成和涵养核心价值观的厚土与酵母，正如习近平总书记所说："文化是民族生存和发展的重要力量。"

一

人类每一次跃进，人类文明每一次升华，无不伴随着文化的历史性进步。没有文明的继承和发展，没有文化的弘扬和繁荣，就没有中华民族伟大复兴的中国梦的实现。

何以然？唯因文化是一个国家赖以强势发展的精神沃壤，是一个民族的根与魂。而在文化厚植、文明广布基础上所萌动的文化自觉，所铸成的文化自信，当然就是更基本、更深沉、更持久的恒定力量了。所以，习近平总书记指出："我们要坚定理论自信、道路自信、制度自信，最根本的还要加一个文化自信。""说到底就是要坚持文化自信。"因为"文化自信是基础"，是我们固根守魂、强基铸砥的根本所在，当然就更是精神釉质与动力之源了。正是它，引领并驱动着社会的变革、时代的进步、经济的发展和精神文明的不断增殖与提升。

确然，文化就是思想。就是精神，就是创造性和价值观以及由此所形成的动力与定力。正因为如此，文化虽看似轻盈而柔软，但其内质却至淳至美、至刚至坚、至强至韧，具有涵盖一切的包容性和改变一切的征服力。不管人们自觉不自觉、意识不意识，文化都无时不切中历史的脉动，无处不撄及现实的变革，并在构建社会文明和筑砌精神高地的过程中发挥着无与伦比和无法替代的强大而独特的作用。因此，只有文化自信，才是更基础、更广泛、更深厚的自信。

之所以如此，盖因文化的存在和作用不仅是深邃的、广泛的、持续的，而且它可以励志、养心、明德、积慧，直接作用于人的学养、素质、精神与灵魂，并通过涵养和提升人的全面素质而构建社会文明，点亮精神爝火，驱动创新发展。由于人是社会的主体，是生产力诸因素中最核心、最活跃的因素，而文化的作用又恰恰是以人为对象的，文化始终都在以其所涵负的文明粹质与智慧韶华而全方位地作用于人，并在这个过程中使人变得更具道德感和更有创造力。而人一旦智慧了、淳化了、丰富了、提升了，就自然会生发并释放出强烈的文明因子和巨大的创造力。这便是文化的重要性和不可取代性，当然也是文化自信之所以"更基础、更广泛、更深厚"的根本原因之所在。

马克思指出，人和动物虽然都是生命的存在，但二者却有着本质的差异。因为动物的生命活动只是"生存"，而人的生命活动却是生活。为了生存，动物只有一个尺度，即自己所属的物种的尺度。但为了生活，人却需要同时具有两种尺度，即自身内在本质的尺度和一切物种的尺度，用以使人的全部活力既合规律性，又合目的性，并在实践与实现过程中使二者达到高度统一。这个过程，是人作为人的本质存在的充分体现，而能够使之得以体现的唯一路径和工具，就是文化。因为文化的本质是文明，是智慧，是道德，是创造，人的本质存在之核心意蕴则是心理与伦理，亦即思想、精神、规则、秩序、智慧、操守、价值观与创造力。人正是借此而通过有意识、有目的的规范化生命活动而创造和寻求人生的价值与意义，并在客观上成为构建文明、改变世界、弘扬真理、创造奇迹的有生力量。

二

很明显，在人自身的成长与发展过程中，在社会文明的生成与提升过程中，唯有文化才是其内在因子与不竭动力。而中华民族不但具有悠久的历史和丰富的文化，而且更是所有人类文化文明中唯一不曾中断、不曾泯灭、不曾暌隔的厚重文化与强势文化的创造者和拥有者。在五千年文明的积淀与升华中所形成的中华传统文化，在近百年上下求索、锐志开拓中所创造的革命文化和社会主义先进文化，都给我们奠立了无比强大而厚实的发展根基，也都为我们淬炼和积攒了无穷的智慧与力量。正是这些得天独厚、异彩纷呈的文化果实，源源不断地为我们培育着思想的花朵，驭动着精神的帆樯，铸冶着智慧的宝库，引领着前进的航向，遂使我们在革命、建设，改革、发展的道路上始终充满信心，永远胜利在握。这，不仅是我们建立道路自信、理论自信和制度自信的坚实基础，而且更是我们高扬文化自信的充分理由。因为中华民族悠久而灿烂的传统文化和革命的、先进的社会主义文化，不仅赋予我们以自信的资本，而且给予我们以自信的理由。试看寰宇诸邦国，谁个堪与比并？文化英豪，泱泱中华，五千年文明独傲天下，孰能匹敌！诚如英国学者马丁·雅克所言：“中国文化有很深的根，这就是为什么中国人有很强的历史意识，并会以史为鉴。”

是呀，我们正是通过以史为鉴而编织了实现中华民族伟大复兴的“中国梦”，而选择了中国特色社会主义发展道路，而制定了广泛惠及世界各国的“亲、诚、惠、容”外交路线和“一带一路”经济战略，而用郑和航海、汉唐抚蕃等历史事实不攻自破地将所谓的“中国威胁论”打成齑粉，并以铿锵之声正告世界：中华民族的血液里从来就没有侵略他族他国的基因。正由于人在本质上是社会的、历史的、文化的存在，所以，倚重文化的智慧爝火和文明内核，我们不仅得以精准地辨识方向、选择道路、审定目标、制定战略，而且更能获致不竭的信念、勇气与力量。我们只用短短30年的时间就走完了西方强国在300年间才走完的发展历程。中华民族在五千年文化与文明的簇拥和浸润下而始终步履坚定、目标明确、勇往直前，这是何等的坚毅与豪迈啊！

何以如此？唯因高度的文化自觉和文化自信使我们秉有了强大的力量和坚定的信念。正如习近平总书记所反复强调的那样，“我们走自己的路，具有无比广阔的舞台，具有无比深厚的历史底蕴，具有无比强大的前进定力，中国人民应该有这个信心，每一个中国人都应该有这个信心”。而坚定的文化自信，就正是这信心的强大依托与不竭源泉。因为文化是民族的根和魂，文化是智慧的孵化器与精神的建筑师。文化始终同文明相伴、永远与灵智互促，文化的功能和旨要，永远都唯在于养心、奋志、育德、尚智。正因为如此，文化不仅能使我们对生活和事业、道路和制度、理论和方向充满自信，而且文化自信之本身就是一种“更基础、更广泛、更深厚的自信”。

自信产生力量，力量铸就伟业。而在这个过程中，作为文化自信之大众触媒与基础建构的文艺，则秉有着独特的价值和独具的魅力——它在发挥精神价值、建构道德基石、点燃思想火炬、提升认知能力的过程中，总是以艺术的形式通过审美途径而获得最广大的读者喜爱和社会认同，从而最大限度地将文化自信具体化、大众化、社会化、形象化，以至转换成为炽热的情愫与崇高的信仰。这就是为什么人们在聆听《我的祖国》《红梅赞》《黄河大合唱》等歌曲时，在阅读《红岩》《保卫延安》《青春之歌》《创业史》等小说时，在观赏《西游记》《延安颂》《海棠依旧》《长征》等影视剧时，每每心潮澎湃、热血沸腾，思想获得升华，心灵得到洗礼，人格和精神实现新飞跃与大提升的原因所在。而且这种飞跃和提升每每总是在高度愉悦和高度自觉中加以高度实现的。何以如此？文艺的特殊形态和特殊使然。所以，习近平总书记说：“在人类发展的每一个重大历史关头，文艺都能发时代之先声、开社会之先风、启智慧之先河，成为时代变迁和社会变革的先导。”在这个过程中，坚定文化自信既是文艺效能，又是文艺功能。因为“没有文化自信，便‘不可能写出有骨气、有个性、有神采的作品”。

第二章

文艺是文化自信的大众触媒与基础建构

自信，是人在变革现实、缔建未来、创造世界、成就事业过程中对自我价值、自我作用和自我能动性与创造力的一种肯定性评判与认知，并以此作为精神酵素所形成的进取意识和创新能力。由于形成自信的精神酵素主要集中在思想观念、心理意识之中，而所有这一切又都出于文化范畴并深受文化的浸润和驭动。所以，文化自信也便理所当然地成为了“更基础、更广泛、更深厚的自信”，并从变革现实的实践中自觉地不断地凝聚和升华为“更基本、更深沉、更持久的力量”。

也正是在这个过程中，文艺的地位和作用无以旁贷、至关重要、格外凸显，始终都是形成和提升文化自信的大众触媒与基础建构，并以其特有的范式而广泛地作用于人和社会。

一

文化，既是一个特定的学科概念，又有着宏大的社会意蕴，但不论从何种意义上来界定、来评价，文艺都是文化的集中性体现和典范化表达。这种集中性和典范化主要表现在文艺既是文化的大众触媒，又是文化的基础建构。尽管文化可以包括文教、科技、体育、卫生、伦理、会展以及“大人文”中的文、史、哲、经等所有学科，但文艺则始终都是其中人气最旺、覆盖面最广、渗透性最强、吸引力和感召力最大的基本构件与主体内容，更何况文艺自身就是一个庞大的家族，它包括文学、戏剧、电影、电视、音乐、舞蹈、美术、摄影、书法、曲艺、杂技、民间文艺、群众文艺、艺术教育和文艺评论等。所有这些文艺的门类与品种在构成文化之基座与主体的同时，更为文化赢得了庞大的受众群落和广泛的社会认同，从而极大地提升与加强了文化的辐射力、渗透力和影响力，进而造成文化对社会文明的广泛建构和对“人”的灵魂的能动塑造。也正是在这个过程中，使文化得到了深度的精神渲濡与高度的社会认同，并作为中华民族的精神标志而成为全体人民最为执着、最为向往的热烈追求。想想看，如若在我们的文化苍穹和文明殿堂中没有《诗经》《离骚》《史记》《三国演义》《红楼梦》，抑或失去孔子、屈原、李白、杜甫、吴道之、张择端、关汉卿、王实甫、曹雪芹、吴承恩、鲁迅、郭沫若、齐白石、梅兰芳、徐悲鸿等，那还会是足以崛立世界、令人艳羡的中华文化与文明吗？答案自然是否定的。这说明，文艺不仅是文化的主要构体，而且更是使文化接地气、增人气、生魅力、长定力的基本方式与主要途径，并因此而使文艺理所当然地成为培育和增强文化自信的核心酵素与主体基石。正如习近平总书记所说，一个时代有一个时代的文艺，一个时代有一个时代的精神。任何一个时代的经典文艺作品，都是那个时代社会生活和精神的写照，都具有那个时代的烙印和特征。这就要求文艺创作必须“因时而兴，乘势而变，随时代而行，与时代同频共振”，而决不能“离开火热的社会实践，在恢宏的时代主旋律之外茕茕孑立、喃喃自语”。文艺的任一褊狭、俚俗和平庸、浅悖，就都会连带着伤及文化的核质与功能，使文化构体和效益发生残障，出现萎缩，进而损害文化自信的酵素源流与支撑力量。由此足见文艺之地位和作用的不可或缺性。

事实上，举凡挚笃的文艺创作和优秀的文艺作品，从来就是形成和提升我们全民族文化自信的精神引擎与道德砥石。由《诗经》《离骚》所开启和引领的文艺创作不仅清明了政制，丰赡了人心，强化了文以载道，唱响了爱国主义，而且更以充满人格魅力和道义力量的创作实践确立了文艺对理智和文明的引领功能与主导作用。“仁”是孔子政治伦理思想的核心，但实现这一思想的方法与方略，则在于制度与文艺所形成的强大合力，他说：“移风易俗，莫善于乐；安上治民，莫善于礼。”这里的“乐”，主指音乐和诗歌。显然，孔子的倡“乐”，是同立人治世、树德懿志紧密相连、因果相袭的，也就是要着力给人形成一种自强与自信的品格和心志。围绕这个目标，孔子下功夫对自西周至春秋中期所传世的3000首诗歌进行校雠整编，共从中筛选出305篇，分为“风”“雅”“颂”三类编订成册，即为流传至今的《诗经》。孔子说“诗”的作用乃为提升道德情操，观察风俗盛衰，激扬创业精神，评判政令得失。这不就正是对文化自信的激扬与铸冶吗！以诗济世的屈原，与孔子不同的是他以诗歌创作承载深重的政治理想，寄寓如火的爱国热情。屈原一度身处楚国的政治中心，对民情国运、世态人心具有切身体验和充分理会。而也正因为如此，当他因谗受诬、由妒获辱之际，便对国家的衰亡和人民的痛苦产生了沉重的忧戚和真切的感悟。而当他将这种发自内心深处的政治意念与情感热流犹如瀑布般地倾泻到诗歌创作中时，便幻化成为炽热的百姓情怀和强烈的爱国主义。是啊，在以《离骚》为代表的屈原所有的诗歌创作中，我们不就仿佛都能看得见楚怀王、楚襄王的狞颐与靳尚、子兰的魔影吗？而那踽踽然踯躅在沅、湘之间旷莽大地上的三闾大夫，虽则散发披肩、衣履褴褛，但却犹如一轮高高升起的太阳般温暖、骄艳、韶华炯炯、光芒四射。而这，便是爱国主义在中国文艺中的激情滥觞，其所表现和传递的自然是一种昂扬的崇高与坚定的自信。

这种崇高与自信不啻为中国文艺的思想源泉与精神砥石，更在岁月的凝积与沧桑的历练中逐渐成为一种传统、一种风格、一种向往与追求。两千多年来，中国文艺正是以这种传统、风格、向往和追求作为底色和旗旌而一程又一程地发展着、延续着，并形成了一条闪耀着珠光宝气的艺术长廊，直使文化自信成为中华民族的一种固有的精神光彩与思想素质，并以此作为醇醪而形成了一种中华民族特有的人格魅力与价值观念。

二

从优秀的传统文化到战斗的革命文化，再到社会主义先进文化的形成与发展，就都是这一精神光彩和思想酵素的还原与再生。特别是进入现代以来，革命力量的激荡和创新热情的勃发，更为文艺创作实现新提升和大突破氤氲了适宜气候，创造了有利条件，形成了温润环境，积累了丰厚土壤。以鲁、郭、茅、巴、老、曹为代表的一大批革命的、进步的、先进的文艺家的出现，就是在这一特定时代条件下所结出的文艺硕果。这些杰出的作家连同冼星海、梅兰芳、齐白石、徐悲鸿、贺敬之等艺术大师，共同构造了中国现当代文艺的新阵营与大格局。他们的创作虽然自呈异象、各有千秋，但一个共同的优势和特点，则是身在生活，心系人民，始终站在时代的前沿，精准把握历史的走向，直接参与社会的变革，深切领受思潮的洗礼，并据此而作出评判，抒发情愫，充分调动艺术手段对生活和时代加以诗意化、哲理化、典型化的写生与描摹，特别是通过思想触角和美学气韵而强烈地艺术地将民族自豪感和文化自信心加以形象化、立体化地展布与表达，从而在增强文化自信之定力与质感的同时，更使文化自信得以融入生活、植入心田，成为中华民族的精神爝火和中国人的性格底色，诚如习近平总书记所指出的那样，“中华文化独一无二的理念、智慧、气度、神韵，增添了中国人民和中华民族内心深处的自信和自豪”。

这种自信和自豪，我们不仅能从优秀的文艺作品中获得感知，而且它更深深地渗濡在我们的性格与言动之中，成为我们的思想圭臬与行为范式。从杜甫的《望岳》、文天祥的《过零丁洋》，到鲁迅的“寄意寒星荃不察，我以我血荐轩辕”“横眉冷对千夫指，俯首甘为孺子牛”“心事浩茫连广宇，于无声处听惊雷”，从《三国演义》的舌战群儒、火烧连营、关云长过五关斩六将、赵子龙鏖战长坂坡，到《西游记》中唐僧师徒虽经历九九八十一难而仍不改初心，执意取经，并终成正果，乃至当代文艺佳作《红岩》《红旗谱》《雷锋之歌》《义勇军进行曲》《黄河大合唱》，甚至就连李苦禅的“雄鹰”、徐悲鸿的“奔马”、张大千的“清荷”、黎雄才的“劲松”、关山月和傅抱石的《万山红遍》《江山如此多娇》等，也都充盈着一种强烈的自豪感与自信心！

文化自信不仅是一种教义和理念，它更主要、更普遍、更本质、更常态的，则是一种心志、气质、精神、誓愿。文艺作品中所描绘、所表现的先进人物和英雄气概，所摹写、所激扬的清明环境与高尚品格，所渲染、所讴歌的刚健情愫与纯正心态，其在本质上便都是对文化自信的艺术化诉述与形象化表达。当我们站在《江山如此多娇》巨幅国画前极目观望时，当我们耳畔响起《红梅赞》《绣红旗》的嘹亮歌声时，当我们聆听《雷锋之歌》《十月赞歌》《桂林山水歌》的诗歌朗诵时，当我们在《红岩》《红旗谱》《青春之歌》《创业史》《林海雪原》《野火春风斗古城》《白鹿原》等长篇小说中同江竹筠、朱老忠、林道静、梁生宝、杨子荣、杨晓冬及金环银环们耳濡目染、心会神交时，一种强烈的自豪感和自信心便会从内心深处喷薄而出、升腾而起，并使周身充满足以压倒一切、战胜一切的力量与勇气。这是什么呢？这便是文艺对文化自信的艺术化、具象化构建过程与审美化、大众化传播方式。文艺的这种大众化传播方式，是任何其他文化形态都无法企及的。像《红岩》《青春之歌》《保卫延安》《林海雪原》《创业史》等长篇小说的印行量，都在千万册以上；像李白、杜甫、白居易的诗歌，已在一代又一代中国人的心目中定格为永恒的精神架构与情感热流；像《白毛女》《江姐》《万水千山》《长征》等剧作和影视作品，皆已成为人们力量的源泉和信念的依托。抗战结束时，毛泽东主席赴重庆谈判，未曾开谈，即以先行发表的《沁园春·雪》而在精神和信念上击垮了敌人，取得了战略上的主动与强势。正如习近平总书记所说：“文化的力量，或者我们称之为构成综合竞争力的文化软实力，总是‘润物细无声’地融入经济力量、政治力量、社会力量之中，成为经济发展的‘助推器’、政治文明的‘导航灯’、社会和谐的‘黏合剂’。”而文艺，则恰恰就是在文化实现这种个性化、柔性化转换与升华时发挥着独特而巨大的作用，它“从中华文化宝库中萃取精华、汲取能量，保持对自身文化理想、文化价值的高度信心，保持对自身文化生命力、创造力的高度信心”，并务求自己成为激励中国人民和中华民族不断前行的精神力量，成为中华民族最深沉、最广泛的精神追求，成为代表着中华民族独特的精神标志，在人类发展的每一个重大历史关头，都能发时代之先声、开社会之先风、启智慧之先河，并足以成为时代变迁和社会变革的潮头与先导。

文艺必须如此，文艺必然如此，文艺必定如此。因为“文艺的性质决定了它必须以反映时代精神为神圣使命”，而文艺的形态和形式又最便于和宜于走向社会、深入群众，让人们在艺术的欢乐和审美的愉悦中欣然接受，并在这个过程中实现养心、明德、激志、增智的综合效应与全频感应，进而从心灵深处和精神高处培植昂扬的自豪感，筑砌坚定的自信心，铸冶先进的价值观。

第三章

从“我”走向“我们”：文艺服务人民的路径与方略

服务人民、歌颂人民，永远都是文艺的使命与天职。而要做实、做好、做到尽善尽美，一个不可逾越的逻辑起点，便是作为创作主体的作家、艺术家，必须高度自觉、卓有成效地实现从“我”向着“我们”的立场转换与精神升华。因为文艺创作的对象和源泉是生活，而生活的动力和核心是人民，这就天然地决定了人民在文艺创作中的主体地位与主导作用。在创作实践中，尽管作家、艺术家有着勘定作品主题和选择描写对象的充分自由，尽管可资选择和描绘的题材与对象纷繁宏富、多彩多姿，但对于创作主体而言，其首先和始终都必须予以高度关注与倾情书写的，则永远都是人民。因为只有人民才是文艺的永恒动力与不二主体，才能赋予文艺以强烈的感染力与永恒的生命力，也才能使文艺在历史的衍进与时间的流逝中永葆活力、永存魅力、光彩灼灼、韶华四射。

正是在这个意义上，习近平总书记指出：只有人民，才是历史的创造者和时代的雕塑者，并因此而要求文艺工作者必须“坚持以强烈的现实主义精神和浪漫主义情怀，观照人民的生活、命运、情感，表达人民的心愿、心情、心声，立志创作出在人民中传之久远的精品力作”。

一

文艺之所以要服务人民、表现人民、歌颂人民，始终以人民为主题和主体，这不仅因为人民是生活的创造者、社会的变革者和时代前进的驭手与推手，而且还因为以人民为主体的现实生活，始终都是一切文艺创作的强大胚基与不竭源泉，同时也是一切优秀文艺作品的审美主体和评判主体。由此而决定了文艺同人民的血肉联系与主从关系，甚至我们完全可以这样说：只有人民，才是文艺的活力源与生命线。而一旦离开人民，文艺就自会变为无本之木与无源之水，哪里还称得上什么充满活力与魅力的艺术生机和审美创造呢！实际上，文艺作品的生命力与感召力，从来就是基于和源于对人民的真切摹写和崇高礼赞，并因此而获致广泛的社会认同与大众认可，进而转化成为社会变革与时代进步的强大推动力。像列夫·托尔斯泰的《战争与和平》、维克多·雨果的《九三年》、果戈理的《死魂灵》，像绥拉菲摩维支的《铁流》、法捷耶夫的《毁灭》、奥斯特洛夫斯基的《钢铁是怎样炼成的》、高尔基的《母亲》，像鲁迅的《阿Q正传》、茅盾的《子夜》、巴金的“激流三部曲”、郭沫若的《屈原》和《女神》，像杜鹏程的《保卫延安》、梁斌的《红旗谱》、杨沫的《青春之歌》、李英儒的《野火春风斗古城》，像柳青的《创业史》、周立波的《山乡巨变》、路遥的《平凡的世界》、魏巍的《地球的红飘带》、陈忠实的《白鹿原》、铁凝的《笨花》、阿来的《尘埃落定》、张炜的《你在高原》《古船》等作品，就都以不同的方式对不同时代的社会变革和历史变迁起到了激励和推动的积极作用，并为特定的时代和特定的人群树立了前进的路标、擎起了精神的旗旌，造就了一个时代的社会风范，特别是在深层次上氤氲出一种强大的集体无意识。尤有甚者，19世纪美国内战之前最畅销的小说《汤姆叔叔的小屋》，竟能以文学自身的力量而引发一场促使社会发生急遽变革的国内战争，并通过战争而改变了美国的社会结构与社会形态。

所有这些作品的一个共同特点，就是赋有鲜明而强烈的人民性，并因此而深得人民的认同与接受。文艺家从人民的生活中汲取营养、选择主题、描画特定的生活情境、塑造具有历史特质和时代意义的典型形象，且以艺术的形式将之作为审美对象而返还给人民大众，使之从中得到启迪，受到鼓舞，获致思想感召、艺术熏陶和道德的纯化与升华，从而孳衍出文明的社会因子与精神的不竭动力，用以推动历史的进步和社会的变革。这便是文艺与人民之关系的内在机制与辩证法则，这同时也是文艺的生命核质和价值源泉。由此可见，文艺与人民的关系不仅是彼此相依的，而且是血肉交融的，在互有所恃、所倚、所凭、所契的前提下，文艺对人民的倚重则是基础性和根本性的。这也就是说，文艺一旦离开人民，其生命之火便必熄灭，其艺术之花便必凋萎，其功能之效便必摧折，其审美之韵便必泯灭。当然了，人民也自然会随之而失却来自文艺的思想烛照与美学滋养，进而陷入文明的荒原与精神的凹地，乃至造成一定程度上的人格矮化与生活鄙陋。

显然，在文艺与人民的关系中虽有主从之分和本末之序，但其在总体上、全局上和常态上，则是谁也离不开谁。只不过人民永远都是文艺的生命之源，而文艺始终只是人民的精神花朵与思想蓓蕾，并由此而决定了文艺对人民的无条件倚重与依赖。这种关系，就像鱼和水的相生相依、各得其所一样。鱼固然因为有水才能生存，而它同时也赋予了水以生机与活力。我们说生活是文艺的源泉，而人民则是生活的主人。任何瑰奇壮美、五彩斑斓的生活，都既是由人创造的，又是由人维系的。离开人，尤其是离开人的群体，即人民，一切所谓的社会生活便都必将化为乌有、不复存在。所以，从根本上说，生活乃为文艺之源的实质，即是说人民乃为文艺之本。而“本”者，根源之谓也。这说明，只有人，才是文艺的本源。而人民则是一个极具包容性和创造力的大众集合。

正是在这个意义上，习近平总书记深刻指出：“人民需要艺术，艺术更需要人民。”“文艺创作方法有一百条、一千条，但最根本的方法是扎根人民。只有永远同人民在一起，艺术之树才能常青。”为什么呢？就因为人民永远都是时代变革和社会进步的原动力，也永远都是生活的创造者、驱动者和主人翁。这就自然决定了一切文艺创作都应当和必须皈依人民，表现人民，服务人民，歌颂人民，从人民所创造的历史鸿绩与现实生活中汲取源源不断的丰富营养，并以之为据、为范而采用多彩多姿的笔触全方位地描画和表现人民变革现实的伟大实践及其无限丰富的内心世界。特别是要充分运用现实主义与浪漫主义相结合、相融会的创新精神和典型化的创作方法为人民造像，替人民抒怀，对人民施以满怀激情的礼赞与歌吟，将人民的理念、智慧、气度、神韵艺术化，使人民的情感、心愫、梦想、追求典型化，从而以人民为时代之主体和生活之主人而惊艳式地开启世纪大幕，创造性地激扬改革精神，全方位地展现民族风采，高频次地唱响中国旋律，在使文艺从人民中汲取充沛的激情、睿慧的哲理和昂扬的诗情画意的同时，更使人民从文艺中收撷丰盈的精神果实和饱满的获得感。这就要求文艺家必须高度自觉而有效地深耕生活、贴近人民，始终以高于生活的标准来提炼生活，真诚地把人民的喜怒哀乐融会于自己的心中，倾注在自己的笔端，满怀诗意与激情地讴歌奋斗人生，刻画最美人物，从平凡中发现伟大，从质朴中发现崇高，从本色中发掘和表现明亮的心灵与真诚的人生，从而通过深刻提炼生活而达臻精准表现生活与全面展现生活的高度、深度和优渥质朴的本色与底色。

这一点非常重要。因为只有这样，作家、艺术家才能接住地气、增加底气、涵养浩气、勃发生气，使创作处于游刃有余的丰裕状态，以致获具素材存贮与笔力运达的高度自由和自如。实际上，优熠厚重的文艺作品大都是在这种状态下创作出来的。而也只有当作家、艺术家处于这样的状态和秉具这样的优势时，才可望创作出深为时代和人民所接纳、所嘉许的优秀作品。马克思曾屡屡盛赞海涅、歌德、雨果、巴尔扎克等人的创作，其枢密就在于这些作家毕其一生的创作都与广大人民和主潮生活实现了全程对接与深度交融，从而使其作品不仅是对时代变革的艺术化影印，而且更是对生活脉动的形象化触发，并因此而使之与广大人民群众产生了深刻的通感和高度的契合，以致成为彪炳史册的艺术碑碣与精神永恒。正是在这一背景下，马克思才深刻指出："人民历来就是作家'够资格'和'不够资格'的唯一判断者。"而巴尔扎克之所以会以文学的方式熠然跻身于社会变革的"书记员"地位，并因此而膺获显赫的荣耀，成为人民的心灵镜鉴与精神牧师，关键就在于他不仅具有走向人民和尽瘁大众的情感与心愫，而且更以实际行动兑取了这种愿景与信念，从而真正实现了对社会、对时代、对生活、对人民的至情至爱。这不仅使他的作品秉具了强烈的时代风采，而且更渗濡着淳厚的大众情韵。之所以如此，诚如马克思所言："巴尔扎克是一位对社会现实有着深刻把握的卓越作家。"

实际上，这并不是个例，而是对文艺法则的实践性体现。也就是说，只有对人民始终报以真诚与淳挚的创作者，其所收获的才定然会是人民的青睐与厚爱。诗，为什么会成为唐代的文学主体形式？词，又何以会在宋代主持中馈、大放异彩？就因为各自具有一批深怀人民意识、广聚大众情愫的创作者们运用这种形式写出了深获读者认同与赞许的优秀作品，并因此而使这种文学形式成为人民的尊崇和最爱，而当这种审美意向通过多种途径折返到诗人群落并成为强大的社会舆情时，便会激励和鼓舞更广大的创作者们争相以诗明志、以诗抒怀、以诗记人、以诗叙事的志趣与热情。于是，诗，便自然成为了唐代文学的主体样态和主流范式。有了这样的社会审美走向和特定人文环境，好诗歌和大诗人的蝉联出现，也就实在是一种必定与必然了。而此中最为大众喜爱的优秀之作及其创作主体的一个显著特点，便是强烈的人民性和人民对之的高度认同感。一如李白、杜甫、王之涣、刘禹锡、白居易、王昌龄、孟浩然、李商隐等。不仅其"会当凌绝顶，一览众山小""烽火连三日，家书抵万金""朱门酒肉臭，路有冻死骨""何时眼前突兀见此屋，吾庐独破受冻死亦足"之类诗句被广为传诵，而且就连诗人本身也会成为大众效法的榜样与崇拜的偶像。作为"诗仙"的李白和作为"诗圣"的杜甫，正是在此种情况下拥有了广大的读者群，就连白居易也成为深得大众拥戴的风靡人物。不仅他的诗在老翁、老妪口口相传中广为流布，而且更有人将他的诗抄写在周身上下的衣服表面四处炫耀。从这样的文学"疯狂"中，足见其人民性的广阔覆盖。宋词的情况也大致如此。辛弃疾、李清照、陆放翁、文天祥等人的词作不仅有深厚的群众基础和浓炽的人民性，而且也已成为国魂的烛照与民众的心音，其中几乎每一个字词都赋有深刻的社会性和搏动的家国情。正是由于这些词作既着眼于、着力于人民大众，又寄情于、寄意于人民大众，所以便深获人民大众的热捧与挚爱，从而在国脉与人心的共同搏动中形成了一个蔚为壮观的词的时代、词的世界、词的新格局与大气象。而在这个过程中，人民大众始终都是发挥主体和引领作用的机制与动能。

此种现象作为规律，作为通例，是极具广普意义与范式效应的。在任何时代、任何社会，文艺的生命力都是这样形成的，文艺的影响力都是这样发挥的。因为文艺在本质上从来就是人民的事业，既因人民而生成，又因人民而发展。一旦离开人民，文艺就会既没有生成和存续的条件与必要，又失却繁荣和发展的气候与土壤。因此，文艺永远都是特定时代和特定社会条件下的精神花朵与艺术果实，而时代、社会、生活的主人，又永远都是人民，这就天然地形成了文艺与人民的血肉关联。在大变革的时代和大发展的社会中，尤其如此。这使鲁迅的小说、冼星海的歌曲、徐悲鸿的绘画、贺敬之的诗歌等，都无一例外地成为了一个特定时代的美学符号与精神标志。同样，从杜鹏程的《保卫延安》、罗广斌和杨益言的《红岩》、到丁玲的《太阳照在桑干河上》、柳青的《创业史》、赵树理的《三里湾》、周立波的《山乡巨变》，再到陈忠实的《白鹿原》、路遥的《平凡的世界》等长篇小说所体现和所传递的，不就又都无一例外地成为他那个时代人民创造历史奇迹、推动社会前进的英雄行为与美好愿景的生动写照么？

确乎如此。正如习近平总书记所说：“古今中外，文艺无不遵循这样一条规律：因时而兴，乘势而变，随时代而行，与时代同频共振。在人类发展的每一个重大历史关头，文艺都能发时代之先声，开社会之先风，启智慧之先河，成为时代变迁和社会变革的先导。”而在这个过程中，人民始终都是核心，是主体，是永恒的基石与动力。所以，文艺表现生活、反映时代、描绘社会的本质，就都是要服从和服务于人民大众的。也正是在这个意义上，高尔基指出："文学即人学。"而人民则是对"人"的高度概括与集中体现。因为人民从来就不是抽象的符号，而是一个一个具体的人的集合，是对极具个性化、创造性、意志力和感情色彩的芸芸众生的集中而统一的称谓。故此，"人民"虽只是由两个字符组成的集体称谓，但其中却有着大内存、大世界、大乾坤。对此，创作者不仅需要仰视，需要敬畏，而且更需"用心用情了解各种各样的人物，从人民的实践和多彩的生活中汲取营养，不断进行生活和艺术的积累，不断进行美的发现和美的创造"，务须把人民的冷暖和幸福放在心中，把人民的喜怒哀乐倾注在自己的笔端，以求通过典型化的艺术途径而讴歌奋斗的人生历程，塑造光鲜的人物形象。

二

文艺的核心旨要和崇高使命，永远都在于通过审美途径以艺术的方式表现人民、服务人民、歌颂人民、鼓舞人民，在使人民不断得到充实和提高的同时，更赋予人民以创造的激情与文明的粹质。而为了实现这一目标和完成这一任务，创作主体就必须实现从"我"跻于"我们"的认知转换与精神升华。这一实现过程不啻是思想与艺术的提升和飞跃，更其具有革命性质与本质意义，并因此而必定会给创作带来全新的变化和巨大的起搏，足以使浅薄变为厚重，低俗变为淳雅，冷漠变为热烈，猥琐变为崇高。历来的好作品和大作家，就都是在实现了这种根本性的转换与飞跃之后，才得以形成和出现的。否则，只蜷缩在自己的生活小天地中，只看见自己头顶那一小块灰蒙蒙的天，只恋栈于自己的小情感、缱绻于自己的小人生、纠结于自己的小得失，终日不厌其烦地咀嚼着自己的小悲欢和小算计，并将之扩容、放大到足以覆盖全世界，处于这样的生活领域和精神境界，乃是尽管才高八斗、笔走龙蛇，也终究无法写出好作品和大作品来的。因为生活的内容决定作品的内容，精神的高度决定创作的高度，一旦暌隔生活主潮和疏离人民大众，一切所谓的创作也就只能是水花镜月、涸辙之鲋了，不但会尽失元气，而且会陷于孤岛，只能在人生大社会与时代主旋律之外茕茕孑立、喃喃自语。基于此，习近平总书记指出：人民需要艺术，艺术更需要人民。这就决定了历来的史诗都必然和必定是从人民的创造性生活中提炼、概括出来的，这同时也就决定了“走入生活、贴近人民，是艺术创作的基本态度；以高于生活的标准来提炼生活，是艺术创作的基本能力”。因而，“社会的色彩有多么斑斓，文艺作品的色彩就应该有多么斑斓；社会的情境有多么丰富，文艺作品的情境就应该有多么丰富；社会的韵味有多么淳厚，文艺作品的韵味就应该有多么淳厚”。然而，做到和实现这一切的前提条件，则唯在于创作主体首先必须挚爱人民，深入生活，关切并参与时代的变革和社会的衍进，时刻把创造历史的黎庶百姓放在心中，始终争做新生活的创造者和大时代的弄潮儿。

只有在具备了这个条件、打牢了这个基础之后，才可望创作出彪炳时代、深孚众望、激励人心、驱动发展的壮美篇章与瑰丽画卷，才能真正实现文艺服务人民、歌颂人民、提升人民、激励人民的愿景与旨向。然而，就现实的创作而论，却常常会出现误区和悖论。其中最突出的表现，就是一些作家、艺术家在创作实践中往往会自觉不自觉地将自我强化，将人民虚化，将社会淡化，将生活固化。其结果，常常就是心想着种下的是龙种，而实际收获的却是跳蚤。仅以纸质为载体的作品而论，我们现在每年都有数千部长篇小说、数十万篇（首）散文和诗歌，影视作品的年产量也大都各在六七百部以上。仅以这样的创作量而论，无疑是丰硕的，但其中留得下、叫得响、传得开的作品，有骨气、有个性、有神采的作品，被广大人民群众交口称誉、争相观览，心投意契、奉为经典的作品，却毕竟还是鲜见难觅的，也就是总书记所说的“有‘高原’缺‘高峰’”吧！造成此种情况的原因可能有许多，但其中一个切中命门的原因，则是对人民的弱化、淡化、虚化和对自我的强化、显化、异化。在一些创作者的心中和笔下，“人民”只是说起来重要，做起来次要，创作时不要的子虚乌有，而自我的心绪与思路、感观与体验、情愫与志趣、意态与欲望，才是真真灼灼的存在，才需洋洋洒洒地表露。于是，在这些创作者们的作品中，人们所看到和感到的，便只有“我”的赫然存在与无限放大，而终归难觅

“我们”的些许身影与心音。应当说，这，才是造成创作“有‘高原’缺‘高峰’”的根本原因与重大牵掣。

曾记否，在我们新时期的文艺履迹中，不就接踵而至地经历过“无主题”“写真实”“去英雄化”“泛娱乐化”“非典型化”“表现自我”“远离生活”“消解政治”“躲避崇高”“去思想化”“去价值化”“去历史化”“去中国化”“去主流化”等思潮与“主义”的裹挟和侵扰么！这显然是进入了一个认识误区，并在一定程度和一定范围内把文艺创作拉进了雾界，推入了泥淖，使之失却正确的方向和科学的遵循，以致造成创作思想的惑然与创作实践的茫然，有相当一部分文艺家和文艺作品就是在这种情况下迷失了路径和方向，形成了积垢和痞块，产生了滞胀和扭曲，乃至一个时期以来的部分文艺创作屡呈低俗、畸靡与怪异之象，不仅销蚀了文艺的思想涵负和美学光彩，而且也衰减了受众对文艺的接受度和认同度。而造成此种情形的根本原因，就在于文艺创作对“人民”的消解与放逐。因为在文艺创作中，当正确方向、先进思想和高尚艺术遭遇蚕食和倾轧，其价值与作用也就自会随之而出现递减乃至销铄。

其实，真理往往并不复杂，并不玄奥，真理的最大特点，就在于简明扼要、一语中的、切中宏旨。而非真理、非道义的论说反倒常常会标奇立异、故弄玄虚、莫衷一是，直让人眼花缭乱、心旌倏忽、不知所措、无所适从。上述文艺上一度出现的种种主义、口号与思潮，其实就都是炒冷饭而充奇货、假秕糠而卖新鲜的做法，无非是想要以之弱化、颠覆乃至取代文艺的人民性、先进性、时代性、社会性、高尚化、典型化、民族化这些至尊而又永恒的原则与原理。可不啊，一位颇有建树的文坛宿将就曾深为感慨地说过，那些刻意在制造主义和口号的所谓创新者，其实是因为看到在他前面有太多的现实主义大师群星灿烂，有太多的现实主义作品高峰林立，自己却既没有能力和勇气去追攀、去比及，而又觊觎着那峰顶的光荣与崇高，于是便祭出种种稀奇的主义和口号，以期抄小路、绕斜路攀高折桂，实现愿景。不过，这显然是不可行、不实际的。而可行的、实际的方向、方略和方法，则笃定永远都是以人民为主体和主人的改革时代与现实生活。这也就是说，人民性始终都是正确的创作思想和先进的美学意涵的基石与酵素，同时也必定和必然是先进文化与现实主义的核质和胼体，并由此而决定了中国特色社会主义及其所附丽的现实主义，特别是现实主义与浪漫主义相结合的创作道路和创作方法、典型化与多样化的美学法则和艺术方法，永远都是对人民性的最大包容与最佳表达。故此，我们的文艺要秉持中国作风和中国气派，要用中国方式讲好中国故事，就务须做到热络大众情结，凸显改革潮流，强化社会意识，紧扣生活脉动，始终把人民看在眼中、揣在心中、融在情中、化在笔中，以充满豪情的壮丽笔触全方位、多角度、深钩稽、广辐射地描绘和表现人民的精神风貌与生活图景，多姿多彩地提炼和描摹“我们”的创造性劳动与开放式生活，并以之深度体现改革时代的大情怀与新景致。这就要求创作主体首先必须走出“自我”，走向人民，真真切切地在从“我”走向“我们”的实现过程中进行彻底的立场转换与高度的精神升华。不仅要身入人民，而且更要心系人民，在为实现“中国梦”的共同奋斗中与广大人民群众时时相惜、事事相济、处处相融、心心相印。只有这样，才能了解人民、挚爱人民并通过体悟人民的意态和谛听人民的心音而将其写“真”、写“深”、写“活”、写“美”，从而以艺术的方式为改革时代的中国人民立丰碑、著青史、筑高台、唱大戏，同时也借重人民的力量而使自己的作品成为民族的芯片与精神的标志，一如习近平总书记所期冀、所要求的那样，始终坚持以人民为中心的创作导向，坚持为人民服务，为社会主义服务，坚持创造性转化和创新性发展，始终“高举民族精神火炬，吹响时代前进号角，把艺术理想融入党和人民事业之中，做到胸中有大义、心里有人民、肩头有责任、笔下有乾坤，推出更多反映时代呼声、展现人民奋斗、振奋民族精神、陶冶高尚情操的优秀作品，为我们的人民昭示更加美好的前景，为我们的民族描绘更加光明的未来”。

这是期待，这是要求，这更是冀望与指令！我们必须做到，我们定当做到。而我们得以做到的基础和前提则是，我们的心和我们的笔始终都原原本本、真真切切地服膺人民、皈依人民、奉献人民、歌颂人民，因为人民永远都是时代的中坚、生活的主人、改革的动力、文艺的母亲。

进军吧！让广大作家、艺术家在从“我”走向“我们”的进军中始终斗志昂扬、意气风发，永远凯歌高奏、旌旗猎猎！

第四章

只有坚持“不忘本来”、科学“吸收外来”，才能更好地“面向未来”

习近平总书记指出：“精品之所以‘精’，就在于其思想精深、艺术精湛、制作精良。”在这里，一个“精”字气象万千、风光无限，说尽了文化之旨要，道破了文化之玄机。因为“精”不仅是文化创造和文化产品的最佳状貌，而且更是文化生成的奥秘与关津，即创造、创立与创新。

一

创新，是民族的灵魂，是时代的亮点。

实施文化创新，既是一个簇新的战略举措，又是一个重要的战略目标。采取这样的举措和确立这样的目标，其本身就是一项巨大的变革，就是为实现社会进步、民族复兴和可持续发展的一个极具前瞻性和全局性的战略步骤，同时又是现实的需要和历史的必然。因为整个世界都在怀着殷切的企盼和迈着急促的步伐快速走向全新的文化时代。与此同时，文化自身也在以前所未有的实力、活力与魅力吸引和感召着人们快速向它靠拢，向它集结，并以它为核心而形成足以创造光辉未来的时代的大潮流与创业的主力军。

如果说在20世纪初叶以前，人们主要是通过战争开拓疆土、兴殖农耕而实现发展的，在20世纪的中叶以后人们主要是通过采掘资源、经营工商而实现发展的，那么，从20世纪的末叶开始，乃至在整个21世纪及其之后的漫长岁月中，则主要应是以文化为动力而实现发展的，也只有通过文化才能真正实现发展。因为人类社会的发展是有其内在的和固有的逻辑性与规律性的，是分为不同的层次、品位和阶段的。人们只能认识它、顺应它、把握它、驾驭它，而决不能超越它和违拗它。否则，就不仅会欲速则不达，会事倍功半，会事与愿违，而且还难免要受到惩罚。我们必须认识这一点，并落实到工作实践中，这就叫实事求是，这就是与时俱进。

在现代社会和未来的时代中，文化何以会越来越成为求得发展和实现发展的资源体和驱动力呢？这是由时代、社会和文化自身的性质、特征、功能与内在要求所决定的，是社会进步与生产力发展的必然趋势和必臻境界，它与人的精神和智能的完善与提升既是相匹配的，又是相促进的，当然它更是社会在文化的支配和驱使下不断走向智慧、文明与发达的历史刻度与时代标志。

世界上的万事万物都是在不断的变化中实现着进步和发展的。变化是绝对的，运动是绝对的。但是，在物质世界中，任何运动和变化都是纯粹客观的和纯粹自然的，它属于物理现象。正因为这样，其运动和变化所产生的结果，也就未必一定是积极的和有效的。只有在文化的作用下，这种运动和变化才能向着正确的方向发展，并形成文明的丰硕成果和产生积极的社会效应。地球已经有46亿年的历史了，生命也已有1亿年以上的历史了。与此相比，人类的生存史和发展史显然是微不足道的，人类社会的形成史和发展史显然就更微不足道了。但为什么相对而言在人类社会的并不太长的发展过程中，却能大大地改换并提升了地球在此前的几十亿年的运动和变化所形成的自然状貌呢？就因为人是有文化的动物，社会是有文化的存在。人和社会都是在文化的洇渗与作用下而进行着劳动与创造，形成了意识与美感，产生了文明与智慧。显而易见，我们今天所拥有的一切，都是文化与文明的积累与结晶。没有文化的亲情眷顾和刻意雕琢，世界就还会停留在洪荒时代。我们人类也就还会是猴子，到现在仍旧照样四肢着地，与动物为伍。

人与人类社会正是在文化的伴随下，一步步地走向了文明与发达。在这个过程中，始终都是文化的性质与程度决定着人与人类社会的性质与程度。正是这由低级向高级发展的文化的历史，决定了人和人类社会由低级向高级发展的历史。这说明，即使是对于具有改换和提升人与社会的力量的文化来说，其自身也须不断地在探求中实现发展与提高。只有文化的不断发展与提高，才能使人与人类社会不断地实现相应的发展与提高。

这是什么呢？这就是文化创新。这也同时就是我们必须不断地进行文化创新的社会诉求与科学依据。

显然，人和人类社会是借重于文化才得以进步和发展的，而文化则是只有借重于不断的创新才能获得生机和力量。人类社会发展的历史实践早已证明：只有具有了充分的生机与活力的文化，才能更有力和更有效地推动人和人类社会走向文明与发达。

正是在这个意义上，马克思在论证人与人类社会的历史进程和发展动力时，才强调指出人在有目的的“生产”中“对对象世界的改造”和“有意识的生命活动”的极端重要性。马克思更进一步深刻指出：“人的万能正是表现在他把整个自然界——首先就它是人的直接的生活资料而言，其次就它是人的生命活动的材料、对象和工具而言——变成人的无机的身体。”事实正是这样。人类正是在充分拥有了迸发着创新的激情与活力的文化的情况下，才能展开对“对对象世界的改造”和进行“有意识的生命活动”，也才能利用自身的智慧和文明从自然界中获取生存与发展的物质条件并有能力不断地丰富和改善这种物质条件。社会生产力的发展过程，实际上就是文化通过“人”或曰“人”通过文化而作用于自然界的过程。对于这一点，古代的人们虽然不能从理论上进行阐释和构建，但却亦能在社会生产实践中明显地完成意识的形成。《旧约》中所讲的“创世纪”的故事，以及与此相关的“伊甸园”和“诺亚方舟”的故事等，就是这方面的例证。在这些故事中，上帝不但是至高无上的，而且是无所不能的。他居然能用六天的时间创造了一个丰富多彩的大千世界。第一天，上帝创造了天地，创造了昼夜；第二天，上帝创造了空气；第三天，上帝创造了海洋、陆地、花草树木；第四天，上帝创造了太阳、月亮和星辰；第五天，上帝创造了鱼类、鸟类和各种水生动物；第六天，上帝创造了牲畜、野兽、昆虫，又照着自己的形象创造了男人和女人，并赐福给他们，责成他们不断生养传世，认真管好大地，管好海中的鱼、空中的鸟和地上的万物。第七天，上帝的创世工作结束，便休息了，称为“安息日”。我们今天所过的星期天，即缘起于此。

创世纪的故事，实际上是以浪漫主义的手法揭示了文化作用于自然而形成社会文明的规律与奥秘，其中的“上帝”实际上就是文化，只不过这里的文化被包裹了一层“灵光”和一圈“圣晕”而已。事实上，人类社会正是这样在文化的扶掖和引导下一步一步地走过来的。有许多在今天看来很不起眼的东西，如火、陶罐、粗糙的打磨石器等，都对人和人类社会的发展起到了划时代的至关重要的作用。有了火，人们由吃生肉变为吃熟肉，这对人的发育产生了质的飞跃。有了陶器，人们由火烤肉变为火煲肉，这对人的发育，特别是对人脑发育来说，又是一次质的飞跃。至于打磨石器，则标志着人的劳动从此由本能劳动变为智慧劳动，同时也空前地提高了生产力和生产率。我们现在所享受的现代文明生活，我们人类现在所具有的高度智慧和创造力，就是这样由低到高、由简单到复杂、由愚蛮到文明一步一步地发展起来的。鲁迅曾经说过，人类社会发展的历史就像一根长链子。这长链子中的每一个环节都是不可或缺的，都有着别无替代的价值、意义和功能。否则，虽缺其一环，全链即不复存在矣！而铸成这整个链条和全部链环的原料和精魂又是什么呢？是文化，始终和永远只能是具有创新理念、创新学养、创新机制、创新能力、创新智慧和创新品格的新型文化。

经济学家马歇尔曾经说过：“知识是生产中最有力的发动机。”而“里昂惕夫之谜”所揭示的人力资本效应法则，则进一步透彻地诠释了人力资本、经济发展、社会进步、文化创新的互动功能与辩证关系。

在现代社会中，这种互动功能和辩证关系要比以往任何时候都更加强烈、彰显和活跃。因为知识经济的时代已经到来了，我们只有走可持续发展的道路，才能实现快速而恒久的发展。在这种情况下，经济的发展和社会的进步就必将越来越有赖于文化的创新与发展。经济学在实践考察和理论探索的基础上已明白无误地向我们揭示了这样一条铁的定律：人均 GDP 的增值越大，经济对文化的依赖性也就越大。一般说来，当人均 GDP 在 8000 美元以下时，其生产主要依赖的是自然资源和物质资源，而当人均 GDP 超过 8000 美元时，其生产则主要依赖的是知识资源即文化资源。显然，前者是低级生产，后者是高级生产，而只有实现这种高级生产，才是人类社会实现快速发展和可持续发展的必由之路。因为任何以自然资源和物质资源为代价所求得的发展，都必定是迟滞的、落后的和有限的，而只有以文化创新为资质和动力所实现的发展，才会是快速的、先进的和无限的。所以，习近平总书记说：“创新是文艺的生命。”只有勇于创新和善于创新，才能用精湛的艺术推动文化创新发展，用优秀作品反映国家和民族文化创造创新的能力和水平，才能有效提高文艺创作质量，为人民创造文化杰作，为人类贡献不朽作品。

二

文化，是现代社会实现快速和持续发展的重要内容和内在动力，现代社会的一切经济行为、政治行为、社会行为等，在本质上都是文化行为。文化，不仅是人的精神砥石和智慧之光，而且也是社会走向文明和发达的最基本和最重要的标志与力源。文化要涵负这样的功能和承载这样的责任，它本身就必须不断地进行创新。只有在不断的创新中，文化才能保持活力和赋有粹质，才能从持续的汲取和广泛的吸纳中丰富自身、壮大自身和优化自身，才能从民族传统与时代精神的契合处找到坚实的支点和觅得不竭的动力。这就是说，文化的特殊性质和巨大功能的体现与发挥，并不只在于文化本身，而更主要的还是在于文化创新。只有不断地进行创新并真正实现了创新的文化，才是有价值、有意义、有魅力的文化，也才是能够真正体现和发挥文化的特殊性质和重要作用的文化。

文化是现代社会的亮点，创新是现代文化的基点，时代所赋予我们的使命，就是要以开拓性的探求和创造性的劳动，使这亮点成为燃点，使这基点成为质点，并高度自觉地运用文化的力量促进经济繁荣，推动社会进步，实现全面发展！

人类的文化有两个大类型：一是物质文化，二是精神文化；人类的文化有两个大特征：一是继承性，二是创造性；人类的文化有两个大功能：一是提升思想境界，二是淳化社会风尚；人类的文化有两个大作用：一是赐予人以聪明才智，二是驱动社会经济快速发展。我们的文化创新就是在这个基点上切入主题，展开工作，紧密结合实际而进行深入细致的社会调研，打造铭世骇俗的学术精品，造就卓然有成的人才梯队，构筑宏大坚实的理论基地，并以之呼应时代的召唤，促进经济的发展，高擎创新的旗旌，跻攀文化的高峰。

当年，恩格斯在评述欧洲的文艺复兴时曾说：这“是一个需要巨人而且产生了巨人——在思维能力、激情和性格方面，在多才多艺和学识渊博方面的巨人的时代”。因为这个时代全然为世人“展示了一个新世界”。我们今天所身处的大变革与大发展的时代，同样也给我们提出了这样的期待和要求。我们有信心攀登文化创新的高峰，我们也一定能够攀上文化创新的高峰。且看“旖旎风光处，五彩当空，飞虹无限，正待登临意。寻蹊逾极巘，抒尽天下韵，不言蒿莱苦，只图新开辟”！

如何实现这一创新目标？如何登临这一创新极巅呢？习近平总书记开出的药方是“要善于从中华文化宝库中萃取精华、汲取能量，保持对自身文化理想、文化价值的高度信心，保持对自身文化生命力、创造力的高度信心”，特别是要坚持以高于生活的标准来提炼生活，着力通过文字、颜色、声音、情感、节奏、画面、图像等对生活进行典型化的艺术再现。在这个过程中，创作主体一定要自觉做到走入生活、贴近人民、面对现实、钩稽以往，始终站在时代前沿，永远置身生活中枢，坚定不移地以当今的时代眼光和中国立场而“观古今于须臾，抚四海于一瞬”。而绝不能一味地将脚跟悬在空中，将目光投向域外，将情愫附于窳陋。因为只有不忘本来，吸收外来，才能实现真正的创新，也才能走向旖旎的未来，赢得创作路上的大满贯，撷获创新途中的新丰收。

第五章

让真善美成为文艺的精神核质与引领力量

文艺是文明的酵母与火种，而文明则是人类社会得以进步和发展的永恒目标与不竭动力，这便天然地决定了不论在任何时候和任何情况下，一切坚守正义事业和人民立场的作家艺术家都必然和必须高度自觉地拥抱艺术理想，坚持用高尚的文艺引领社会风尚，淳化社会风气，驱动历史发展，促进时代变革，并采用艺术的方式通过审美途径而将文明的爝火燃遍生活的四面八方，直至烧进每个人的思想内蕴与心灵深处，使之在温润中得到提升，在欣悦中受到启迪，在怡愉和感悟中获得精神的激勖与灵魂的洗礼，进而转换和升华为一种厚植的道德素养与强大的创新力量。

这，便是文艺的责任所在、担当所在、价值和意义所在。不如此，便不足以为文艺；不如此，便有负于文艺的职能与责任。因为文艺从其诞生之日起，便自然天成地赋有着睿化思想、纯化道德、强化智慧、泛化文明的特殊使命与特异功能。

一

孔子有言："《诗》可以兴，可以观，可以群，可以怨。"刘勰认为："文变染乎世情，兴废系乎时序。"鲁迅则指出："创作是有社会性的。"而关于"文学与社会之关系"，则"先是它敏感的描写社会，倘有力，便又一转而影响社会，使有变革"。显然，文艺与社会的关系，是作用与反作用的关系，即文艺描绘生活、反映社会之目的，唯在于按照文明的原则和向善向上的价值观而对生活和社会发挥强大的反作用，使之不断实现净化和纯化、进化和升华、改革和变革、进步和发展，并从总体上和本质上达臻真善美的大飞跃与全覆盖，使人和人类社会遵循文明的逻辑，沿着上升的道路，不断地奔向真善美的境界与目标。在这一实现过程中有个关键词，即"倘有力"，也就是文艺作品只有秉具强大的思想力量、道义力量和艺术力量时，才能发挥它本应发挥的作用。否则，不论其篇幅多么浩瀚、辞藻多么华丽、文笔多么幽婉，都统统无济于事，甚至还会产生反作用和发生负效应。此种情况，不仅在文艺史上屡见不鲜，而且即使是在现实的创作中也不乏其例。这类作品的一个共性特点，就是空、假、糙、俚，甚至是诼、陋、丑、亵。这就从反向警示我们，要坚守精神高地，要追求艺术理想，要用高尚的文艺引领社会风尚、颐养大众人心，就必须还原艺术本真，强化文艺职能，提升创作档次，凸显真善美在创作实践和具体作品中的主导地位与主体作用，使文艺成为大众人心的精神向往和改革发展的鼙鼓旗旌，大幅面、全方位、高效能地发挥驱动功能与引领作用。

正是在这个意义上，习近平总书记指出："文艺是铸造灵魂的工程，承担着以文化人、以文育人的职责，应该用独到的思想启迪、润物无声的艺术熏陶启迪人的心灵，传递向善向上的价值观。"为此，广大文艺工作者就一定要高度自觉地"做真善美的追求者和传播者，把崇高的价值、美好的情感融入自己的作品，引导人们向高尚的道德聚拢，不让廉价的笑声、无底线的娱乐、无节操的垃圾淹没我们的生活"。

然而，"盖有非常之功，必待非常之人"。这就要求文艺工作者必须首先从自身做起，努力追求“真才学、好德行、高品位，做到德艺双馨”。不但要历练谙熟创作之道和娴稔运笔方法的真本领、硬功力，而且尤其要在认知、情感、立场、观念和方式方法上努力淬炼、认真修持，务求做到“言为士则，行为世范”，将生活与时代化为一体，使情愫同人民融于一斛，在真切感受时代脉动和精准谛听大众心音的基础上提炼生活、观照社会、表现时代、讴歌人民，以中国风格和中国气派讲好中国故事，传播中国声音，勾勒中国形象，描画中国丰姿，用饱含中国情韵与激扬中国精神的大笔触全方位表现中国在改革发展潮涌中的新飞跃和大变革。要实现这个目标，要不断地推出优秀作品，要使文艺得以对大变革、大发展的时代实现全景式摄取和内涵式描绘，并在这个过程中顺理成章地形成足以彪炳时代大观和传辐大众心音的扛鼎之作、传世之作、不朽之作，乃至成为叫得响、传得开、留得住的精品佳构、时琼世珍，以致深深地钤印在现实生活里，紧紧地萦荡于大众心灵中，高高地升跃到时代天幕上，并成为被人们心心念念的艺术醇醪与精神永恒，一个最不可少的基础构建和前提条件，就是创作者必须首先塑造自己，在不断提高学养、涵养、修养的过程中，努力加强思想积累、知识储备和艺术训练，切实做到德行好、路子正、艺术精，始终站在时代潮头，永远把人民装在心里，时刻不忘对主潮生活和底层生活的深潜与眷顾，坚持以精、淳、深、新的作品回报社会和人民，在兼顾两个效益的同时更加高度自觉地将社会效益放在首位，置于核心，奉为根本。

二

只有这样，才能创作出同时代脉搏和人民心律一起跳动、深度共振的新作品、大作品、好作品，才能胸怀时代、心系百姓、情牵改革、笔出正音。否则，创作者一旦被名位和利欲所牵引和包围，那他的创作就自然会从创造精神养料而沦为制造精神垃圾，他自己也就会从社会风尚的引领者而变为社会机体的腐蚀者，因为正如鲁迅所说：“从喷泉里出来的都是水，从血管里出来的都是血。”文艺创作在本质上无异于是作者人格与人品的自我宣示。这是自然的、必然的，想遮拦也遮拦不住，想回避也回避不了。我手写我心，我心无讳饰，向来如此。故而，布封有言：“风格即人。”马克思更是明确指出：“文如其人。”正是基于这一事实和理念，马克思不仅认为歌德是“有资格”的作家，而莱辛则是“无资格”的作家，而且更强调指出：“诗一旦成为一种手段，诗人便会从诗人的领域里被扫地出门。”为什么？就因为把文艺创作仅仅当作一种手段而用以猎获其所觊觎的功名利禄，那他就别指望能够写出富有“时代心”和“大众情”的优秀作品来，他也绝不会就是一个具有“真才学、好德行、高品位”的创作者。因为真正的创作从来就不是一种可资利用的手段，而笃定是一种全身心的投入与无保留的奉献。想想看，作为中国文学的碑碣式人物，屈原、司马迁、曹雪芹们都得到了什么？而杜甫被誉为“诗圣”，其诗歌创作确也筑铸了中国文学史上一个无与伦比的高峰，但杜甫的一生却都是在困厄中度过的，以致最终亡命于被饥困封锁着的漂泊之舟。鲁迅原本有收入不菲的佥事、教授之职，可他却毫不恋栈显贵的地位与优越的生活，偏偏要弃优裕而赴艰辛，决意以笔当枪，不畏杀机四伏，在“忍看朋辈成新鬼，怒向刀丛觅小诗”的黑暗中过着不无艰危困顿的生活。何也？唯为大任担当，盖因国运使然。如果他们也是为了猎获一时之誉而不惜创作“急就草”，为了牟取财货而甘向市场当奴隶，那就决然不会是今天我们所认识、所景仰的他们了，当然也就不会有《离骚》《史记》《红楼梦》、“三吏”“三别”、《狂人日记》《阿Q正传》等熠世扛鼎之作的恒长传衍与光照千秋。这是一个事实，但这更是一条铁律，诚如马克思所说，作家绝对不能将自己的创作当成一种猎取名利的手段，而只能是“在必要的时刻……可以为了著作的生命而牺牲自己的生命”。其实，马克思就正是这样做的。他历四十年之久所写成的《资本论》，便是搭上身家性命所铸成的精神丰碑。四十年间，不仅要遭受资产阶级政客的政治围剿，而且要承受生活上的艰蹇困苦。他说，《资本论》出版后的酬劳还不够他四十年间用于抽烟卷的钱。这是一种多么巨大的心智劳作和何等崇高的牺牲精神啊！不过，也正因为如此，才使这部旨在扫除世界思想阴霾和照亮人类前进道路的皇皇巨著，理所当然地成为了全世界工人阶级的“圣经”。

在急遽变革和多元共呈的当今世界，尽管存在着文化的冲突和价值观的差异，但坚守艺术理想，坚持用高尚的文艺引领社会风尚，构筑精神高地，照亮思想苍穹，激扬创新活力，仍旧具有最大的公约数和最强的凝聚力，而拥有深厚文化积累和强大文明基因的中华民族，则自当争拔头筹，勇为先锋，以自身的文化优势与文明特质为人类的进步和社会的发展不断赢得新成就，创造新绩效，做出新贡献，并以此而增强包容性和认同感，厚植向心力和吸引力，使我们的文艺不仅成为实现中国梦的强大精神引擎与思想釉质，而且更在中国风格和中国气派的驱动与簇拥下走向全球、温暖世界，形成人人艳羡、争相采撷的艺术蓓蕾与精神花朵。

为此，广大文艺工作者就必须秉有强烈的责任心、使命感和担当精神，把铸冶灵魂、激扬精神，大力开发思想的内存与培育文明的花朵奉为自己的圣旨与天职，并加以自觉认领与勠力践行，诚如习近平总书记所要求的那样，“以深厚的文化修养、高尚的人格魅力、文质兼美的作品赢得尊重，成为先进文化的践行者、社会风尚的引领者，在为祖国、为人民立德立言中成就自我、实现价值”。

第六章

用大手笔之“精”“新”匠意
铸新时代之鸿篇佳作

创新是文艺的生命。但创新的前提条件和基本遵循，却永远都是新而正确、新而先进、新而精良、新而美奂，而绝不是新而奇、新而俗、新而丑、新而怪。在任何内容与形式的文艺创作中，都必须坚持这一方略，坚守这一原则，坚信这一至理。否则，创新的动机和效果就会二律背反，创新的路径和目标就会南辕北辙，其结果必定会事与愿违。因此，习近平总书记说：“创新贵在独辟蹊径、不拘一格，但一味标新立异、追求怪诞，不可能成为上品，而很可能流于下品。”

一

“但见翡翠兰苕上，未掣鲸鱼碧海中”，这是杜甫的两句诗。用以观照和考察我们的某些文艺创作，倒不禁会让人生出缕缕联想和频频感悟。

“翡翠兰苕”虽然不是生活和时代的主体，但却纯雅秀美、晶莹温润，自有其特秉的价值和意义。“鲸鱼碧海”则因其要着力于写大事、抒大情、炫大理、昭大义，所以便每有所为，必能以黄钟大吕而磅礴于世。在我们的文化创造与文艺创作中，“翡翠兰苕”何在？“鲸鱼碧海”又何在？当然，不是说全然没有，而是说还太欠缺，至少也是没有真正到位，没有充分实现，没有形成新景观、大气候，尤其是缺乏掣鲸鱼于碧海的大手笔和大制作。因此，习近平总书记要求广大文艺工作者务须“努力创作同我们这个文明古国、我们这个蓬勃发展的国家相匹配的优秀作品”。确乎，我们不仅有这种需求，而且更有这种条件。因为“当代中国正在经历着我国历史上最为广泛而深刻的社会变革，也正在进行着人类历史上最为宏大而独特的实践创新”，而“这种伟大的实践，必将给文化创新创造提供强大动力和广阔空间”。

我们以杜甫的诗句引喻在创作上只见小题材、小格致，而鲜见大题材、大经营，旨在表明我们对勇掣鲸鱼碧海中的渴求与期待。因为我们的时代太需要内容丰富、思想深刻、形式新颖、艺术精湛的上乘之作了，太需要足以光照时代、炳辉千古的史诗般的鸿篇巨制了，我们的时代也最具有产生大作家和大作品的思想蕴存与美学涵负。所以，我们不仅有理由而且也有能力做到勇掣鲸鱼碧海中。掣者，驭制、拽取也，鲸鱼乃为地球上最庞大的动物，只有茫茫大海才是它们的家园。我们以大海比喻伟大的时代变革和广阔的社会生活，以鲸鱼比喻重大的创作题材和深邃的思想内容。显然，掣鲸鱼而于碧海，就是要求、鼓励和期待我们的作家艺术家深入大变革、大发展的现实生活，以探求的勇气和创新的精神不断地写出具有社会内涵和时代风采的大作品和好作品来。事实上，一个真正的作家艺术家，也只有开掘和撷取这样的题材，并为其铸入思想的光耀、时代的精神和美学的酵醪，才有可能创作出一如列宁所说的那种“在世界文学中占有第一流的地位”，并成为“全人类艺术发展中向前迈进”的史诗式的作品。

这是时代实现发展的需要，这同时也是文艺自身实现发展的需要。文艺反映时代，时代促进文艺。大变革和大发展的时代，为文艺创作提供了最丰富的滋养和最良好的环境，文艺当然有责任、有义务连绵不断地创作出思想性和艺术性俱佳，对于这个时代具有鼓鼙、旗旌和引擎功能的优秀作品来，以激越而饱满的精神力量驱动时代的更大变革和更快发展。

这是顺理成章的，这也是理所当然的。然而，一当我们对现实的文艺创作稍加检点时，便会发现时有航向偏离目标的现象。一些作家和作品不仅有意回避大事、大情、大理、大势，着意追求小事、小情、小意、小景，而且对社会、对时代、对改革、对发展、对惊天动地的社会事件和民族兴衰的大是大非，也一概报之以颟顸和茫然，并以为那与文艺无关，文学所观照的对象主要是私情与琐事，世俗与人伦，欲望与梦想，迷蒙与困惑。正是这样的认识，导致了一些作家无限缠绵于写隐私，写琐细，写发泄，写惆怅，写蒙昧，写困惑，写“无知者无畏”，写“自窥者窥人”，写“有了快感你就喊”，写“我是流氓我怕谁”，并窃以为只有这样，才能写出酷世态，才能写出真性情，才能博得读者群，才能取悦“诺贝尔”。甚至，还有人打着“破戒”与“创新”的旗号，在作品中宣扬“不穿衣服是女人最好的生活状态”。更有人在“大胆改编”的名义下肆意解构名著，悍然将《沙家浜》中的抗日英雄阿庆嫂和郭建光之间的革命关系阉改为“淫妇”与“奸夫”的关系。于是，阿庆嫂成了春来茶馆中的“潘金莲”，郭建光成了芦苇荡中的“西门庆”。如此荒唐，改编者却振振有词，说什么这是“创作的自由”，这也是文艺“人性化的需要”。

这是“创作的自由”吗？这是文艺“人性化的需要”吗？否！因为创作的自由，是必须以法律、道德、艺术规律与美学法则的规范为前提的，而文学人性化的需要则更应遵从纯洁、高尚的原则和特定的艺术环境与生活场景的发展逻辑与实际需要。无论从哪种意义上说，都决不能把创作的自由和文艺的人性化需要理解为荒唐与堕落并付诸实践。狄德罗说过，“真理和美德，是艺术的两个密友。你要当作家，当批评家吗？请首先做一个有德性的人”。他还说，出于作家艺术家之手的每一件作品，“都必须是有原则的，都必须是对观赏者有教育意义的”。习近平总书记更是明确指出：文学家、艺术家“有责任告诉人们真实的历史，告诉人们历史中最有价值的东西。戏弄历史的作品，不仅是对历史的不尊重，而且是对自己创作的不尊重，最终必将被历史戏弄”。

二

对于以上问题，我们确实是应当认真予以思考的。不错，我们的作家艺术家是享有选择创作题材和发挥艺术才能的充分自由的，我们的作家艺术家也是享有以自己的精神产品向社会赢取经济回报的权利的，但是在具体发挥这种自由和实现这种权利时，就要受到道德、法律和美学原则的规范和限制了。尽管这种规范和限制在多数情况下并非是物化的和强制性的，但它却是严格的和不容违逆的。一旦僭越和违逆，必定要受到抑制与惩处。除了法律、道德、规制、舆论等方面的辖治之外，更有美学规律与市场法则的监察与裁判。规律和法则是一只看不见的手，但却是一只无处不在的强有力的手。事实上，任何文艺家的任何创作，都无不处于它的调控与驭制之下。为什么我们有一些文艺家的自我感觉良好的得意之作，偏偏得不到社会的关注和读者的青睐，并在评价上和市场上连连受挫呢？为什么我们有些作家的率然以性示人的所谓“前卫”作品，在与“禾林爱情小说”以及《廊桥遗梦》《菊花香》《冬季恋歌》等这些进口爱情小说角逐市场时连连败下阵来呢？为什么有那么多的读者由于在作品中找不到时代的浪潮、历史的脊梁、感情的纯真和生活的质朴，而无奈地对文艺报以失望和疏远呢？说白了，就是这只看不见的手在起作用。

作家在创作中所崇尚的，是新奇、卓异与个性化，而文艺所最需要的，则是刚健美奂和丰富多彩。所以，无论“翡翠兰苕”，抑或“鲸鱼碧海”，只要是来自生活、趋赴时代、具有创新精神，并符合真、善、美的原则与要求的，读者都是欢迎的，社会也都是需要的。不过，从更宏阔、更本质的意义上说，我们当然更需要和更欢迎全方位反映社会变革、描绘生活大潮、表现时代精神的鸿篇巨制与瑰丽之作。这正是喜“见翡翠兰苕上”，更“掣鲸鱼碧海中”。

这里的关键是，必须坚持正确的创作原则与创新道路，必须坚守艺术理想，用高尚而纯净的心力与笔力共同营构具有思想张力和充满艺术魅力的新时世与大境界，坚持在创新的实践与实现过程中让目光再广大一些、再深远一些，并使之具有灵敏的感悟性和强大的穿透力，在坚持向着人类最先进的方面注目，向着人类精神世界最深处探寻的同时，尤其要直面当下中国人民的生存现实，着力用新的意境和新的笔法创造出丰富多样的中国故事、中国形象、中国旋律、中国品位，以使创新的思维和手法切实成为深刻变革、快速发展之当代中国的多频屏与凸透镜。这就要求文艺家们在大胆探索、锐意创新的过程中尤其要在提高原创力上下功夫，在拓展题材、内容、形式、手法上独辟蹊径，着力推动观念和手段相结合、内容和形式相融合、思想和素材相契合、题材和方法相吻合，务求作品丰盈、精彩、曼妙、新颖，充满质感与亮色，闪耀韶华与光彩。为此，就必须像习近平总书记所提醒和要求的那样，坚决“克服浮躁这个顽疾”，坚决抵制“急功近利、粗制滥造”，一定要“用专注的态度、敬业的精神、踏实的努力”将创作推向上乘，让创新结出硕果，让鸿篇大著顶天立地，使精品力作铺天盖地。

第七章

在优化“美”的创造和提升审美效能中实现“文质兼美”

文质兼美，是文艺创作的巅峰与胜境。

习近平总书记在关于文艺问题的讲话中多次提到审美的价值与意义，并对审美创造的主客体进行了深入分析，指出了实现路径，提出了明确要求，他倡导“文质兼美”与“德艺双馨”。这不仅把准了文艺的脉搏，而且切中了文艺的本质规律与现实走向。因为对“美”的创造从来就是文艺的目标追求和价值所在，而审美的过程则是文艺发挥作用和产生效能的具体实现，并由此而决定了审美与文艺的血肉关联和对文艺之价值与意义的本质肯定。

一

文化之所以是文化，文艺之所以是文艺，其核心意蕴就在于它是一种对生活之美、事物之美、人性之美、道义之美的钩稽与萃聚，并以艺术的方式对之加以纯化和升华，使之比原质状态的美更集中、更显豁、更有引领意义和指向性，也更富于精神价值与理想光彩。历数古今中外的文化创造与文艺创作，不论其内容和形式上的差别与分野有多么巨大，但只要是深淳、精当之作，其共同的特点和优势便笃定是一个字：美。正由于它以艺术的方式创造了美，才得以引来审美者的由衷赞许和簇拥效应，并在对美的艳羡、感佩、审视和汲取中获得丰饶的思想元素和饱满的精神养料，进而转化并沉淀为提升和驱动社会文明与人性本质不断纯化、强化、智化、德化的强大力量。

这是什么呢？这便是审美之价值与作用的实现过程及其所形成和激发的大变革与热效应。审美之所以会产生如此巨大的力量并促成社会文明与人性本质的新趋进与大提升，唯在于作为审美对象的文化产品和文艺作品的优熠与真淳、良善与美奂、先进与精粹。这也就是说，作品是酵母，是根本，是源头。只有作品好，审美的过程和效能才会好，也才不致失却文化——文艺作为精神产品的价值与意义。正如习近平总书记所说：“文艺是给人以价值引导、精神引领、审美启迪的。”而文艺要想起到这样的作用，最根本的出路就在于文艺家自身必须具有高、精、纯、正的思想水平、业务水平、道德水平、先进理念、创新精神、为民情怀，诚如习近平总书记所要求的那样，务须“以艺术的形式反映生活的本质、提炼生活蕴含的真善美”，务求“给人以审美的享受、思想的启迪、心灵的震撼”。为此，广大文艺工作者就定当要“用博大的胸怀去拥抱时代、深邃的目光去观察现实、真诚的感情去体验生活、艺术的灵感去捕捉人间之美”。

由于审美既是一种特定的文化指向，又是一种广泛的文化活动，这就使审美的全过程始终都是主体和客体的相互交流与彼此感应。客体既要依赖主体的美学创造而得以进入审美过程，但同时又必须要从全方位的意义上对主体的创作成果施以社会性的评析与鉴定，分优劣，品高下，定取舍。也正是在这个过程中，主体的创作成果得以获致广泛的辐散。这既是创作的目的和作品的效用，同时又是对创作和作品的广泛传播与严峻考验。是优、是劣，是好、是坏？大众皆具眼力，社会自有公论。好的作品，不仅社会认可，读者钟爱，而且受众口口相传、欣然接受，市场也会即时做出相应的反馈。桃李不言，下自成蹊；日月无诩，众必仰之。好的作品在这个过程中深获高度认同和广泛传播，有的甚至会在受众的拥戴和时间的磨砺中渐次成为经典，成为旗旌，成为坐标和碑碣，以至青史永载，口碑赓传，成为审美的风范与精神的永恒，成为一个国家、一个民族、一个时代、一个社会的美学风范与精神高峰，一如《诗经》《离骚》《史记》《红楼梦》，又如《战争与和平》《黑桃皇后》《死魂灵》《罪与罚》，再如《九三年》《巴黎圣母院》《红与黑》《人间喜剧》等，就都是这样的传世佳构与经典之作。它们在刚开始产生的时候并不引人注意，而是在经过广泛的甚至是漫长的审美过程和时间考验之后，才逐渐被人们所认识、认同和接受。尤其是在这个过程中，经过不断的钩稽、发掘、沉淀、升华，其内在的思想核质与精神光曜得以充分淬冶和洗练，并因此而成为一个时代的精神坐标、一个社会的美学峰值和一代又一代人的意识楷模与精神向往。这时候，只有在这时候，作为美学创造的文艺创作才称得上是完成了自己的既定使命。因为美学创造的目的永远都是给最广泛的人民大众提供审美根据、塑造审美对象、矗立“美”的标杆与准星，而不是其他，也不能是其他。所谓的追名逐利，所谓的“表现自我”，所谓的“游戏人生”，所谓的“为艺术而艺术”，所谓的“造噱头”和“玩文学”等，统统都是与文化创造和文艺创作无涉的、无缘的、无关的，因为他们不是在创造美，而是在亵渎美；不是在为大众提供审美对象，而是在向社会倾泻垃圾。这样的所谓文化创造和文艺创作不仅没有价值、没有效能，而且显然是对本来意义上的文化创造和文艺创作的忤逆与悖拂。马克思曾说：“作家绝对不会将自己的著作当成一种手段。作品的创作过程本身就是目的。无论是对作家本身来说，还是对其他的人来说，著作绝对不是一种手段。因此，在必要的时刻，作家可以为了著作的生命而牺牲自己的生命。”他还说：“诗一旦成为一种手段，诗人便会从诗人的领域里被扫地出门。”

创作不是手段，而创作的本身从来就是目的。这目的是什么呢？当然就是对“美”的创造，并通过这种创造为社会营造审美环境，为大众树立审美对象，为时代和历史传铸“美”的样板、美的丰碑、美的花环，从而通过文艺家的创造性劳动使“美”和“审美”成为生活的本质、人间的大爱、民众的追求与向往。社会和人一旦进入这样的境界，实现这样的愿景，达臻这样的目标，那岂不就是文明社会和理想人生的莅至与体现么！因为美的创造和审美的实现，其在本质上就是对人类所向往、所追求的“大同世界”乃至共产主义的构建。想想看，生活是创作的源泉，人是生活的主人，而当创作成为对“美”的建构与体现，而审美又成为人们的共同向往、崇高追求和触手可及的现实时，这个世界便无疑会是充满幸福、欣悦、美好与爱的乐园。至少，对“美”的精心创造和对审美的有效实现，笃定是会朝着这个方向和这个目标前进的，而这便是期待，便是希望，便是未来。因此，习近平总书记发出号召：“我国作家艺术家应该成为时代风气的先觉者、先行者、先倡者，通过更多有筋骨、有道德、有温度的文艺作品，书写和记录人民的伟大实践、时代的进步要求，彰显信仰之美、崇高之美，弘扬中国精神、凝聚中国力量，鼓舞全国各族人民朝气蓬勃迈向未来。”而对“美”的精心创造和对审美的有效实现，便是走向这一理想境界和实现这一宏伟目标的必然路径与有力抓手。我们必须朝这个目标奋发进取，我们定当沿这条路径趱步疾行。

二

“文质兼美”，是“美”的创造的高级标准与理想境界，同时也是习近平总书记对文化创造和文艺创作的总体要求与殷切期待。事实上，只有达臻文质兼美的文化产品与文艺作品，才有条件、有可能营造审美胜境，实现审美抬升，赢得广大审美者的青睐与感奋，有效达到以文化创建文明、引领思想、丰赡智慧、提升精神、增强创造力和激发进取力的目的。因为任何文化产品和文艺作品要发挥作用、产生效能，其唯一的途径便是首先必须能够吸引人、感动人、激励人、鼓舞人。而要做到这一点的唯一途径与有效方式，便是使文化产品和文艺作品在高层次、高标准的水平线上实现文质兼美，通过自身的光彩和魅力而照亮生活，感染受众，赢得广泛的喜爱、接受和认同。没有这个前提条件，就无法进入大众审美过程，当然也就无法实现审美明心、审美开慧、审美布道、审美懿德的宏大愿景与终极目标了。由此足见实现文质兼美的必要性和重要性。

文质兼美的核心要义是艺术与技术、形式与内容、笔触与目标、题材与精神的正确、先进、优美、畅达，并在这个基础上实现完美结合与高度统一，做到外延与内涵的浑然一体、珠联璧合，共同形成强大的艺术感染力、思想震撼力、精神驱动力和认知提升力，以致通过优化“美”的创造和提升审美效能而使社会更文明，生活更欣悦，人性更纯正，道德更高尚，信念更坚定，创新更着力。基于此，习近平总书记强调指出：“广大文艺工作者要做真善美的追求者和传播者，把崇高的价值、美好的情感融入自己的作品，引导人们向高尚的道德靠拢，不让廉价的笑声、无底线的娱乐、无节操的垃圾淹没我们的生活。”他要求，在文化创造与文艺创作中，一定“要自觉抵制不分是非、颠倒黑白的错误倾向，自觉摒弃低俗、庸俗、媚俗的低级趣味，自觉反对拜金主义、享乐主义、极端个人主义的腐朽思想”。

诚然，这既是对文化创造和文艺创作的新期待、高要求，同时也是一切内容和形式的文化创造与文艺创作所必须严格遵循和认真执守的圭臬与矩范。不这样，文化创造和文艺创作就会变得毫无价值与意义，甚至还会起副作用、反作用，以致成为思想的销蚀剂和精神的矮化药。因为作为精神产品的文化，是不会像物质产品那样仅仅为给人们填饱肚子，为给人们提供吃、住、行的“硬件”需求。文化的价值和作用在于为社会和“人”提供文明元素和精神营养，并由此而决定了它必须是先进、积极、刚健、纯正的，它必须以自身的正能量和先进性而对社会和“人”发挥引领与提升作用，而绝不是相反，也绝不能相反。这是原则，这是底线，这是一切内容和形式的文化创造和文艺创作所必须严格遵从的铁律。在这个铁律面前，绝不许跨越雷池半步，绝不能有丝毫的颠连与犹疑。否则，文化就会由圣洁而变为污秽，由诲人而变为毁人，由引领而变为误导，由奋进而变为蹉跎。事实是，在我们的文化创造和文艺创作中，将审美变为审丑、审俗、审畸、审庸的现象并不鲜见。有那么一些创作者，面对宏伟的社会变革、激越的生活热流、壮美的创新场景、奋进的奔“梦”人群，他却视而不见，冷若冰霜，并将其斥之为“太政治”“太正面”“太现实”“太宣传”。与此同时，却在着意消解时代精神、鄙薄崇高作为、回避主流意识形态的扭曲心态驱使下，强调“表现自我”，刻意“调侃人生”，妄称“精神逃亡”，倡扬“玩世不恭”，并将之自诩为“纯私人化”写作，全然以畸变的心态和媚俗的笔墨诩“西潮”、发“呓语”、编“噱头”、秀“时髦”，乃至造成一些文化产品和文艺作品同时代和人民格格不入、相逆相斥。这显然是有悖于优化“美”的创造和提升审美效能的总目标与大方向的，当然也有违于文艺法则和美学规律的内在要求与基本原理，并必然会造成文化创造和文艺创作与时代和人民的疏离与睽隔。正如习近平总书记所指出的那样，“在有些作品中，有的调侃崇高、扭曲经典、颠覆历史，丑化人民群众和英雄人物；有的是非不分、善恶不辨、以丑为美，过度渲染社会阴暗面；有的搜奇猎艳、一味媚俗、低级趣味，把作品当成追逐利益的‘摇钱树’，当作感官刺激的‘摇头丸’；有的胡编乱写、粗制滥造、牵强附会，制造了一些文化‘垃圾’；有的追求奢华、过度包装、炫富摆阔，形式大于内容；还有的热衷于所谓‘为艺术而艺术’，只写一己悲欢、杯水风波，脱离大众、脱离现实。凡此种种都警示我们，文艺不能在市场经济大潮中迷失方向，不能在为什么人的问题上发生偏差，否则文艺就没有生命力”。

文质兼美，不仅是艺术美学的最高水准和最佳境界，而且更是文化创造和文艺创作的极致。不论在任何时候和任何情况下，也不论写什么和怎么写，只要是朝着这个方向进取，按照这个标准建构，其创作成果都必定会进入胜境臻于完美。因为“文”是形表，是方式，是外延，是对字符、词令、韵律、色彩、形制的表达和采撷，而“质”则是文本和意蕴的性质、本质、实质、内质，亦即文化创造和文艺创作的主题、内容、意境、神采，当这二者得以完美结合和充分融会，形成共体与合力，并各自达到美的佳境与审美极致时，那该是何等的优熠和丰赡，多么的昂沛与隆盛啊！面对这样的文化精品和艺术佳构，人们自然会欣然接受，久久为怀，念念不止，乃至永驻心旌，常萦脑海，成为思想之酵与精神之釉，不仅融入其生命，而且伴随其进取，以至成为终生的思想胚基、道德砥石和精神标志，其所产生的审美愉悦和所迸射的智慧光彩，不仅是强烈的，而且是恒久的。像《诗经》《论语》《离骚》《史记》，像《霓裳羽衣舞》《清明上河图》《溪山行旅图》《富春山居图》、“三吏”“三别”、“临川四梦”，像《阿Q正传》《狂人日记》《雷雨》《子夜》《黄河大合唱》《父亲》《梁祝》，像《红岩》《创业史》《三里湾》《雷锋之歌》《山乡巨变》《平凡的世界》《你在高原》《抉择》《笨花》《英雄儿女》《万水千山》《延安颂》《长征》《戈壁母亲》《亮剑》《焦裕禄》《江姐》《最炫中国风》等作品，就都从不同层次、不同角度体现了文质兼美的文化之范与美学之规。尽管不同时代的文化和不同内容的作品在艺术追求和创作风格上各异其趣，甚至是大相径庭，但只要是按照文质兼美这一原则和标准去践行、去实施，只要是朝着文质兼美的方向去奋斗、去努力，其收获就都会是丰饶、新颖、充实而美奂的，其区别顶多只是程度不同而已。正如鲁迅所言：“石在，火种是不会绝的。”而对文质兼美的信奉和追求，便是这孕育着美之火种的石之所在。只要我们盯着这个目标，朝着这个方向，沿着这条道路坚持走下去，我们就终将会抵达“文质兼美”的艺术圣殿和文化天堂。

在这一实践过程中，我们定须牢牢记取习近平总书记的殷切叮嘱，那就是“必须把创作生产优秀作品作为文艺工作的中心环节，努力创作生产更多传播当代中国价值观念、体现中华文化精神、反映中国人审美追求，思想性、艺术性、观赏性有机统一的优秀作品，形成‘龙文百斛鼎，笔力可独扛’之势”。

第八章

让经典文化在时代变革和社会发展中成为民族的灵魂与脊梁

习近平总书记指出："文化是民族生存和发展的重要力量。人类社会每一次跃进，人类文明每一次升华，无不伴随着文化的历史性进步。"而也正是在这个过程中，形成了深厚的文化积淀与丰富的文化经典，并历史性地成为我们民族与社会的文明足迹和精神标志。所以，我们必须怀着高山仰止、景行行止的态度和心情予以高度关注、大力传承、积极弘扬、有效汲取。

一

关注经典文化是一个时代的命题。我们之所以要关注经典文化，唯因经典文化是民族的脊梁与灵魂，是历史演进的文明坐标，是社会发展的智能刻度，是我们丰赡的思想载体与精神家园。它不仅标志着我们曾经走过的路，而且也以其特殊的方式预示着我们必将要走的路。从经典文化中，我们完全可以领悟到社会前进的足迹，聆听到历史发展的跫音，并深刻地认识人类的思想与智慧升华与搏动的历程。特别是大变革的社会和大发展的时代的淬冶与历练，已使经典文化秉有了丰富的蕴含和不阿的品格，并成为我们继承优秀传统和弘扬民族精神的基础、方向与动力。一个民族、一个国家的生命基因与创新能力、思想锋芒与精神砥石、智慧光彩与力量源泉，其实就正是深深地蕴藏在这个国家、这个民族的经典文化之中的。保卫经典，实际上是保卫我们的智慧和思想之源；弘扬经典，实际上是弘扬我们的优良传统与民族精神。

正是在这个意义上，我们必须高度关注经典文化。关注的目的不仅在于对经典文化的融会和承传，而且更在于对经典文化的弘扬与发展。这是我们在建设先进文化和有中国特色社会主义新文化的过程中所必须认真做好的一项基本工作，也是我们为了应对经济文化一体化与全球化的世界趋势和抵御西方文化霸权主义对民族文化的冲消与吞噬的战略举措。我们不仅具有这样的责任和能力，而且也具有这样的优势和实力，因为我们拥有绵延至今的五千年文明。我们在这样漫长的历史衍进中，创造并积累了大量优秀的文化典籍和精神成果。这些成果，在认识和驾驭自然规律、社会规律和美学规律上，都对我们的民族和人民的绮丽情怀、远大理想、聪睿智慧和崇高品格等，做了最充分的展示、最有力的启迪、最真实的记录和最艺术的传达，从而使我们的民族和人民成为屹立于世界民族之林的思想先锋与精神巨人。我们不仅应当为之自豪和骄傲，而且更应当以高度的自觉性和坚韧的创造力，不断地从中开掘思想的釉质与精神的宝藏。

当然，我们现在提出关注经典文化，除了这些根本性的原因之外，还有一个更为直接的原因，那就是现实对我们所提出的诘问和挑战。曾几何时，淡化、消解、“戏说”和篡改经典文化在一些地方已成为一种庸俗的时尚，特别是在一些所谓的“人性化”的“改编”中，不仅对经典文化的内容进行了随心所欲的肢解，而且对其中的英雄人物实行了精神低矮化和人格卑微化的处理。另外一种情况，就是用后现代主义的文化庸品置换和取代经典文化的历史定位与审美指向。这种现象所造成的后果是严重的，它在消泯历史的智慧碑碣与精神基石的同时，更会对人民大众的思想走向与审美情趣进行侵蚀和误导。而发生这种现象的本身，则从另一个侧面说明相关创作主体的创新精神与创造能力趋于衰减与枯竭。对于这种现象，我们自当予以警惕。不消说，这也是我们之所以要关注经典文化的直接动因。当然，这并不是说我们不主张和不提倡对经典作品进行改编。恰恰相反，对于经典作品我们向来都是鼓励和倡导以多种形式、体裁和艺术手法进行改编的，这不啻是对经典文化的弘扬和丰富。但是，在任何时候、任何情况下，对经典作品的改编都必须忠于原著的基本思想内容，基本人物形象与人物关系，基本事件、场景与情节，而决不能对之进行随心所欲的肢解、篡改、扭曲，更不能使其主题变质、思想变态、精神变疲、趣味变縻。在这方面，成功的例子和不成功的例子尤其泾渭分明。电视连续剧《沙家浜》《林海雪原》的失败与电视连续剧《红旗谱》《三国演义》的成功，就很有警示性和说服力。从它们的优劣对比中所显示的，无疑是一个至理。

二

大凡经典文化，都是经过历史沉淀、实践检验、社会淘漉、大众认同，并具有一定根本性、权威性和主导性，在长期的社会实践中产生过和继续产生着广泛积极影响的文化结晶与优秀著作。经典文化的最大特点，就在于它具有从严格选择和反复淘漉中所形成的精良性质和优秀品格。它是民族文化在长期的实践与创造中所淬炼而成的精品，具有深深的民族之“根”和浓浓的时代之“韵”，同时也具有典型性和代表性。由是，对于经典文化来说，只有层次感和丰富性，而没有逼仄感和庞杂性。否则，它就称不上是经典文化。

文化，重在建设，贵在创新。即使是经典文化，也仍然有一个不断丰富和发展的问题。要实现这种丰富和发展，最重要的方法和途径莫过于对之进行科学的阐释、积极的弘扬和大胆的创新。在这个过程中，始终必须严格恪守思想原则、美学规律和道德圭臬。当然，要丰富和发展经典文化，就首先必须继承和捍卫经典文化；要继承和捍卫经典文化，就首先必须认同和掌握经典文化。

只有经典长存，才能民族永辉！因为它们是一个血肉相连的生命共同体。正如习近平总书记所言：“一个时代有一个时代的文艺，一个时代有一个时代的精神。任何一个时代的经典文艺作品，都是那个时代社会生活和精神的写照，都具有那个时代的烙印和特征。”这也就是说，但凡文艺经典，不仅充盈着特定的思想内涵和社会意义，而且更潜存着一个民族在其形成与发展过程中的历史奥秘与生命密码。《诗经》是一部先秦时期的诗歌选集，但历史学家、社会学家却能据其内容而做出对中国社会历史分期的科学判断。为什么呢？就因为这些诗歌中不仅生动地表现了当时的社会风情与生活状态，而且也留下了深邃而玄奥的历史密码。《史记》的价值不仅在于其记录了西汉中期以前的中国社会的人情世态与历史变革，而且更从深层次上揭橥了潜在于社情民意、时训世风中的历史脉动。故此，我们关注经典、学习经典、变革和创新经典的最大和最终目的，永远都在于从中认识历史、认识社会、认识我们民族的生活变迁与精神变绎的特质和过程，并据此而提高民族自信心，夯实适应新时代和创造新生活的起点与根基。习近平总书记说：“中华民族生生不息、绵延发展、饱受挫折又不断浴火重生，都离不开中华文化的有力支撑。中华文化独一无二的理念、智慧、气度、神韵，增添了中国人民和中华民族内心深处的自信和自豪。在五千多年文明发展中孕育的中华优秀传统文化，在党和人民伟大斗争中孕育的革命文化和社会主义先进文化，积淀着中华民族最深沉的精神追求，代表着中华民族独特的精神标志。”因此，我们必须有一种高度的自觉性的强大的自信心，那就是“大力弘扬以爱国主义为核心的民族精神和以改革创新为核心的时代精神，大力弘扬中华优秀传统文化，大力发展社会主义先进文化，不断增强全党全国各族人民的精神力量”。

这，既是我们关注、保卫、传承经典文化的动因，又是我们创新、丰富、发展经典文化的理由。这同时也就决定了我们对于经典文化必须怀有崇尚之情与敬畏之心，永远只能弘扬，而不能解构。

第九章

文化在精神和经济中的主从地位与功能变绎

习近平总书记指出："人民的需求是多方面的。满足人民日益增长的物质需求，必须抓好经济社会建设，增加社会的物质财富。满足人民日益增长的精神文化需求，必须抓好文化建设，增加社会的精神文化财富。物质需求是第一位的，吃上饭是最主要的，所以说'民以食为天'。但是，这并不是说人民对精神文化的需求就是可有可无的，人类社会与动物界的最大区别就是人是有精神需求的，人民对精神文化生活的需求时时刻刻都存在。"这就要求我们必须正确认识和处理文化与经济的关系。

一

改革开放和实现发展的最终目的，在于提高社会的富裕文明程度和提升人民大众的幸福指数，而此中则既有经济因素，更具文化内涵。因为对于一个刚健、和谐、蓬勃发展的社会来说，经济和文化正是其得以快速前进的双轮驱动引擎，二者不仅缺一不可，而且须保持均衡关系和具有互激功能。早在六十多年前，毛泽东就曾自信而豪迈地预言：“随着经济建设高潮的到来，不可避免地将要出现一个文化建设的高潮。”

这是规律，这是辩证法。

从宏观意义上说，经济主要是通过对“物”的生产和流通，以给社会创造必要的、完善的生存条件，满足人们对吃、住、行的基本需求。而文化则主要是使人的心灵安欣，精神健旺，思想活跃，举止文明，意识、情操、素质、素养、道德、智慧和创造力，均能得到习养、增殖、优化与提升，从而为人们形成核心价值观和缔造精神家园，并通过对人的这种积极作用而有力地促进经济发展和社会进步。

由此可见，经济腾飞，是实现发展的要务；文化繁荣，是民族振兴的魂魄。在社会主义现代化建设过程中，经济和文化的关系，始终都宛若体与魂、形与神、物与意一般，既区别又濡渗，既相激又互补，既分工又联动，不仅永远不可偏废，而且须臾不能分离。在任何情况下，那种以经济挤压或取代文化的观念和作为，都是不科学、没道理和不可取的。因为在它们之间，既存在互为因果、彼此促动的紧密关联，同时又具有取向不一、功能各异的“质”。不仅谁也代替不了谁，而且也只有在紧密依偎的状态中，才能相得益彰、共同提升，产生综合效益，实现均衡发展。

社会是一个高度系统化的综合构体，人的生存和发展更具有多元取向和多种需求。就中，发展经济是满足人和社会对物质需求的必要手段。但对人来讲，这只是最基本的生存需求，而远不是人和社会的特殊需求与本质需求。荀子说：“水火有气而无生，草木有生而无知，禽兽有知而无义。人有气有生有知亦且有义，故最为天下贵。”质言之，人与水火、草木、禽兽的不同之处，就在于人不仅有气、有生、有知，而且更有义。这是人的生存本质与生命本能，也是人的价值所在和目标追求。义者，德、智、理、愫之谓也。这德、智、理、愫，不但是人与一切动物的本质区别，而且更是人性的特殊禀赋和本质体现。试想，人如果不具备这些禀赋和特质，而只剩下贪享物欲的本能，那不就与动物为伍了吗？那还能算作是人吗？因为正是人的这些超越于动物的禀赋和特质，才使人具有了创造世界，亦即发展经济的智慧与能力。而人的这些禀赋和特质又是从何而来的呢？文化。只有文化，才能通过社会传输和环境熏陶而极为有效地赋予人以德操、智慧、理性与情愫，并以之而形成崇高的道德感和强大的创造力，从而使人得以具备作为人的本能与本性，并通过人的这一本能和本性而使社会越来越走向富裕、发达、科学与文明。

文化的重要性和不可或缺性，由此可见一斑。实际上，人类社会和人本身的进步与发展，就正是这样在文化的簇拥和促动下，一步步地走过来的。如若没有文化对人和社会的武装和淬炼，即使人们能够吃得很饱，穿得很暖，但仍然有可能会停滞在原始社会而踟蹰不前。因为任何物质的供给，都只能满足人的生物生理性需求，而人的本质特征的养成、积累与提升，永远都只能通过文化教习的历练而实现，借重文化乳汁的哺养而获得。

这便是文化作为民族之魂的主要理由和基本含义。“魂”，乃是思想、精神、道义、德操、智能、情愫、范式、理性之统称；民族，是对一个社会族群的符号式概括，而任何社会族群则都是由芸芸众生的有序集合所构成。故此，民族之魂的实质所指，也就是生活和工作在我们社会中的每一个人所具有的认知水平、精神境界、思维范式与创造能力。这一切，不仅是由文化形成和赋予的，而且也必然和必定是与每个人和整个社会环境所拥有的文化资源、文化能力、文化品位和文化质量的多寡、强弱、高低、优劣成正比。这也就是说，越是文化优渥的人群和社会，其思想、精神、智慧、品格、德操与能力便越先进、越丰富、越高尚、越强势，而由这样的人在这样的社会环境中所营造出来的经济与政治，也当必然和必定会是发达的和清明的。

二

文化，对于人和人类社会的重要性和不可或缺性，就正是在这个过程中以这种方式不可逆转地凸显出来的。无论对于一个人，抑或对于一个社会，文化都既是引领和推动经济发展的强大动力，同时又是呼应和适应经济发展的内蕴要素。特别是在现代社会中，文化与经济的传统关系模式，正在被新的社会机制和新的生产方式所激变、所冲决，甚至是局部的更改与颠覆，其所产生的一个直接后果，便是文化与经济的距离越来越靠近、文化与经济的关系越来越紧密，甚至在有的时候和有的情况下，文化就是经济，经济就是文化。一方面文化对经济的直接贡献率越来越大，文化对经济的驱动和引导作用越来越强；另一方面，经济对文化的依赖性越来越明显，经济对文化的支撑力越来越突出。一些发达国家的文化产值都早已占到了其经济总量的15%以上，而我国在2010年度，文化产业的增加值也已突破了1.1万亿元，占国内生产总值的比重为2.75。特别是有一些省市的文化产业增加值，在其所占地区生产总值的比例中已经超过了5%，并成为当地发展势头最为强劲的朝阳产业和支柱产业。其中，京、粤、苏、鲁四省市的文化产业增加值均已突破千亿元大关，其他一些省市的文化产业增加值也都呈现出飙升之势，明显地展示出极为广阔的发展前景。

文化对经济的直接贡献，不仅增幅大、增速快，而且既不消耗资源，又不污染环境，是一种小本赢大利或无本获巨利的集约化的生产项目与经营模式。特别是随着恩格尔系数的不断下降，人们的消费理念、消费内容和消费指向，都势必要越来越向文化接近和靠拢，越来越倚重于从文化阅赏和文化体验中获得精神的宽舒、心灵的慰藉、情操的淳化与智能的提升。这种巨大的消费需求，无疑要为文化产业的快速发展培育和开辟出广阔的市场，从而使文化产品和文化服务的生产与消费皆能在快速突起中实现均衡发展，形成精神与经济的良性循环生态链。

无论从文化乃民族之魂的意义上解读文化对经济的引领和驱动作用，抑或从文化对经济之直接贡献率的意义上认识文化所具有的特殊经济价值，我们都能够得出一个共同的结论，那就是文化与经济之间所形成并存续的体与魂、形与神、物与意的相促相济、因果转换、共同发展的辩证关系。

文化的发展，需要强大而持续的经济扶掖与支撑；而经济的发展，更需要先进而睿慧的文化引领和驱动。因为文化主要是通过“人”这个中介而作用于经济的，又因为文化主要是以思想、精神、德操、智能的形式对“人”、社会和经济发挥作用的。所以，经济是硬盘，文化是芯片；经济的支撑作用不可少，文化的创造潜能无穷匮。我们既需要文化举旗，经济创业；又需要经济搭台，文化唱戏。只有当经济与文化处于体魂相配、形神兼优、物意共赢的良好境遇并实现刚健运转时，才能营构出和谐向上的社会形态，也才能创造出熠世悦人的时代景观。

在这个过程中，起主导作用的关键环节始终都在于我们必须高度自觉而精准地认识和处理好文化与经济的关系。它们既是各自独立的，同时又是紧密关联的，其中充满了深刻而全面的辩证关系。也就是说，它们始终都是在相互依存、相互观照中共同实现发展和协力发挥作用的。否则，任何一方偏离了另一方而独自前行，都会产生导致社会跛足的不良后果。正是在这个意义上，我们定当明确：文化的发展离不开强大的经济力量的支撑，但经济的发展更有赖于文化的铺垫与引领。因为文化是文明的基因和酵体，文化是作用于“人”的，而人的文明和智慧、人的开拓性和创造力则始终都是经济发展的第一推动力。因此，习近平总书记强调指出：“文艺不能在市场经济大潮中迷失方向，不能在为什么人的问题上发生偏差。”否则，文艺就会失去其特具的价值与意义，就会由经济发展的内驱力而变为阻滞力甚至是破坏力。

这是我们永远必须牢牢记取的。因为文化在精神与经济中的主从地位和功能变绎，是由其特定本质决定的。在任何时候和任何情况下，文化都首先和主要是作为思想意识、道德规范、智慧渊源和精神内蕴出现的，并以之作为功能源与发力点。至于文化对经济的作用虽然极为本质和巨大，但在通常情况下则主要是通过作用于人和社会并通过人和社会而产生物质内容与经济效益的。由于任何物质形态和经济效益都是由人在特定的社会形制中创造的，故而，社会的文明程度越高，人的精神、思想、道德、智能水平越高，其对物质的创造力就越强，对经济的贡献率就越大。而文化则是社会文明的赋予者和人之思想、道德、智慧、精神以及由之所形成的创造与创新能力的胚基、酵体与源头。而这，便是文化与精神和经济关系的基本逻辑。显然，文化对精神和经济的作用都是巨大的、本质的、恒久的，其区别只在实现的途径和方略一为更直接，一为更间接，但不论直接还是间接，其对于社会、经济和人的作用都是具有基础性质与本质意义的。

第十章

文运同国运相牵　文脉同国脉相连

“文运同国运相牵　文脉同国脉相连。”这不仅是一个被事实所确证的真理，更是一条被历史所验证的法则。习近平总书记以此诠释和表述文化——文艺的基本功能与主体特征及其所秉有的时代价值和社会意义，乃是既切中旨要，又触及底蕴的。因为任何优秀的文化产品和文艺创作，其在本质上就都是对人类的智慧性创造和人类社会走向文明、实现进步与发展的艺术勾勒和美学表达，而这又恰恰体现了人和人类社会的本质特征与至高追求。诚如马克思所指出的那样，人总是运用一切物种的尺度，来按照美的规律进行创造性劳动，并在这个过程中既塑造自己，又塑造社会。

一

人是智慧“动物”，人类社会是文明的承载体与建构物。一旦离开文明和智慧，人和人类社会便都会沦为动物群落，并被愚昧与野蛮所侵袭、所裹挟、所吞噬。而文化，既是人们在改变和提升自身时于创造性劳动中所形成的智慧之晶与文明之果，同时又是人们用以创造和获取更高智慧和更大文明的内驱力量与强大武器，由此，文化的本质和功能便永远都只是和只能是对文明与智慧的升华、凝结、存贮和创新。

正是在这个意义上，文运自然要同国运相牵，文脉自然要与国脉相连。事实上，从“轴心时代”到文艺复兴，从欧洲资产阶级革命到中国五四新文化运动，特别是从在5000年文明发展中所孕育的中华优秀传统文化，到在党和人民伟大斗争中所形成的革命文化和社会主义先进文化，都以其鲜明的时代特色和强烈的文明品质而标志并驱动着人和人类社会一程又一程地向着文明和智慧的高峰奋勇攀登！在这个过程中，文艺的地位和作用、辐射面和渗濡性、穿透力和影响力，始终都处于前沿、位于中枢，发挥着无以轩轾、无可替代的重要作用。正由于文艺较之其他文化创造和文化产品更快捷、更多样、更富于美感和魅力，所以其也便最易于产生和传播，最宜于各个时代、各个国度、各个族群的共同接受与集体欣赏，并在不知不觉之中以濡化和浸渍的方式进入人们的心灵和意识，成为文明的基因和智慧的燧石，使人们在高度自觉和极度欣悦中实现愉快而优雅的无障碍汲取。正是由于这个天然优势，文艺不仅成为文化形态的主体存在和文化传播的主导形式，而且必定会同国运族基相因应，与时势民心共感知。这便是优秀的文艺作品每每都会成为历史的碑碣，而赋有道德感和责任心的文艺家们，又笃定会成为时代之驭手和战斗之旗旌的内在原因。不是吗？法国人将维克多·雨果视为“法兰西的良心”，俄罗斯人把普希金看作“俄罗斯的太阳”，而中国人则从心底将鲁迅奉为中华民族的“民族魂”。

实际上，在人类的文明进程中，自从荷马、埃斯库罗斯、索福克勒斯、欧里庇得斯、阿里斯托芬等以诗歌和戏剧形式开启了文艺创作的“魅力之门”后，每个时代、每个社会和每个人群就都自然而然地与文艺产生了感应与恋栈，形成了文艺对人和人类社会的全面观照与深度渗濡。正由于在历史变绎、社会变革和生活变迁中发挥着提升认知和驱动发展的重要作用，故而文艺成为人们的思想爝火与精神蓓蕾，无时不伴随着时代的跫音和历史的脚步而为人们提供精神动力，进行思想烛照，使人们从中得到欣悦、抚慰和激勖，让人们在沉湎于这些作品所描绘的社会情致与精神风韵的同时，也记住了其创作者的名字。他们高高矗立于人们的心灵殿堂与精神旷野之中，随着岁月的流逝和历史的沉淀，自会越来越成为一种思想的刻度与精神的标志。随着时间的衍进和岁月的更迭，一切物质的丰稔与旒冕的辉煌都将渐渐尘封和褪色，而他们的人格和名字却仍旧随着他们的作品而风采依旧、光焰炙人。可不嘛，就在维多利亚时代的英国、拿破仑时代的法国、彼得大帝时代的俄国都已“无可奈何花落去”之时，那些伟大作家却仍旧同其作品一起生命如火、青春灼灼。而这，便是“文运同国运相牵，文脉同国脉相连”的一种不可逆转的历史确证。

这种由文化—— 文艺所抟铸的历史见证，不仅是具象的、质实的，更与时俱进，永远年轻，并以其不复消泯的历史品格和美学韵律，为后来的人们和未来的世界源源不断地提供着生动的时代样貌与永恒的创造活力。通过这些作品，人们不仅可以永远地看到那一个又一个特定时代的社会风貌和精神风韵，更能通过特定的历史缘分而极为形象化和艺术化地结识那个时代的人们，体验那个时代的生活，感受那个时代的社会脉动和历史韵律。时空的流变特质和转瞬即逝的须臾性，常常会使文艺作品对时代风貌和社会景观的描述与刻画，在给人以审美愉悦和感性认知的同时，更被赋予历史的状貌与品性。故而，被文艺的审美价值所封存着的，便必定会是时代的风貌、社会的律动与凝固状的精神之“芯”和思想之“枢”。正是在这个意义上，我们完全有理由认定，尽管审美作用和认识作用对于任何成功的文艺创作来说都是必不可少的，但前者只是形表与路径，后者才是真谛和本质，否则，文艺就会只是逗乐的行当与把玩的工具了。

然而，真正的文艺创作和优秀的文艺作品就从来都不是这样，也绝不能和绝不会是这样。莎士比亚的戏剧以多种语言和形式演遍了全世界，并必将属于所有的世纪与所有的人，其原因绝非仅仅是为了娱乐、止于娱乐，其最本质的价值和最重要的作用尤在于这些戏剧能让人明真理、辨是非、懿美善、懂道理，使社会更文明、生活更有序、人性更纯粹、世道更清正。而这，才是其华衮美学外衣所包裹着的思想之“铀”与精神之

“熘”。否则，作为英国首相的丘吉尔就绝不会说出“我们宁可失去印度，也决不能没有莎士比亚”的话。印度曾作为英国的最大属地，那可是滚滚流淌的财富之源啊！又何以抵不过一个莎士比亚呢？原因就在于：在精神与物质的天平上，在文明与财货的抗衡里，在智慧与窳陋的比并中，前者总是占取先机、处于优势的，而这，才真是人作为文明“动物”的永恒追求与必然选择。同样的，仅有29年生命历程的雪莱，却以其“冬天来了，春天还会远吗”的极富哲理和鼓舞与激励精神的诗句，让世人从中源源不断地汲取着永不涸竭的生命激情与生活动力。在维多利亚时代，按照特罗洛普的说法，英国人全然“成了一个读小说的民族”。何以然呢？唯因狄更斯的小说整个儿控制了英国人，乃至美国人、加拿大人和澳洲人，直令同时代的另一位英国作家乔治·亨利·路易斯感慨万端地写道：“多少年来，还没有哪个人像博兹（狄更斯笔名）那样走红。他的那些令人心醉的作品……”上到女王、首相，下至仆从、婢女，无论大人、小孩，好像不读他的书，生活就没了乐趣，就连城乡普通百姓也都纷纷为之而倾倒。事实是，迄至今日，狄更斯的小说《老古玩店》《匹克威克》《双城记》《雾都孤儿》《圣诞欢歌》等作品，仍旧“洛阳纸贵”，风靡全球。此中的秘密，确如马克思在《英国中产阶级》一书中所言：狄更斯在其小说中，“对资产阶级的各个阶层，从‘最高尚的’食利者和认为从事任何工作都是庸俗不堪的资本家到小商贩和律师事务所的小职员，都进行了剖析。”

狄更斯及其小说的历200年之久而仍旧常盛不衰的深层原因，就在于他以小说创作这种艺术形式，深深地撄及了国运、时势、社情、民心，以至不论时间过了多久，人们仍能从他的小说中感受到生活的热浪与时代的脉动。而这却并非个例，乃文艺创作的法则所现，规律使然，正如习近平总书记所说：“古今中外，文艺无不遵循这样一条规律：因时而兴，乘势而变，随时代而行，与时代同频共振。”这也便决定了“一个时代有一个时代的文艺，一个时代有一个时代的精神”。“任何一个时代的经典文艺作品，都是那个时代社会生活和精神的写照，都具有那个时代的烙印和特征。”“任何一个时代的文艺，只有同国家和民族紧紧维系，休戚与共，才能发出振聋发聩的声音。”习近平总书记在生活和工作实践中，就常常会被这种来自经典文艺作品中的振聋发聩之声所呼唤、所激励、所振奋。他说，正是普希金的《叶甫盖尼·奥涅金》，使他对敖德萨这个城市深怀情愫；而莱蒙托夫的《当代英雄》，则使他自幼便形成了深深的英雄情结。在对陀思妥耶夫斯基、列夫·托尔斯泰和肖洛霍夫作品的对比性阅读中，他对《战争与和平》和《静静的顿河》深得感悟、情有独钟。尽管《浮士德》曾使他看过之后就爱不释手，但毕竟还是《红与黑》《悲惨世界》和《约翰·克里斯朵夫》对他心灵的震撼更大、更深邃。惠特曼的《草叶集》是世界自由体诗的发轫之作，而它也同样启迪和开拓了少年习近平的心旌与视野，使他的思想得以早早儿就在生活的旷野和理想的天昊中实现翾飞与遨游。自然了，杰克·伦敦的《热爱生命》和海明威的《老人与海》所给予他的，则是对生活的无限热爱和对理想的执着追求。

真正优秀的文艺作品，从来就是这样。它不但会彪炳时代精神、解析生活真谛、紧切社会脉动、解构人生课题，更能于不经意之间给人以开导、启迪、激励和鼓舞。正因为如此，作为科学共产主义理论缔造者的马克思，虽然其一生的思想焦点和学术中心并非文艺，但却又终生都与文艺结深缘，都以文艺为挚友。他阅读过的文艺著作盈千，他引用过的文艺例证逾万。在无比博大深闳的理论创造中，马克思几乎无时不以文艺作品中的“人”和“事”作为理论建构的思维方略与确证对象。由此，我们常常能够在马克思的理论著作中看到巴尔扎克、托尔斯泰、莎士比亚、塞万提斯、歌德、海涅、但丁、雪莱、弥尔顿等文艺家及其作品的频频出现。仅以《资本论》为例，诚如这本书的翻译者大卫·费恩巴赫所说：“《资本论》对公众而言是晓畅易懂的，它既是一本科学的著作，又是一本世界文学名著。”其中，仅引述希腊、罗马神话中的人物和荷马史诗中的典故，用以对理论命题进行阐释与印证的例子，就多到了无法枚举。

马克思以文艺内容阐释理论命题，不仅准确、深刻，而且简约、生动，令人在会心一笑中更加准确而深刻地理解和把握了他所要阐发的重大理论内容。列宁曾说，马克思“把伟大的认识工具给了人类”，而此中尤其不乏文艺的浸润与介入。

二

习近平总书记指出："没有中华文化繁荣兴盛，就没有中华民族伟大复兴。一个民族的复兴需要强大的物质力量，也需要强大的精神力量。没有先进文化的积极引领，没有人民精神世界的极大丰富，没有民族精神力量的不断增强，一个国家、一个民族不可能屹立于世界民族之林。"而在这个过程中，文艺便"是时代前进的号角，最能代表一个时代的风貌，最能引领一个时代的风气。"正所谓"文变染乎世情，兴废系乎时序"。

实际上，中国的五千年文明，不就正是以文化作为砥石和支柱、基因和灵魂的么！随着历史的衍进和岁月的流逝，曾经的辉煌战果、精美建筑、绚丽装饰和丰稔收成都已逐渐消亡、不复存在，而唯有文化却以"幂"的形式存留了下来，并成为中华民族的精神符号和华夏大地的文明标识。我们有五千年文明，可是它在哪里呢？就在由《诗经》《离骚》《史记》《洛神赋图》《女史箴图》《霓裳羽衣》曲舞、龙门石窟、云冈石窟、"三吏""三别"、《梦溪笔谈》《西厢记》《赵氏孤儿》《三国演义》《红楼梦》《阿Q正传》《子夜》《雷雨》《家》等文化硕果和文艺佳构所连缀和支撑起来的文化长廊与文艺广庑之中。尽管汉之威武、唐之富强确曾使世界震惊；尽管贞观、开元年间长安城已为拥有百万人口，分东、西两市，设108坊，且住着近3万名来自世界各地的外国人的国际第一大都市；尽管宋朝的GDP曾是唐朝的2倍以上；尽管早在清朝乾嘉时期，中国的经济总量就已分别超过美国8倍，超过英国15倍；更不用说历史上的大明宫气象非凡、铜雀台旖旎万方、汴都开封富甲天下、江城扬州繁华无比了！然而，所有这一切都统统成为历史的过往，永远地不复存在了，而当今所能见到的中国历史上的文明与强大，就只有以文化和文艺形式所留存下来的永恒的辉煌与绝世的创造。是的，没有以孔子为代表的先秦文化的繁荣兴盛，就没有中国五千年文明的泫然滥觞；没有诗，就没有唐；没有词，就没有宋；没有石刻艺术，就没有北魏；没有戏曲，就没有元朝；没有长篇小说的接踵而至，就没有明、清中兴时代的问鼎世界和家国流徙中的世道变迁。当然了，我们也可以倒转因果关系，逆向诘问答疑：正由于先秦诸子的杰出文化创造，才促成了中国早期文明的熠然于世；正因为唐的气象非凡和宋的锐意创新，才为诗、词创作的空前繁荣提供了良好的生活土壤与优越的社会条件；正是基于北魏的民族融合和锐志改革、元代的文化交流和外向思维，石雕艺术和戏曲创作才异军突起，臻于至盛。

明、清时期虽然社会经常发生异常突变，并为近代中华的屈辱埋下了伏笔，但这两个朝代也确曾出现过异常的辉煌时刻，并产生了郑和七下西洋这样的历史壮举。当时，中国不仅海军力量是世界上最强大的，而且通过丝绸之路贸易而赚得了巨大的贸易顺差，直使全世界的白银竟有三分之二都集中到了明朝政权的手中。而在清朝，从康熙到乾隆，这一时期是中国版图最大的时期，不仅形成了空前的民族和解与和睦，而且基本上奠定了现今的中国周边疆界。当时的中国经济也是世界上最发达的。明朝中期是中国资本主义的萌动期，由此孕育和产生了中国十大商帮，其中尤以晋商与徽商最为显赫和卓著，他们在明清两代活跃了 644 年，所控财货一度富可敌国，并创设和初试了现代银行与现代企业制度。正因为明、清时期是一个社会转型与变革的时期，也是封建体制开始动摇、瓦解，新的社会形态开始孕育和躁动的非常时期，这才为长篇小说创作的空前繁荣与发展提供了生活土壤与社会条件。《金瓶梅》所反映的，正是资本主义萌芽时期的社会形态；《三国演义》虽然在当时也属历史小说，不过，其所表达的则是商品社会中惯于“斗智”“争利”的主题；《西游记》是对探求和开拓精神的艺术表达；《红楼梦》则是一曲荡气回肠的封建社会的挽歌和对原初道义与淳真人性的追索和呼唤；《聊斋志异》是借取鬼狐神怪之力而表达对人性之“真、善、美”的曲意寻求与奇异撷获；《官场现形记》则为人们提供了一幅多色调的社会画卷和社会转型时期腐败官场的奴才相与“百丑图”。全书虽然没有一个整体故事和统一结构，但一个一个的小故事串连起来，却也生动逼真地道出了当时的社会众生相与人性隐秘处，其显然比《儒林外史》更具有穿透力和针贬性。所以，鲁迅说：“相比这两部小说，尽管各有所长，多有风骨，但从广度和深度看来，还是李伯元冠其首。因为他本身的经历决定了他充塞爱国情的反骨。”故而，小说刚一在当时的《世界繁华报》上开始连载；便立即引起强烈社会反响，并招致衙门和朝廷派员查办，摄政王戴沣就直接下令两广总督端方通缉作者，取缔报社，终止连载；李伯元本人也不断收到恐吓信，甚至有人给他寄来子弹和砒霜，以示警告。然而，社会大众却是欢迎这部小说的。章太炎称赞作者李伯元是“固执大义、以文救国”之人；柳亚子则评价李伯元是“强项不低首，力作扫妖氛”；李大钊则连同他的另一部谴责小说《庚子国变弹词》一并评论，认为这是一部信史，更是中国人民的受难史和帝国主义的侵略史。基于此，当1906年李伯元正逢盛年而猝然病逝之后，章太炎特秉笔直书，赞曰道：“一代爱国才子，千秋流芳人间。”

《周易》有云：“观乎天文，以察时变；观乎人文，以化成天下。”孔子则说：“质胜文则野，文胜质则史。文质彬彬，然后君子。”而汉武帝在举行封禅大典时，面对巍巍泰山，虽壮怀激烈、感慨万千，却竟然语焉无措地连呼：“高矣！极矣！大矣！特矣！壮矣！赫矣！……”

而今，我们面对相牵于国运和相连于国脉的无比宏伟壮观的中华文化，不正与汉武帝面对巍巍泰山时深有同感么！还是习近平总书记说得好：“站在960万平方公里的广袤土地上，吸吮着中华民族漫长奋斗积累的文化养分，拥有13亿中国人民聚合的磅礴之力，我们走自己的路，具有无比广阔的舞台，具有无比深厚的历史底蕴，具有无比强大的前进定力。中国人民应该有这个信心，每一个中国人都应该有这个信心。”

文心可雕龙，匠意能绣虎。我们正是要以中华民族和改革时代所特秉的文心匠意而铸冶文艺佳构、砺练文化精品，并以之而为自改革大潮之中奋发腾飞的中华民族和中国人民歌与吟、鼓与呼！对于此，新近熠然问世的《建国大业》《战狼2》《血战湘江》《海棠依旧》《人民的名义》等，就是这方面的典范性代表。改革发展，开拓创新，拼搏进取，兴国裕民。这是一个最需要新作品、大作品、好作品的时代，这尤其是一个能够孕育和产生新作品、大作品、好作品的时代！

后　　记

这本书之所以名曰《文艺之灯》，是因为全书30个章目的主体内容、立意文本、宏旨要义和论骘源流全部来自习近平总书记《在文艺工作座谈会上的讲话》和《在中国文联十大、中国作协九大开幕式上的讲话》。由于这些讲话立意高远、视阈开阔、题旨宏大、内容深刻，在立足中国文化——文艺之历史与现实的基础上抚今怀远、以微臻宏、虚实相质、情理并融，通过回眸、展望、开拓、进取的充分论证，高屋建瓴地为中国特色社会主义文化——文艺的繁荣与发展确立了目标，指明了方向，擘画了道路，描绘了前景，既有引领和督导的功能，又有驱动和激勖的作用，并由此而产生了“灯”的价值与含义。

灯，是以火焰在燃烧中所产生的光明与炽热而为人们确立目标、勘正方向、照亮道路、指引前程的。它不但以其光亮和热忱给予人们激励与鼓舞，而且更以其饱含心愫和情韵的明丽与温馨为人们点亮灵智、淬冶信念，源源不断地输送力量与勇气，使人们得以在对生活和事业的缔造与营构中始终奋然前行，卓然有成，驰而不息，勇毅攀登。故而，一个“灯”

字，道出了光明与炽热的千般景致、万方旖旎，足以使人们在前进的道路上意态如长虹，矫健赛飞矢。

何以然呢？唯在这个“灯”字原本就是“火”与“登”之二重意蕴的有机组合。按照汉字的结构原理和合成法则，其内涵本义自然就是：在火焰与光明的温暖和照耀下，激情澎湃、信心满满地奋发攀登、勇往直前，深怀“更上一层楼”的执着追求而直抵“会当凌绝顶”的崇高境界。文化创造和文艺创作就是这样。其产品、其作品的唯一目的和永恒价值，始终都在于通过艺术的方式和审美的途径而赋予社会以文明的内质，使人在真善美的引领与濡染之下不断地走向智慧和崇高，实现升华和飞跃，跻于丰赡和纯正。而社会的日趋文明、人的品性与精神的不断充实和提升，则是具有永恒价值与本质意义的。

正是基于这一认知，鲁迅才深有感触地说：“文艺是国民精神所发的火光，同时也是引导国民精神的前途的灯火。”高尔基则通过塑造丹柯这一艺术形象，深化和升华了“灯火”的赤诚本质与引导意义。是呵，丹柯为了唤醒处于黑暗中的劳苦大众，并将他们引向温暖而光明的未来，竟一举掏出自己的“心”当作火把，使之熊熊地燃烧起来，将之高高地擎向空中，用以照亮人寰、辨析道路，让沉沦在黑暗中的劳苦大众得以看到光明、向往光明，坚定地朝着光明奔腾而去！

与鲁迅和高尔基不同的是，习近平总书记在高度认同和深刻领会文艺所具有的灯火价值与光明意蕴的同时，更进一步钩稽了“灯”的内涵、阐发了“灯”的功力、弘扬了“灯”的时代价值与现实意义，从而使之顿然生出鲜亮而丰闳的思想内曜与精神光彩，在深层次上实现了同中国特色社会主义文化创造和文艺创作的高度耦合与全方位对接，并成为改革时代中华民族的文化方略、创作矩度、精神圭臬、审美标志。是啊，习近平总书记黄钟大吕般地指出：“文运同国运相牵，文脉同国脉相连。”他说：“文艺是铸造灵魂的工程，承担着以文化人、以文育人的职责。”这就要求广大文艺工作者必须坚守艺术理想，坚持用高尚的文艺引领社会风尚，努力把提高作品的精神高度、文化内涵、艺术价值作为始终不渝的追求目标；必须坚持“走入生活、贴近人民”，秉具文化自信和服务人民的崇高愿望，努力做到“用中国人独特的思想、情感、审美去创作属于这个时代、又有鲜明中国风格的优秀作品”，满含激情、无限真诚地“歌唱祖国、礼赞英雄”，为改革潮的激扬而秉笔酣书，为大中华的崛起而引吭高歌，矢志用“隽永的美、永恒的情、浩荡的气”为伟大的时代展现伟大的灵魂，以“视野广度、精神力度、思想深度”为广大人民群众创作出具有鲜明中国特色、中国风格、中国气派的有骨气、有个性、有神采的精品力作。为此，文艺家就一定要“坚持以人民为中心的创作导向，坚持为人民服务、为社会主义服务，坚持‘百花齐放、百家争鸣’，坚持创造性转化、创新性发展，高擎民族精神火炬，吹响时代前进号角，把艺术理想融入党和人民事业之中，做到胸中有大义、心里有人民、肩头有责任、笔下有乾坤”，在“以爱国主义为核心的民族精神和以改革创新为核心的时代精神”的武装、激励和驱动下，不断“推出更多反映时代呼声、展现人民奋斗、振奋民族精神、陶冶高尚情操的优秀作品”，用以“为我们的人民昭示更加美好的前景，为我们的民族描绘更加光明的未来”。

确乎，文化之功用，唯在其义理能昭世；文艺之韶美，尤因其隆德可熠人。无论是“昭”，抑或是“熠”，皆由其光、热之效所产生的力度与亮度而致社会和人更文明、更智慧、更纯正、更崇高，同时也更具创造性与进取力。事实上，人之所以是万物之灵，人类社会之所以有别于动物群落，就因为文化的作用而使之实现了具有本质意义的蜕变与升华。故此，早在两千多年前，荀子就断言：“人，最为天下贵。”何以如此？盖因“水火有气而无生，草木有生而无知，禽兽有知而无义。人有气有生有知亦且有义，故最为天下贵”。显然，人与动物的本质区别，不在于有气、有生，而在于有知、有义。那么，这“知”和“义”从何而来呢？——盖由文化所赋予。因为唯文化而为知，唯文化而为义，唯文化而为道，唯文化而为德。所以，习近平总书记说："文化自信，是更基础、更广泛、更深厚的自信，是更基本、更深沉、更持久的力量。坚定文化自信，是事关国运兴衰、事关文化安全、事关民族精神独立性的大问题。没有文化自信，不可能写出有骨气、有个性、有神采的作品。"因此，"中华民族精神，即体现在中国人民的奋斗历程和奋斗业绩中，体现在中国人民的精神生活和精神世界中，也反映在几千年来中华民族产生的一切优秀作品中，反映在我国一切文学家、艺术家的杰出创造活动中"。

正因为如此，从1942年5月23日毛泽东主席发表《在延安文艺座谈会上的讲话》，到2014年10月15日和2016年11月30日习近平总书记所作《在文艺工作座谈会上的讲话》《在中国文联十大、中国作协九大开幕式上的讲话》，都具有"灯"的作用、功能、价值和意义。这"灯"，照亮了中国文艺发展的道路，指明了中国文艺发展的方向，赋予了中国文艺以无限夺目的光彩和无比强大的力量，使中国文艺在从抗战之烽火燎原到改革之大潮汹涌的各个重大历史关头，都得以实现目标明、方向正、信心足、魄力大，不仅人才济济，而且佳作频频，一程接着一程地构筑了中国文艺的广庑长廊。

如果说毛泽东主席《在延安文艺座谈会上的讲话》是战争年代文艺的北斗星，那么，习近平总书记《在文艺工作座谈会上的讲话》《在中国文联十大、中国作协九大开幕式上的讲话》就是改革时代文艺的指南针，不仅为处于大变革、大发展之中的中国文艺确立了目标，勘正了道路，指明了方向，赋予了任务，而且从思想到艺术、从内容到形式、从题旨到方法、从吸收到转化、从创造到创新、从内涵到外延，都进行了深层次、全方位、大开掘、广辐射的精辟阐发与科学论证，特别是在走什么路和怎么样走、为什么人和如何为、倡导什么和表现什么、立足什么和追求什么等根本性、原则性问题上，设置了导航卫星，安放了定海神针，注入了强大的内在驱动力，使中国文艺实现大繁荣大发展宏愿可期、壮志可酬，实乃中国文艺的莫大幸运与福祉。

正因为如此，这本名为《文艺之灯》的书虽在学科分类上当属于文艺理论、艺术美学或者文化学的范畴，但我却更愿其能秉具和凸显“灯”的功能与本义，因为它实在是我在学习、研读习近平总书记关于文艺问题讲话过程中的心得、感悟和体会，只不过从理论的维度、思想的高度与评析的精准度上，对这些感悟和体会加以系统化、条理化、题旨化，使之得到进一步深化与升华罢了。在此，诚愿将我的这份感悟与收获同大家分享，让我们在促进文艺繁荣的道路上互勉互励，携手而行。

2017 年 2 月 16 日

图书在版编目（CIP）数据
文艺之灯 / 艾斐著. -- 太原 :山西教育出版社, 2017.8
ISBN 978-7-5440-9176-3

Ⅰ.①文… Ⅱ.①艾… Ⅲ.①文艺理论—中国—文集 Ⅳ.① I0－53
中国版本图书馆CIP数据核字(2017)第087828号

文艺之灯
WENYI ZHI DENG
艾　斐　著

选题策划　雷俊林
　　　　　刘立平
责任编辑　李梦燕
复　　审　彭琼梅
终　　审　杨　文
装帧设计　薛　菲
印装监制　蔡　洁

出版发行　山西出版传媒集团·山西教育出版社
　　　　　（地址：太原市水西门街馒头巷7号　电话：0351-4035711　邮编：030002）
印　　装　山西臣功印刷包装有限公司
开　　本　787×1092　1/16
印　　张　16
字　　数　219千字
版　　次　2017年8月第1版　2017年8月山西第1次印刷
书　　号　ISBN　978-7-5440-9176-3
定　　价　39.00元